治安管理处罚理论与实践研究

郑龙进　王守明　张　淼 ◆ 著

郑州大学出版社

图书在版编目(CIP)数据

治安管理处罚理论与实践研究 / 郑龙进，王守明，张淼著. -- 郑州：郑州大学出版社，2025.6. -- ISBN 978-7-5773-1164-7

Ⅰ.D922.144

中国国家版本馆 CIP 数据核字第 2025RC2941 号

治安管理处罚理论与实践研究
ZHIAN GUANLI CHUFA LILUN YU SHIJIAN YANJIU

策划编辑	刘秉昊　胥丽光	封面设计	王　微
责任编辑	胥丽光　乔海萍	版式设计	苏永生
责任校对	张若冰	责任监制	朱亚君
出版发行	郑州大学出版社	地　址	河南省郑州市高新技术开发区长椿路 11 号(450001)
经　销	全国新华书店		
发行电话	0371-66966070	网　址	http://www.zzup.cn
印　刷	河南龙华印务有限公司		
开　本	710 mm×1 010 mm　1 / 16		
印　张	17	字　数	365 千字
版　次	2025 年 6 月第 1 版	印　次	2025 年 6 月第 1 次印刷
书　号	ISBN 978-7-5773-1164-7	定　价	58.00 元

本书如有印装质量问题，请与本社联系调换。

前　言

在现代社会,治安管理是维护社会秩序、保障公民合法权益和促进社会和谐的重要手段。随着社会的发展和法律体系的完善,《中华人民共和国治安管理处罚法》作为法律体系中的重要组成部分,其理论和实践的深度与广度都在不断拓展。治安管理涉及法律、社会、心理等多个学科领域。随着社会的快速发展和变化,治安管理面临着新的挑战和机遇。本书主要根据新时期治安形势的发展和现实治安管理处罚工作的需要,坚持理论与实践相结合、历史与现实相结合的原则,在阐明相关理论的基础上,重点研究新时期治安管理处罚面临的新形势、新情况、新问题,力求对新时期治安管理处罚工作的实践经验加以总结。深入探讨治安管理处罚的基础理论,分析其在实际应用中的法律程序以及法律适用,以期为法律工作者、执法人员以及广大公民提供一个全面、系统的治安管理处罚知识体系。

本书共分为三编,内容涵盖了治安管理处罚的基础理论、法律程序和法律适用三部分。上编治安管理处罚的基础理论由张淼老师撰写,中编治安管理处罚的法律程序由王守明老师撰写,下编治安管理处罚的法律适用由郑龙进老师撰写。每一编都力求理论与实践相结合,通过法律法规解读、法律程序详述以及法律适用介绍,使学习者能够深入掌握治安管理处罚的理论知识,为执法实践提供指导。

在编写过程中,我们特别注重以下几个方面。

(1)法律依据的准确性:确保教材内容与现行法律法规保持一致,为学习者提供准确的法律指导。

(2)理论体系的完整性:系统介绍治安管理处罚的理论基础,包括治安管理的目的、原则、功能等。

(3)实践操作的指导性:通过案例分析,展示治安管理处罚在实际工作中的应用,提高学习者的实际操作能力。

我们希望本书能够成为治安管理领域的学习者和从业者的良师益友,帮助他们在理论和实践上都有所收获。由于编者水平和实践经验有限,本书不足之处在所难免,恳请读者批评指正。

目 录

上编　治安管理处罚的基础理论

第一章　治安管理处罚的法律概念 …………………… 3
　　第一节　治安管理处罚的法律定义和基本特征 …… 3
　　第二节　治安管理处罚的法律分类 ………………… 7
　　第三节　治安管理处罚的法律措施 ………………… 10
　　第四节　治安管理处罚的适用 ……………………… 13

第二章　治安管理处罚的法定任务、效力和法律
　　　　　依据 …………………………………………… 21
　　第一节　治安管理处罚的法定任务 ………………… 21
　　第二节　治安管理处罚的法律效力 ………………… 24
　　第三节　治安管理处罚的法律依据 ………………… 28

第三章　治安管理处罚的法律原则 …………………… 37
　　第一节　治安管理处罚的基本原则 ………………… 37
　　第二节　治安管理处罚的适用原则 ………………… 40

第四章　治安管理处罚的法律关系 …………………… 46
　　第一节　治安管理处罚的实施主体 ………………… 46
　　第二节　治安管理处罚的适用对象 ………………… 50
　　第三节　治安管理处罚的实施要件 ………………… 53
　　第四节　违反治安管理行为的种类与处罚 ………… 55

中编　治安管理处罚的法律程序

第五章　治安管理处罚的普通程序 …………………… 63
　　第一节　治安案件的受案 ………………………………… 63
　　第二节　治安案件的调查取证 …………………………… 68
　　第三节　治安案件的告知 ………………………………… 83
　　第四节　治安管理处罚的听证程序 ……………………… 86
　　第五节　治安管理处罚决定 ……………………………… 91

第六章　简易程序与快速办理程序 …………………… 96
　　第一节　简易程序 ………………………………………… 96
　　第二节　快速办理程序 …………………………………… 99

第七章　治安调解与治安和解 ………………………… 104
　　第一节　治安调解 ………………………………………… 104
　　第二节　治安和解 ………………………………………… 113

第八章　治安管理处罚执行程序 ……………………… 117
　　第一节　治安管理处罚执行程序概述 …………………… 117
　　第二节　具体执行方法 …………………………………… 119

第九章　救济程序 ………………………………………… 126
　　第一节　救济程序概述 …………………………………… 126
　　第二节　治安行政复议 …………………………………… 129
　　第三节　治安行政诉讼 …………………………………… 132
　　第四节　治安行政赔偿 …………………………………… 136

下编　治安管理处罚的法律适用

第十章　扰乱公共秩序行为与处罚 …………………… 143
　　第一节　扰乱公共秩序案件概念及法律特征 ………… 143
　　第二节　扰乱单位秩序及特定场所秩序案件的认定与
　　　　　　查处 ……………………………………………… 145

第三节 扰乱大型群众性活动秩序案件的认定与查处 ……… 155
第四节 虚假内容与寻衅滋事扰乱公共秩序案件的认定与查处 ……… 161
第五节 邪教、会道门、迷信活动扰乱公共秩序案件的认定与查处 ……… 167
第六节 其他扰乱公共秩序案件的认定与查处 … 169

第十一章 妨害公共安全行为与处罚 ……… 172
第一节 妨害公共安全案件概述 ……… 172
第二节 危险物质妨害公共安全案件的认定与查处 ……… 174
第三节 非法携带枪支、弹药、管制器具案件的认定与查处 ……… 179
第四节 盗窃、损毁公共设施和道路安全防护设施类案件的认定与查处 ……… 182
第五节 公共活动妨害安全案件的认定与查处 … 188
第六节 其他妨害公共安全案件的认定与查处 … 191

第十二章 侵犯人身权利行为与处罚 ……… 198
第一节 侵犯人身权利案件概述 ……… 198
第二节 侵犯人身自由权利案件的认定与查处 … 200
第三节 侵犯人身健康安全权利案件的认定与查处 ……… 208
第四节 侵犯正常生活权利案件的认定与查处 … 212
第五节 侵犯名誉、隐私权利案件的认定与查处 ……… 214
第六节 其他侵犯人身权利案件的认定与查处 … 218

第十三章 侵犯财产权利行为与处罚 ……… 221
第一节 侵犯财产权利案件概述 ……… 221
第二节 侵犯财产权利案件的认定与查处 ……… 224

第十四章 妨害社会管理行为与处罚 …… 236
第一节 妨害社会管理案件概述 …… 236
第二节 妨害公共管理秩序案件的认定 …… 239
第三节 妨害社会良俗案件的认定与查处 …… 251
第四节 妨害毒品管理秩序案件的认定与查处 …… 258

上 编
治安管理处罚的基础理论

治安管理处罚的基础理论是本书的法律理论部分,专门探讨治安管理处罚的法律概念、法定任务、法律原则及法律关系等。

本编深入剖析了治安管理处罚的基础理论。首先明确了治安管理处罚的法律定义,指出其在维护治安秩序和保护公共利益中的重要作用;接着详细分析了治安管理处罚的法律地位,以及其在维护社会秩序、预防和惩治违法行为中的关键作用。本编强调了治安管理处罚应当遵循的法律原则,这些原则对于确保处罚的正当性和有效性至关重要。书中对治安管理处罚的种类进行了细致的分类,包括但不限于警告、罚款、行政拘留等,且讨论了每种处罚的适用条件、程序和法律后果。

第一章

治安管理处罚的法律概念

第一节 治安管理处罚的法律定义和基本特征

一、治安管理处罚的法律定义

要正确理解治安管理处罚的法律定义,首先要清楚何为"治安"。通过对"治安"的语义分析来审视现有公安的行政管理任务。在我国历史上,"治安"是一个较为古老的名词,且在中国早期文献中是将这二字分开使用的。《周易·系辞下》有"君子安而不忘危,存而不忘亡,治而不忘乱,是以身安而国家可保也"。句中的"治"与"乱"相对应,其意为治世或治理;句中的"安"与"危"相对应,其意为安稳、太平。多数学者认为,我国古代将治安二字结合使用,并对"治安"一词加以系统阐释,则要见于西汉贾谊的《治安策》:"欲天下之治安,莫若众建诸侯而少其力。"在《治安策》中,他谈及了当时潜在的复杂社会危机,并阐述了应采取的对策和补救措施。贾谊虽未具体概括"治安"的概念,但根据贾谊想要实现国家长治久安的举措,基本可将"治安"释为社会秩序的稳定。在文献查阅中发现,早在贾谊的《治安策》之前就已有将"治安"一词,可分别见于先秦时期的《管子·形势解第六十四》《孔子家语·辩乐解第三十五》《韩非子·显学第五十》等。这些史籍记载在对"治安"一词的理解中多含有太平、安定之意。

从先秦至汉代,治安一般有太平、安稳之意。秦汉之后,治安一词的使用也并未有太大变化。《魏书》中"武质而治安……文华而政乱",更明确地说明,治安就是指国家统治秩序的太平。据唐宋时期《贞观政要·论君道》《宋史·尹源传》

等,"治安"一词也指国家太平和社会秩序稳定;据明清时期《明史·海瑞传》《清史稿》等,"治安"一词也是指国家太平和社会安定。

综上,经过不断地发展演变,先秦直至清初,"治安"一词的基本含义就是指国家太平、社会稳定,这也是封建统治阶级所追求的政治理想。而至清末年间,治安词义的变化表现为词义窄化。《清史稿》卷一百五十六《邦交四·美利坚》有"有碍中国治安者,应各按律例惩办"。这里的"治安"显然不是广义的治安,而是一种狭义的治安,指社会治安秩序的维护。现代社会对"治安"一词的理解和使用变得更为频繁,特别是自警察制度形成以来,愈加重视对该词的解读。从理论到实践,学术界从不同角度对"治安"含义的讨论从未停止过,对其认识也由表及里逐渐深化,一般通说是指一种符合统治阶级意志的社会秩序。"治安"一词从内涵到外延具有中国特色的语言概念,在西方很难找到与之对应的词汇。"长治久安""治国安邦"等词语彰显着中国之治的历史文化。随着社会经济的发展,"治安"一词逐渐融入治安行政管理的范畴之内,体现在治安管理处罚的概念之中。

治安管理处罚是公安行政处罚的重要组成部分。治安管理处罚法律概念有狭义和广义之分。狭义的治安管理处罚是指公安机关依照治安管理处罚法对违反治安管理行为人所适用的行政处罚;广义的治安管理处罚是指公安机关根据治安管理处罚法以及与治安管理处罚相关的法律、行政法规、部门规章、地方性法规和地方性规章等规范性文件,对违反治安管理行为人所适用的行政处罚。

治安管理处罚是指公安机关以维护治安秩序和保护公共利益为目的,依法剥夺违反治安管理行为人的人身自由、名誉以及财产等权利的行政制裁手段。《中华人民共和国治安管理处罚法》(简称《治安管理处罚法》)第二条规定:"扰乱治安秩序,妨害公共安全,侵犯人身权利、财产权利,妨害社会管理,具有社会危害性,依照《中华人民共和国刑法》(简称《刑法》)规定构成犯罪的,依法追究刑事责任;尚不够刑事处罚的,由公安机关依照本法给予治安管理处罚。"由此规定可知,我国的治安管理处罚与刑罚相衔接,共同构成社会惩罚体系,但两者在被处罚行为的社会危害性程度、惩罚种类、惩罚主体及程序等方面均存在区别。

治安管理处罚属于我国行政处罚法律体系所派生出的子系统的一个法律概念,其性质属于行政处罚。但就"行政处罚"这个概念本身而言,国外一些法律制度中并无相对应的概念,其并不是一个国际通用且具有固定含义的法律术语。国外关于规范违反社会秩序行为的法律,是维护社会治安秩序的重要工具。与我国治安管理处罚相类似的一般被称为违警罚、违反社会秩序罚等。在许多国家,它不但是行政处罚的重要组成部分,而且是具有刑罚性质的强制手段。

关于违反社会秩序的行为,各国最早将其作为犯罪行为规定在刑法中,诸如刑法中的违警罪、轻罪等。到了20世纪初,一些国家开始将违反社会秩序的行为逐步从刑法中分离并独立出来。如奥地利于1926年颁布实施并几经修订的《行政罚法》;德国于1992年颁布实施的《违反秩序法》等。此后,单行的包括违反社会秩序处罚在内的行政处罚立法受到学者们的广泛关注。目前,从各国立法情况来看,有关违反社会秩序行为处罚的立法形式主要有两种:一是用统一的法典式制定处罚法,如奥地利的《行政罚法》、德国的《违反秩序法》、日本纳入犯罪且又单独立法的《轻犯罪法》等。二是将其作为刑法典的一部分,有的将违反社会秩序的行为单列在刑法典中的某一编,比如"违警罪"或"轻罪",如《意大利刑法典》《法国刑法典》等;有的将违反社会秩序行为分散在刑法典中,并以处罚刑期的长短为标准区分轻罪与一般刑事犯罪,如美国刑法中规定,被判处一年以下监禁的犯罪为轻罪等。虽然各国关于违反社会秩序的行为在立法形式上不尽相同,但是在规范社会秩序方面都发挥着应有的作用。

二、治安管理处罚的基本特征

(一)维护社会治安秩序的一种行政处罚方法

行政处罚方法是指国家行政机关依据国家行政法律法规的规定,对违反行政法律行为人所实施的行政制裁。治安管理处罚是由公安机关适用的,公安机关是国家的治安行政机关,因而,治安管理处罚是维护社会治安秩序的一种行政处罚方式,具有行政处罚的共同特点。

(二)处罚对象只能是违反治安管理行为人

治安管理处罚的对象只能是违反法律规范,构成违反治安管理行为而被公安机关依法实施治安管理处罚的行为人。对于已经构成犯罪的人,或者实施了其他违法行为的人,或者只有一般错误,尚不构成违反治安管理行为的人,都不能给予治安管理处罚。

(三)适用的主体只能是公安机关

根据《治安管理处罚法》,治安管理处罚由公安机关实施,实行"一元制"的处罚体制。这意味着只有公安机关才有权对违反治安管理的行为进行处罚,其他任何机关或个人都无权实施。治安管理处罚只能由公安机关依照法律的规定适用,这是国家赋予公安机关的专属权力,其他国家机关以及社会团体、企事业单位,均不能适用治安管理处罚。

(四)构成治安管理处罚法律关系双方的法律地位具有差异性

公安机关进行治安管理活动,是依法行使国家赋予的治安行政管理权,其作出的具体行政行为,是国家意志的体现,是公安机关的单方行为,无须相对人同意或认可。因此,作为构成治安管理处罚法律关系的当事人之一,公安机关始终处于主导、支配地位。

(五)具有行政强制性

处罚方法具有强制性,这是任何法律制裁所共有的,而行政强制性则是其他行政处罚所不具有的,属于治安管理处罚所特有的一个显著特点。例如,在强制传唤、行政拘留送达执行中,公安机关认为有必要的,可以使用械具。

三、治安管理处罚与刑罚的区别

治安管理处罚与刑罚都是具有强制力的制裁方式,但两者有以下显著区别。

(1)两种行为的权力归属不同。行政处罚权属于行政权的一部分;刑罚的权力归于审判权的范畴。

(2)实施处罚的主体不同。行政处罚是由有外部管理权限的行政机关或法律法规授权的组织实施;刑罚的实施主体是国家司法机关。

(3)实施处罚的对象不同。行政处罚的对象是违反行政法律规范的公民、组织,当公民、组织既违反行政法律规范又违反刑事法律规范时,也可能对其实施两种处罚;刑罚只能对违反刑事法律规范的犯罪分子实施,而不能对只违反行政法律规范而未犯罪的人实施。

(4)作出处罚决定的程序不同。行政处罚是按照《中华人民共和国行政处罚法》(简称《行政处罚法》)所规定的行政程序作出的;刑罚必须根据《刑事诉讼法》的程序作出,这是由刑罚在法律制裁中具有最严厉的性质所决定的。

(5)处罚的种类不同。行政处罚的种类很多,既有《行政处罚法》的统一规定(但尚未列举详尽),又有各单行法律法规的分散规定。刑罚的种类统一由《刑法》规定,有两类十种,即五种主刑和五种附加刑。主刑是管制、拘役、有期徒刑、无期徒刑、死刑,附加刑是罚金、剥夺政治权利、没收财产、驱逐出境(适用于外国人)以及剥夺奖章、勋章和荣誉称号(适用于军人)。

四、治安管理处罚与行政处罚的区别

(一)法律依据和适用范围

治安管理处罚依据的是《治安管理处罚法》,主要针对扰乱公共秩序,妨害公共安全,侵犯人身权利、财产权利,妨害社会管理等,具有社会危害性,但尚不够刑事处罚的行为。

行政处罚则是一个更宽泛的概念,依据《中华人民共和国行政处罚条例》,适用于违反行政管理秩序的行为,其范围更广,包括但不限于治安管理领域。

(二)处罚种类

治安管理处罚的种类包括警告、罚款、行政拘留、吊销公安机关发放的许可证等。

行政处罚的种类更为多样,除了罚款、行政拘留外,还包括责令停产停业、暂扣或者吊销许可证、执照等。

（三）实施机关

治安管理处罚通常由公安机关实施。

行政处罚则由各级行政机关依据其行政职能和管辖范围实施。

（四）处罚程序

治安管理处罚的程序适用《治安管理处罚法》的规定，该法对处罚程序有具体而详细的规定。

行政处罚的程序适用《行政处罚法》，该法规定了行政处罚的程序，包括简易程序和一般程序。

（五）处罚原则

治安管理处罚强调与违反治安管理行为的性质、情节以及社会危害程度相当，实施时应当公开、公正，尊重和保障人权，保护公民的人格尊严。

行政处罚则强调处罚法定原则，即"没有法律、法规、规章的规定，行政机关不得作出行政处罚决定"。

（六）教育与处罚相结合

治安管理处罚特别强调教育与处罚相结合的原则。

行政处罚虽然也注重教育功能，但不如治安管理处罚那样明确强调。

（七）特殊规定

治安管理处罚对于未成年人、精神病人等特殊群体有从轻、减轻或者不予处罚的规定。

行政处罚则依据《行政处罚法》的相关规定，对未成年人、精神病人等特殊群体的处罚也有相应的考虑。

综上所述，治安管理处罚是行政处罚的一个分支，专门针对违反治安管理的行为，而行政处罚是一个更宽泛的概念，涵盖了治安管理在内的各种行政管理领域的处罚。

第二节　治安管理处罚的法律分类

根据《治安管理处罚法》第十条的规定，治安管理处罚的种类有警告、罚款、行政拘留、吊销公安机关发放的许可证以及限期出境或驱逐出境。这是关于治安管理处罚种类的规定。其中，吊销公安机关发放的许可证以及限期出境或者驱逐出境，是新增的治安管理处罚种类。

一、警告

警告属于最轻微的一种治安管理处罚,只适用于违反治安管理情节轻微的情形,或者违反治安管理行为具有法定从轻、减轻处罚的情节。警告具有谴责和惩戒两重含义。警告的谴责性体现在,它是公安机关对违反治安管理行为人的一种否定性评价,对违反治安管理行为人处以警告的处罚,表明了公安机关对其行为的违法性和社会危害性的认定和否定性态度。警告的惩戒性体现在,对违反治安管理行为人处以警告,不仅是向其指出行为的违法性和社会危害性所在,对其进行谴责,而且是要对其进行警示,训诫其不得再实施违反治安管理行为。根据《治安管理处罚法》的规定,警告的处罚由县级以上公安机关决定,也可以由公安派出所决定。

二、罚款

罚款是要求违反治安管理行为人承担一定金钱义务的处罚。罚款处罚在《治安管理处罚法》中规定得比较多,罚款的作用在于通过使违反治安管理行为人在经济上受到损失,起到对其的惩戒和教育作用。《治安管理处罚法》规定的罚款幅度有不同的档次,这是根据各种违反治安管理行为的性质、危害程度以及罚款处罚的有效性等设定的。此外,对于一些特定的违反治安管理行为,如赌博、卖淫、嫖娼等,以及一些具有一定经营性质的违法活动,根据现行法律规定和实际做法,《治安管理处罚法》规定了较高的罚款幅度。根据《治安管理处罚法》的规定,罚款的处罚一般由县级以上人民政府公安机关决定,但是对于五百元以下的罚款,可以由公安派出所决定。

三、行政拘留

行政拘留是短期内剥夺违反治安管理行为人的人身自由的一种处罚。因此,行政拘留是对自然人最严厉的一种治安管理处罚。《治安管理处罚法》关于拘留处罚幅度的规定,一般分为五日以下、五日以上十日以下、十日以上十五日以下三个档次。根据《治安管理处罚法》的规定,拘留的处罚只能由县级以上人民政府公安机关决定。对被决定给予行政拘留处罚的人,在处罚决定生效后,由作出拘留决定的公安机关送达拘留所执行。

四、吊销公安机关发放的许可证

吊销公安机关发放的许可证,是剥夺违反治安管理行为人已经取得的,由公安机关依法发放的从事某项与治安管理有关的行政许可事项的许可证,使其丧失继续从事该项行政许可事项的资格的一种处罚。为了维护社会治安秩序,法律、行政法规对一些与治安管理工作关系比较密切的事项,规定实行许可制度,由公安机关依法审核、发放许可证。没有依法取得许可证而从事相关业务和活动的,属于违反治安管理行为,应当依法给予相应的处罚。已经依法取得相关许可的,也应当在许可的范围内依照有关规定从事活动,不得超越许可范围或者违反有关规定从事活动。对于超越许可范围或者违反有关规定从事活动,情节严重,不适宜继续享有特许权的,就有必要由公安机关依法吊销其取得的许可证,收回其特许权。根据《治安管理处罚法》的规定,吊销公安机关发放的许可证的处罚,应当由县级以上公安机关决定。

五、限期出境或驱逐出境

对违反治安管理的外国人可以附加适用限期出境或者驱逐出境。在我国领域内的外国人,其合法权益受我国法律保护;同时他们也要尊重和遵守我国法律的规定。近些年来,随着改革开放的不断深入,到我国境内从事旅游、经商等活动的外国人越来越多,外国人违反治安管理的行为也时有发生。对于外国人违反治安管理的案件,如果根据维护我国国家利益、社会公共利益的需要,认为其不适合继续在我国停留的,可以由公安机关责令其限期出境或者将其驱逐出境。限期出境就是由公安机关责令违反治安管理的外国人在规定的时限内离开我国国(边)境。

限期出境属于责令自行离境,但负责执行的公安机关可以监督其离开。驱逐出境就是强迫违反治安管理的外国人离开我国国(边)境,是比限期出境更为严厉的一种手段,需要由负责执行的公安机关将其强制押解出境。限期出境和驱逐出境只适用于外国人,包括无国籍的人。这两种手段是比较严厉的,因此,公安机关在办理涉外的治安案件时,要根据我国国家利益和社会公共利益的需要,慎重决定适用。至于是否符合我国国家利益和社会公共利益的需要,应由办理案件的公安机关根据案件的具体情况、违反治安管理的外国人自身情况,以及外交等方面因素综合考量。

第三节　治安管理处罚的法律措施

《治安管理处罚法》对于违反治安管理行为，除几种治安管理处罚种类外，还规定了一些其他非治安管理处罚的法律措施，可称之为治安管理处罚相关的法律措施。

一、收缴与追缴

《治安管理处罚法》第十一条规定："办理治安案件所查获的毒品、淫秽物品等违禁品，赌具、赌资，吸食、注射毒品的用具以及直接用于实施违反治安管理行为的本人所有的工具，应当收缴，按照规定处理。违反治安管理所得的财物，追缴退还被侵害人；没有被侵害人的，登记造册，公开拍卖或者按照国家有关规定处理，所得款项上缴国库。"本法没有将《行政处罚法》中规定的没收（即没收违法所得、没收非法财物）处罚纳入治安管理处罚种类当中，而是变通地规定了收缴和追缴两种行政强制措施。

（一）收缴

根据规定，办理治安案件所查获的毒品、淫秽物品等违禁品、赌具、赌资，吸食、注射毒品的用具以及直接用于实施违反治安管理行为的本人所有的工具，应当收缴，按照规定处理。这里的"毒品"是指鸦片、海洛因、甲基苯丙胺（冰毒）、吗啡、大麻、可卡因以及国家规定管制的其他能够使人形成瘾癖的麻醉药品和精神药品。"淫秽物品"是指具体描绘性行为或者露骨宣扬色情的淫秽性书刊、影片、录像带、录音带、图片及其他淫秽物品。有关人体生理、医学知识的科学著作不是淫秽物品。包含有色情内容的有艺术价值的文学、艺术作品也不视为淫秽物品。需要指出的是，这里的"赌资"是指违反治安管理行为人在赌博过程中直接用于赌博的资金，不包括其其他财产。"直接用于实施违反治安管理行为的本人所有的工具"，即违反治安管理行为所使用的作案工具，如殴打他人的木棍、实施抢夺行动所用的自行车等。如果该作案工具属于他人所有，则不得予以收缴。"按照有关规定处理"，是指依照有关涉案物品处理的法律、行政法规和规章处理。如《公安机关办理行政案件程序规定》要求，收缴财物应当经县级以上公安机关负责人批准，并制作收缴清单，待处罚决定生效后，按照下列规定分别处理：应当上缴国库的，移交财政部门处理；属于违禁品的，经县级以上公安机关负责人批准，统一登记造册后予以销毁，其中属于淫秽物品、毒品的，分别由县级以上公安机关治安部门、禁毒部门组织销毁；属于受害人合法财物的，及时返还受害人。

(二) 追缴

在办理治安案件过程中,往往涉及对违反治安管理所得的财物如何处理的问题,这涉及被侵害人的利益。当然,由于违法行为的限制,违反治安管理行为人实施的违法行为中,获利性行为很少,因此,涉及违反治安管理所得的处理问题也相应地较少。在多数情况下,也能找到被侵害人。并且违反治安管理所得的财物主要涉及如何退还给被侵害人,也有没收非法所得的财物的问题。只有对找不到被侵害人的违反治安管理所得的财物,才存在如何处理的问题。因此,根据《治安管理处罚法》第十一条第二款的规定,违反治安管理所得的财物,追缴退还被侵害人;没有被侵害人的,登记造册,公开拍卖或者按照国家有关规定处理,所得款项上缴国库。这里的"国家有关规定"是个广义的概念,既包括法律、行政法规、部门规章,也包括有关主管部门作出的决定或者命令。如《公安机关办理行政案件程序规定》中规定,对应当退还原主的财物,应当通知原主在六个月内来领取;对原主不明确的,应当采取公告方式告知原主认领。在通知原主后或者公告认领后六个月内,无人认领的,按无主财物处理,上缴国库。如有特殊情况,可酌情延期处理,延长期限最长不超过三个月。对容易腐烂、灭损或者无法保管的其他物品,应当及时退还原主;对找不到原主的,经公安机关负责人批准,可以在拍照或者录像后变卖或者拍卖。对扣押和收缴的财物,任何单位和个人不得使用、挪用、调换或者损毁。行政案件变更管辖时,与案件有关的财物及其孳息应当随案移交。移交财物时,由接收人、移交人当面查点清楚,并在交接单据上共同签名。

二、约束

《治安管理处罚法》第十五条第二款规定:"醉酒的人在醉酒状态中,对本人有危险或者对他人的人身、财产或者公共安全有威胁的,应当对其采取保护性措施约束至酒醒。"这是从治安执法实践出发,针对醉酒的人作出的专门规定,既包括违反治安管理的醉酒行为,也包括一般醉酒行为。这主要是考虑到在有些情况下,醉酒的人在醉酒状态中,对本人有危险或者对他人的人身、财产或者公共安全有威胁,如有的人酒后乱闹,有的想以头撞树,有的想自杀,有的想放火,有的还殴打他人,甚至在酒店、宾馆等公共场所乱打乱砸,严重危及自身和他人的生命与健康以及公共场所秩序等。但醉酒的人又不同于一般人,虽然其属于完全责任能力者,但由于酒精的作用,控制自己行为的能力减弱。此时不能只考虑对其违法行为如何处罚,而应当注重对其保护。因此,《治安管理处罚法》第十五条规定,醉酒的人在醉酒状态中,对本人有危险或者对他人的人身、财产或者公共安全有威胁的,应当对其采取保护性措施约束至酒醒。这里的"保护性措施",主要是指采取软布、绳索等将醉酒的人固定在椅子上、床上等措施,既要防止其继续闹事,对他人的生命、健康和公共秩序构成威胁,也要防止其伤害自身。对这种措施不能简单地理解为用械具将其束缚,而是保证其身体不受到伤害或者非人待遇。这是"尊重和保障人权"原则在本法中的具体体现。

三、责令严加管教

责令严加管教的对象是特定的违反治安管理行为人的监护人。不满十四周岁的人违反治安管理的,根据《治安管理处罚法》的规定,不予处罚,但是应当责令其监护人严格进行管理和教育。

四、责令严加看管和治疗

责令严加看管和治疗的适用对象是精神病人的监护人。精神病人在无法辨认或无法控制自己行为的时候违反治安管理的,不予处罚,但是应当责令其监护人严加看管和治疗。

五、责令停止活动和立即疏散

举办文化、体育等大型群众性活动,必须严格按照国家相关规定,提供相应资金保障,并接受公安机关的督促和检查。依据《群众性文化体育活动治安管理办法》的规定,参与群体性活动人数超过200人的,属于公安机关治安管理范围。根据《治安管理处罚法》第三十八条的规定,如果大型群众性活动的操作违反有关规定,有发生安全事故危险的,公安机关可以责令停止活动,立即疏散。

适用责令停止活动、立即疏散措施应注意以下两点:一是对"有发生安全事故危险"的理解。在补足中,这种危险应当是一种可能性,并且是一种现实可能性,是否"有发生安全事故危险",应当由公安机关依据有关证据来判断。二是对"停止活动"的理解。相关的宣传、推广、售票等前期准备工作,都属于"活动"内容。只要公安机关认定"有发生安全事故危险"的可能,就可以责令停止活动,包括活动的前期准备工作。

六、禁止进入特定场所与强行带离现场

禁止进入特定场所与强行带离现场适用于《治安管理处罚法》第二十四条规定的因扰乱体育比赛秩序被处以拘留处罚的行为人。根据本条规定,对因扰乱体育比赛秩序被处以拘留处罚的,可以同时责令其十二个月内不得进入体育场馆观看比赛,违反规定进入体育场馆的,可以强行带离现场。法律作这样的规定,主要是为了体育场馆内秩序免受已有"捣乱"记录的人的破坏,使体育比赛能够正常进

行。这里所规定的"可以",表明不是对所有曾因扰乱体育比赛秩序被处以拘留处罚的人都要责令其十二个月内不得进入体育场馆观看同类比赛,而应当充分考虑其人身危险性、对体育比赛的干扰可能性等具体情形,由公安机关来决定是否需要禁止其在十二个月内进入体育场馆观看同类比赛。

七、取缔

根据《治安管理处罚法》第五十四条的规定,未经许可,擅自经营按照国家规定需要由公安机关许可的行业的,除了给予相应的治安管理处罚以外,一律予以取缔。

适用取缔措施时应注意,适用对象不同,适用主体的分工也不同。例如,根据《社会团体登记管理条例》第三十五条的规定,未经登记,擅自以社会团体名义进行活动,以及被撤销登记的社会团体继续以社会团体名义进行活动的,由登记管理机关予以取缔,没收非法财产。由此可见,取缔非法审计署的职责在民政部门,公安职责是按照《治安管理处罚法》的规定对非法团体给予处罚。而根据《治安管理处罚法》的规定,未经许可擅自经营按照国家规定需要由公安机关许可的企业的,则应当由公安机关予以取缔。

第四节　治安管理处罚的适用

一、数种违反治安管理行为与处罚

《治安管理处罚法》第十六条规定:"有两种以上违反治安管理行为的,分别决定,合并执行。行政拘留处罚合并执行的,最长不超过二十日。"

由此可知,违反治安管理行为人有两种以上违反治安管理行为的,分别决定,合并执行。行政拘留处罚合并执行的,最长不超过二十日。即对于违反治安管理行为人,首先要根据其不同的违反治安管理行为,依据其违法事实和相关证据,分别作出决定。这是合并拘留处罚的前提条件。需要指出的是,分别决定的前提是违反治安管理行为人实施了不同的违法行为,如果实施的是某种行为,则不能适用分别决定的规定,也不存在合并拘留处罚的问题。其次,根据法律所作出的决定必须都是行政拘留,如果既有拘留,还有罚款等治安处罚,则只能是分别处罚,不得合并或者折合拘留执行。最后,合并拘留的最长期限为二十日,即将对违反治安管理行为人的行政拘留期限合并后的执行期限最长不得超过二十日,即使简单相加已经远远超出二十日。

二、共同违反治安管理行为与处罚

《治安管理处罚法》第十七条规定:"共同违反治安管理的,根据违反治安管理行为人在违反治安管理行为中所起的作用,分别处罚。教唆、胁迫、诱骗他人违反治安管理的,按照其教唆、胁迫、诱骗的行为处罚。"

(一)对共同违反治安管理的处罚规定

共同违反治安管理应当同时具备以下两个特征。

1. 共同违反治安管理的主体必须是二人以上

"二人以上"是指达到法定治安法律责任年龄,具有责任能力且应负治安法律责任的两个及以上自然人。

2. 共同违反治安管理必须是共同故意行为

所谓"共同故意违反治安管理",应当具备以下条件:①几个违反治安管理行为人必须有共同故意。这里有两层意思,一是几个违反治安管理行为人对自己实施的危害行为都持故意的心理状态,即几个违反治安管理行为人都明知自己的行为会发生危害社会的结果,并希望或者放任这种结果的发生;二是几个违反治安管理行为人相互明知,即数个违反治安管理行为人都认识到自己和其他行为人在共同进行某一违反治安管理活动。这两方面的统一,就形成了违反治安管理行为人的共同故意。②几个违反治安管理行为人必须有共同的违反治安管理行为。所谓共同的违反治安管理行为,是指各个违反治安管理行为人的违反治安管理行为具有共同性。即违反治安管理行为人各自的违反治安管理行为都是在他们的共同故意支配下,围绕共同的侵害对象,实现共同的违法目的而实施的;各个共同违反治安管理行为人所实行的违法行为都同危害结果具有因果关系。

共同违反治安管理的,根据违反治安管理行为人在违反治安管理行为中所起的作用,分别处罚。实践中,对共同违反治安管理行为,因行为人所起作用不同,也存在主要作用、从属作用的划分。在一般情况下,组织、领导团伙进行违法活动的或者在共同违反治安管理行为中起主要作用的,是主要违反治安管理行为人。这里规定的主要违反治安管理行为人包括两种人:一种是组织、领导团伙进行违法活动的,即组织违法团伙,领导、策划、指挥团伙成员进行违法活动的。组织、领导者可能是一个人,也可能是数个人。另一种是在共同违反治安管理中起主要作用的人。所谓"起主要作用的人"是指在共同违反治安管理行为中,出谋划策或者对发生危害结果起重要作用的。这里的从属违反治安管理行为人,是指在共同违反治安管理中起次要或者辅助作用的人。主要分两种情况:一是在共同违反治安管理行为中起次要作用的。所谓"起次要作用的"是指在整个团伙违法活动中,处于从属于主要违反治安管理行为人的地位,对其违法意图表示赞成、附和、服从,听从其领导、指挥,不参与有关违法活动的决策和谋划;在实施具体违反治安管理行为中,在主要违反治安管理行为人的组织、指挥下进行某一方面的违法活动,情节较轻,所实施的行为对整个危害结果的发生只起了次要的作用。二是在共同违反治安管理行为中起辅助作用的。这种行为实际上是帮助行为,其特点是不直接参与具体违法行为的实施,为完成共同违反治安管理活动只起了提供物质或者精神帮助的作用。如提供作案工具、为实施者踩点望风、指示违法地点和侵害对象等。

由于主要违反治安管理行为人与从属违反治安管理行为人,在共同违反治安管理中的作用不同,对其处罚也应当存在差异。根据过罚相当的原则,对主要违反治安管理行为人,应当按照该行为人在共同违反治安管理活动中所参与的或者组织、指挥的全部违法行为处罚。在共同违反治安管理行为中,从属违反治安管理行为所起的作用和其行为的社会危害性比主要违反治安管理行为人小。因此,其所承担的治安法律责任应当比主要违反治安管理行为人轻,即比照主要违反治安管理行为人的处罚从轻、减轻处罚。

(二)对教唆、胁迫、诱骗他人违反治安管理的处罚规定

实践中,教唆、胁迫、诱骗他人违反治安管理的行为时有发生,给社会造成极大的危害,特别是有些成年人教唆、胁迫、诱骗未成年人实施违反治安管理行为,对社会治安秩序的损害非常大,必须采取相应的惩治措施。因此,本条规定,教唆、胁迫、诱骗他人违反治安管理的,按照其所教唆、胁迫、诱骗的行为处罚。这里的教唆是指以劝说、挑拨、怂恿、煽动等多种方法故意实施的唆使他人违反治安管理的行为。胁迫,是指用威逼、强制的方法迫使他人违反治安管理,包括暴力胁迫和非暴力胁迫两种。诱骗,是指用引诱、欺骗的方法使人上当受骗而实施违反治安管理的行为。以上三种行为,只实施其中一种行为,就可以给予相应的处罚。实践中,还要考虑到未成年人经历少,思想尚未成熟,容易被教唆、胁迫、诱骗而违反治安管理,这种情况具有更大的社会危害性,因此,对教唆、胁迫、诱骗未成年人违反治安管理的,可考虑从重处罚。这与本法第二十条规定的精神也相一致。

三、单位违反治安管理行为与处罚

《治安管理处罚法》第十八条规定:"单位违反治安管理的,对其直接负责的主管人员和其他直接责任人员依照本法的规定处罚。其他法律、行政法规对同一行为规定给予单位处罚的,依照其规定处罚。"

(一)单位也可成为违反治安管理行为人

随着社会经济的发展以及市场多元化,各种利益实体不断出现,为了追求自身的利益最大化,竞争不断加剧。同时,各种违法犯罪也层出不穷,既有自然人行为,也有单位行为,特别是单位行为,由于其具有自然人所无法比拟的优势,如人数

众多,资金雄厚,因而所造成的危害后果也往往高于自然人。因此,为了维护社会治安秩序,保障公共安全,保护公民、法人和其他组织的合法权益,本法明确规定单位可以构成违反治安管理行为。这样规定的意义在于规范单位的经营和日常活动,单位必须在法律规定的范围内行事,防止个别人假借单位名义行个人之实并逃避法律的惩处。这里的单位是个广义的概念,既包括机关、团体、企事业单位,还包括不具备法人资格的其他组织。至于单位违反治安管理行为,其特点如下:一是单位集体研究决定;二是单位集体获利,既可能包括单位和个人,也可能只是单位;三是单位对外承担法律责任。至于单位违反治安管理行为有何限定,本法没有作出规定。

(二)对单位违反治安管理行为的处罚

根据本条的规定,对单位违反治安管理的要实行双罚制,即对单位直接负责的主管人员和其他直接责任人员依照本法的规定处罚,如罚款、拘留等。对于单位的处罚,主要依照其他法律、行政法规的规定,即如果其他法律、行政法规对同一行为规定给予单位处罚的,就依照其规定处罚。也就是说,考虑到对单位的处罚主要是罚款和剥夺或者限制其经营资格,由其他法律、行政法规来规定较为合适。

四、减轻处罚或者不予处罚

《治安管理处罚法》第十九条规定:"违反治安管理有下列情形之一的,减轻处罚或者不予处罚:(一)情节特别轻微的;(二)主动消除或者减轻违法后果,并取得被侵害人谅解的;(三)出于他人胁迫或者诱骗的;(四)主动投案,向公安机关如实陈述自己的违法行为的;(五)有立功表现的。"

"减轻处罚"是指执法机关在法定的处罚方式和处罚幅度最低限以下,对违反治安管理行为人适用治安处罚。在处罚的程度上,它介于从轻处罚和不予处罚之间。减轻处罚有两种情况,一种是执法机关在法定处罚方式以下对违反治安管理行为人实施处罚,另一种是执法机关在法定的处罚幅度最低限以下实施处罚。

"不予处罚"是指公安机关依照法律的规定,考虑到法定的特殊情况存在对本应给予治安处罚的违反治安管理行为人免除对其适用的治安处罚。

《公安机关办理行政案件程序规定》第一百五十九条规定,违法行为人有下列情形之一的,应当从轻、减轻处罚或者不予行政处罚:主动消除或者减轻违法行为危害后果,并取得被害人谅解的;受他人胁迫或者诱骗的;有立功表现的;主动投案,向公安机关如实陈述自己的违法行为的;其他依法应当从轻、减轻或者不予行政处罚的。违法行为轻微并及时纠正,没有造成危害后果的,不予行政处罚。在上述规定的基础上,本条借鉴治安执法实践,对减轻处罚或者不予处罚的情节作出了具体的规定。

根据本条规定,违反治安管理行为人具有下列情形之一的,减轻处罚或者不予处罚。

(一)情节特别轻微的

"情节特别轻微"是指行为人实施的违反治安管理行为情节显著轻微,其社会危害性尚未达到应当受治安处罚的程度。如盗窃他人财物数额非常小、殴打他人没有造成伤害等。这是从行为程序上考虑,行为人给被侵害人造成的财产损失或者身体伤害等比较轻,社会危害后果小。从教育和处罚相结合的原则出发,应当给予违反治安管理行为人悔过的机会。

(二)主动消除或者减轻违法后果,并取得被侵害人谅解的

这有两方面意思:一是从违反治安管理行为人的角度来讲,其必须认识到自己实施违反治安管理行为的社会危害后果,从而主动、积极去消除或者减轻违法后果,如积极将被殴打的被侵害人送往医院治疗等。因为从行为中可以看出其内心的真实意思,即行为是思想的外露。从其主观心态来看,对其减轻处罚或者不予处罚的社会效果会更突出。二是违反治安管理行为人要主动做工作,承认自己的错误,以取得被侵害人的谅解,即被侵害人已经原谅了违反治安管理行为的违法行为对其自身的损害。这也防止执法机关片面强调违反治安管理行为人的积极努力,而忽视被侵害人利益的保护。

(三)出于他人胁迫或者诱骗的

这里的"胁迫"是指违反治安管理行为人受到他人以立即实施暴力或其他有损身心健康的行为的压力,如以冻饿、罚跪等相要挟,逼迫未成年人、残疾人按其要求表演恐怖、残忍节目的行为。"诱骗"是指违反治安管理行为人被他人利用年幼无知的弱点或亲属等其他人身依附关系等而实施违法行为,如以许愿、诱惑、欺骗等手段使未成年人、残疾人按其要求表演恐怖、残忍节目的行为。

(四)主动投案,向公安机关如实陈述自己的违法行为的

这项规定类似于刑法规定的"自首"。这主要是从违反治安管理行为人的行为来分析,其主动投案,向公安机关如实陈述自己的违法行为,显然属于已有悔改之心,并配合公安机关的查处工作。如果不严格按照法律规定给予相应的处罚,势必效果不甚理想,也会杜绝其他违反治安管理行为向公安机关主动投案的想法。这里的"主动投案",既包括自己积极主动地向公安机关投案,也包括在亲属的规劝下,向公安机关投案。从投案形式上讲,既包括亲自到公安机关投案,也包括以电话等形式向公安机关投案。

(五)有立功表现的

这里的"立功表现",主要是指主动检举揭发他人违法犯罪,经查证属实;在日常生产、生活中舍己救人等。这样规定有利于违反治安管理行为人积极配合执法机关的工作,以自己的实际行动展示其确有悔改之心,也有利于对违反治安管理行为人的教育和转化。

五、从轻处罚

"从轻处罚"是指公安机关在法定的处罚方式和幅度内,对违法行为人在几种可能的处罚方式内选择较轻的处罚种类,或者在一种处罚方式的处罚幅度内选择幅度较低的进行处罚。当然,从轻处罚也不是绝对要适用最轻的处罚方式,更不是一定要在幅度最低限进行处罚,行政机关要综合考虑其违法情节,同时针对违法者的具体情况,作出如何从轻处罚的具体裁量。

《治安管理处罚法》中有两条涉及从轻处罚的规定:第十二条规定,已满十四周岁不满十八周岁的人违反治安管理的,从轻或者减轻处罚;第十四条规定,盲人或者又聋又哑的人违反治安管理,可以从轻、减轻或者不予处罚。

六、从重处罚

从重处罚是从轻处罚的对称。它是指公安机关在法定的处罚方式和幅度内对违法相对方在数种处罚方式中适用较严厉的处罚方式,或者在某一处罚方式允许的幅度内适用接近于上限或上限的处罚。

《治安管理处罚法》第二十条规定:"违反治安管理有下列情形之一的,从重处罚:(一)有较严重后果的;(二)教唆、胁迫、诱骗他人违反治安管理的;(三)对报案人、控告人、举报人、证人打击报复的;(四)六个月内曾受过治安管理处罚的。"该条是关于违反治安管理从重处罚情形的规定。

(一)有较严重后果的

这里的"较严重后果",主要是指间接的危害后果,如因被侵害人在公共汽车上被违反治安管理行为人盗窃,致使其购买种子的费用没有着落而影响一年的农业收成,或者造成被侵害人自杀等。这主要是从社会稳定的大局出发,严厉惩治影响人民生产、生活和安定团结的违法行为。

(二)教唆、胁迫、诱骗他人违反治安管理的

这类行为的主观恶性较深,在其自身违反治安管理的同时,还积极教唆、胁迫、诱骗他人违反治安管理,特别是教唆未成年人以及残疾人违反治安管理,对这类人必须从重处罚。

(三)对报案人、控告人、举报人、证人打击报复的

为了维护社会治安秩序,保障公共安全,保护公民、法人和其他组织的合法权益,我国法律鼓励任何公民和单位与违法犯罪行为做斗争。要求公民发现违法犯罪案件时,要及时向司法机关报案、控告、举报并积极配合执法部门的查证工作,以便司法机关及时、准确地打击违法犯罪行为。实践证明,我们的惩治违法犯罪分子

必须依赖人民群众的配合,因此,对于违反治安管理行为人对报案人、控告人、举报人、证人打击报复的,必须依法从重惩处。

(四) 六个月内曾受过治安管理处罚的

对这类违反治安管理行为人予以从重惩处,主要是考虑到其主观恶性明显,类似于刑法规定的"累犯",属于治安重点惩治的对象。当然,前后违反治安管理行为既可以是同种违法行为,也可以是不同种违法行为。值得注意的是,若行为人在六个月内发生的违反治安管理行为已经受到治安处罚,再次违反治安管理时才可能涉及从重处罚;如果尚未受到治安管理处罚,则属于合并处罚,不涉及从重处罚问题。

七、单处与并处

(一) 单处

单处是行政主体对违法相对方仅适用一种处罚。它是处罚适用的最简单的形式。单处可以是对法定的任何一种行政处罚方式的单独适用。在法律法规没有明确规定可并处的情况下,行政主体应对违法相对方适用一项处罚,不能同时适用几项处罚。

单处是指公安机关对一种违反治安管理行为仅适用一种处罚方式,它是相对于并处而言的。在《治安管理处罚法》中,单处有两种情形:一是《治安管理处罚法》某些条文中明确规定,对某些违反治安管理行为只能适用法律明确规定的某一种具体的处罚种类,对这些行为不能适用其他种类的处罚,如《治安管理处罚法》中共有11个条款规定了对其中的具有较严重的社会危害性行为只能适用行政拘留处罚,不能适用警告、罚款等处罚种类,没有可供选择的余地,这些行为具有较为严重的社会危害性,这样的规定,限制了公安机关的自由裁量权,防止了以罚代拘,符合立法精神。二是《治安管理处罚法》有一些条文中规定了对一些违反治安管理行为设置了多种可供选择的处罚种类,只能选择其中一种处罚。如选择了罚款的处罚,就不能再实施拘留的处罚;反之,选择了拘留的处罚,就不能再实施罚款的处罚。只能择一而行之。

(二) 并处

并处是指公安机关对一种违反治安管理行为,依法同时适用两种或两种以上的行政处罚形式。即给予某种处罚的同时,再给予另一种处罚。往往针对情节较严重的情形,是对违法者的从重处罚。并处必须在法律明文规定的范围内进行,不能突破这界限。在《治安管理处罚法》中,并处有几种情形:一是"应当并处的"。《治安管理处罚法》中共有17处必须并处的规定内容,应当并处的则不能适用一种处罚,这是一种法律的硬性规定。二是"可以并处的"。《治安管理处罚法》中共有 28 处可以并处的规定内容,可以并处的则是既可并处,又可以单处。可以并处的规定,应理解为既可以并处,又可以不并处,如果没有并处则属于单处,执法中酌情适用。

第二章

治安管理处罚的法定任务、效力和法律依据

第一节 治安管理处罚的法定任务

《治安管理处罚法》第一条规定:"为维护社会治安秩序,保障公共安全,保护公民、法人和其他组织的合法权益,规范和保障公安机关及其人民警察依法履行治安管理职责,制定本法。"根据法条规定,治安管理的法定任务分为以下四个方面。

一、维护社会治安秩序

社会治安是指在一定的法律法规的规范下,社会场域实现安定有序的状态。在新形势下,我国社会正在经历从传统社会向现代社会的转型,传统风险与非传统风险交织共存,各种社会问题与风险挑战不断显现,呈现出交织性、复杂性、综合性等特点,对社会稳定和公共安全造成了较大威胁。比如,群体事件诱发因素较多,还涉及错综复杂的利益冲突、少数不公平不公正的社会现实、激烈愤慨的情绪发泄、部分对社会不满的群体存在等,一旦处理不当,就可能引发群体性事件,进而威胁社会安全稳定。再比如,网络安全事件频发,随着我国进入信息化时代,社会安全事件由单一的线下挑战转变为线上线下交织共存的挑战,治理难度大幅提升。屡见不鲜的电信诈骗就是不法分子通过信息技术手段,以网络为载体,使人民群众的财产安全受到威胁。

尽管我国社会治理和公共安全治理成效显著,但仍有个别事件和因素影响着人民群众的安全感。特别需要注意的是,社会治安问题通常会伴随多种社会矛盾,形成多点触发的爆破口,再加上网络媒体的普及性、传播性,让维护公共安全增

加现实与虚拟的双重挑战。

党的二十大报告指出,"推进国家安全体系和能力现代化,坚决维护国家安全和社会稳定",其中第四部分专门指出完善社会治理体系。社会治安秩序作为社会治理体系的重要组成部分,是一个国家持续的、关乎社会稳定发展的要务。推进国家安全体系和能力现代化也必然包括治安治理体系和能力的现代化建设。习近平总书记于2021年1月11日在省部级主要领导干部学习贯彻党的十九届五中全会精神专题研讨班上讲话指出,"我国作为一个人口众多和超大市场规模的社会主义国家,在迈向现代化的历史进程中,必然要承受其他国家都不曾遇到的各种压力和严峻挑战"。

二、保障公共安全

维护和保障公共安全是为了人民。公共安全是指人们从事和进行正常的生产生活所需要的稳定的外部环境和秩序,主要包括生产安全、公共卫生安全、交通安全、建筑安全、信息安全等。公共安全涉及人民生活的方方面面,尤其是在特定的危机事件中,人民的生命健康和财产安全会受到威胁,并由此引发潜在的、连续性的事件反应,从而导致一系列安全问题的产生,进而影响社会的正常运行,并对整体的社会稳定造成挑战。因此,公共安全的维护和保障对于国家安全、社会稳定、人民安康有重要作用。

民以安乐,国以安兴。国泰民安是人民最基本、最普遍的愿望。维护公共安全关系到人民获得感、幸福感、安全感的提升,是满足人民对美好生活的向往基本保障。在我国,维护和保障公共安全的根本目的是保卫人民。

一方面,中国共产党始终坚持人民立场,为维护公共安全提供了根本保障。从我国历史和实践来看,中国共产党是人民的党,一切工作的出发点和落脚点都是人民。人民至上理念体现了中国共产党全心全意为人民服务的根本宗旨、从群众中来到群众中去的工作方法,立党为公、执政为民的执政理念以及为民造福的本质要求。党的十八大以来,党中央高度重视国家安全和社会稳定工作,创造性地提出了总体国家安全观,并将坚持总体国家安全观纳入了中国特色社会主义的基本方略。将国家安全体系纳入了国家治理体系,具体到公共安全方面,强调要健全公共安全体系,确保人民生命财产安全。

习近平总书记强调,要将维护公共安全放在维护最广大人民根本利益、贯彻落实总体国家安全观、推进国家治理体系和治理能力现代化中进行认识、思考和把握,编织"人民—社会—国家"全方位、立体化的公共安全网,为维护公共安全提供了实践遵循。可以说,公共安全关系到民生大计,维护公共安全就是维护人民的根本利益。

另一方面,中国共产党的初心使命为维护公共安全提供了基本遵循。为人民谋幸福、为民族谋复兴是我们党百年奋斗的初心使命。目前,从我国推进社会主义现代化发展进程的角度看,我国已进入追求高质量发展阶段,各方面都在由"从无到有"向"从有到好"发展,归根结底都是为了满足人民对美好生活的向往,不断增进人民福祉。而要实现人民对美好生活的向往,离不开安全稳定的公共环境。正如党的二十大报告指出的,要坚持以人民安全为宗旨,建设更高水平的平安中国,以新安全格局保障新发展格局,这是新时代新征程中对中国共产党人初心使命更加具体化的实践指向,为维护和保障公共安全,提高人民群众的获得感、幸福感和安全感提供了基本遵循。

维护公共安全是保障人民群众获得感、幸福感、安全感的底线,健全公共安全体系是社会安定、人民安乐的重要保障。在全面建设社会主义现代化国家的新征程上,公共安全的挑战与风险须臾不可忽视,提高公共安全治理水平刻不容缓。党的二十大对推进国家安全体系和能力现代化、维护国家安全和社会稳定作出了新的战略部署,为公共安全治理指明了方向,提供了遵循。要全面贯彻落实党的二十大精神,坚持人民至上,积极构建共建共治共享的公共安全治理新格局,加快建立完善以维护人民群众利益和权利为根本目的、以人民群众满意度为评价标准的公共安全治理模式,不断提高公共安全治理体系和治理能力现代化水平,以高水平公共安全保障高质量发展和人民安全,确保公共安全是为了人民、依靠人民,公共安全成果由人民共享,持续增强人民群众的获得感、幸福感、安全感。我们要通过共建共治共享的系统治理,提高公共安全治理水平,建设更高水平的平安中国,为人民安居乐业营造更加和谐稳定的环境,为全面建设社会主义现代化国家提供强大的安全保障。

三、保护公民、法人和其他组织的合法权益

《治安管理处罚法》保护公民、法人和其他组织的合法权益,是通过对各种侵犯公民、法人和其他组织的合法权益的违法行为进行处罚来实现的。

总的来讲,"保护公民、法人和其他组织的合法权益"是制定《治安管理处罚法》目的的基本方面。首先,在整部法律中,当涉及公安机关的权力与公民、法人和其他组织的权益之间的关系时,考虑的是保护公民、法人和其他组织的合法权益。其次,规定"规范和保障公安机关及其人民警察依法履行治安管理职责",也是为维护社会治安秩序和保障公共安全,以保障全体人民的工作秩序、生活秩序等,保障全体人民的合法权益。

四、规范和保障公安机关及其人民警察依法履行治安管理职责

《中华人民共和国人民警察法》(简称《人民警察法》)第二条第一款规定:

"人民警察的任务是维护国家安全,维护社会治安秩序,保护公民的人身安全、人身自由和合法财产,保护公共财产,预防、制止和惩治违法犯罪活动。"第六条中规定,公安机关的人民警察按照职责分工,依法履行预防、制止和侦查违法犯罪活动;维护社会治安秩序,制止危害社会治安秩序的行为;维护国(边)境地区的治安秩序等职责。

社会治安秩序是指维护社会公共生活所必需的治安秩序,包括公共秩序、社会管理秩序等。公共秩序又称社会秩序,是指人们在道德、纪律和法律的规范下,进行生产、工作、教学、科研及生活的秩序。公共安全是指不特定多数人的生命、健康和重大公私财产的安全。制定本法就是要对各种违反治安管理的行为设定相应的治安管理处罚,以维护社会治安秩序,保障公共安全。我国是工人阶级领导的、以工农联盟为基础的人民民主专政的社会主义国家,国家的一切权力属于人民。公安机关及其人民警察的权力来自人民的赋予。保护公民、法人和其他组织的合法权益,是我国法律制度的基本点,也是公共行政或者行政权力的使命。因此,公安机关及其人民警察履行维护社会治安的职责、行使治安管理处罚权,必须充分保障公民、法人和其他组织的合法权益。同时,维护社会治安秩序和保障公共安全,也是人民授权公安机关及其人民警察履行公共管理职责的根本原因。公安机关及其人民警察只有切实维护社会治安秩序和保障公共安全,才能真正从根本上保护公民、法人和其他组织的合法权益,才能不负人民的期望、不失自己的职守。

"规范和保障公安机关及其人民警察依法履行治安管理职责"是新增加的内容,在《中华人民共和国治安管理处罚条例》(已废止)中没有这方面的规定。治安管理处罚作为一项重要的行政权力,是公安机关及其人民警察依法管理社会治安的一种重要手段。一方面,本法要对治安管理处罚的适用问题进行"规范";另一方面,本法对治安管理处罚适用问题的规范,必须通过"保障公安机关及其人民警察依法履行治安管理职责",来实现保护公民、法人和其他组织的合法权益与维护社会治安秩序、保障公共安全的统一。

第二节 治安管理处罚的法律效力

一、治安管理处罚的空间效力

《治安管理处罚法》第四条规定:"在中华人民共和国领域内发生的违反治安管理行为,除法律有特别规定的外,适用本法。在中华人民共和国船舶和航空器内发生的违反治安管理行为,除法律有特别规定的外,适用本法。"

法的空间效力范围又称空间适用范围,是指法在什么领域、对什么人具有效力,包括对地的效力和对人的效力两个方面。

本条分为两款。第一款规定了本法在我国固有领域的适用问题。本法采用的是属地原则,或称属地管辖、领土原则。它以我国领域所及的范围为标准来确定本法的适用范围,即凡是在中华人民共和国领域内发生的违反治安管理行为,不论违反治安管理行为人是否为中国公民,除法律有特别规定的外,均应适用本法。"中华人民共和国领域"包括固有的领域和流动的领域。我国固有的领域,或称实质的领域,包括中华人民共和国领陆、领水及领空。领陆包括边界以内的陆地和岛屿;领水包括领海和内水;领空是领陆和领水的上空。"除法律有特别规定外"主要包括:一是享有外交特权和豁免权的外国人在中华人民共和国领域违反治安管理的,不适用本法,其违反治安管理的法律责任通过外交途径解决。"享有外交特权和豁免权的外国人"主要包括:来访的外国国家元首、政府首脑、外交部长及其他具有同等身份的外国官员,外交代表,非中国公民且非在中国永久居留的使馆行政技术人员与其共同生活的配偶、未成年子女等。二是香港和澳门特别行政区基本法中的例外规定,以及对台湾地区的例外规定。按照"一国两制"的原则,香港和澳门特别行政区都享有独立的司法管辖权,在本地区不适用内地的《治安管理处罚法》。

本条第二款规定了本法在我国流动的领域的适用问题。我国流动的领域,或称虚拟的领域,包括在我国登记注册、悬挂中华人民共和国国旗航行,或悬挂国徽、军徽航行或者停泊在外国领域、公海上空的船舶和航空器。因此,在中华人民共和国船舶和航空器内发生的违反治安管理行为,不论违反治安管理行为人是否为中国公民,除法律有特别规定的外,均应适用本法。"除法律有特别规定的外"的含义同第一款。广义的流动的领域,还包括中华人民共和国驻外大使馆和领事馆。

1.外国人、港澳台居民在中国内地(大陆)违反治安管理的行为是否可以处罚

按照本条的规定,在中华人民共和国领域内发生的违反治安管理行为,以及在中华人民共和国船舶和航空器内发生的违反治安管理行为,不论违反治安管理行为人是中国公民还是外国人(含无国籍人),也不论是中国内地(大陆)居民还是港澳台居民,除享有外交特权和豁免权的外国人违反治安管理的法律责任通过外交途径解决之外,均应适用本法。但办理外国人、港澳台居民违反治安管理的案件与办理中国内地(大陆)居民违反治安管理的案件有以下两点主要区别。

(1)对违反治安管理的外国人可以附加特定处罚。按照本法第十条的规定,对违反治安管理的外国人(含无国籍人),除了依法给予警告、罚款、行政拘留(对违法的外国法人或者其他组织还可以依法吊销公安机关发放的许可证)外,还可以附加适用限期出境或者驱逐出境处罚。对中国内地(大陆)居民和港澳台居民则不能附加适用限期出境或者驱逐出境处罚。但是,对港澳台居民中的外国人,则可以附加适用限期出境或者驱逐出境处罚。

(2)办理外国人、港澳台居民违反治安管理的案件有特殊的程序。按照有关

规定,对违反治安管理的外国人给予行政拘留处罚的,公安机关应当通报同级人民政府外事部门,逐级上报公安部,并通报该外国人所属国家驻华大使馆或者领事馆;对违反治安管理的港澳台居民给予行政拘留处罚的,公安机关应当通报同级人民政府港澳事务办公室或者台湾事务办公室,逐级上报公安部,并通报港澳特区政府驻北京办事处或者海峡两岸关系协会。

对于外国人在我国境内违反治安管理应当承担法律责任的,公安机关应当依照我国法律规定给予治安管理处罚。办理外国人违反治安管理的案件,是一项政治性、政策性和原则性都很强的工作,不仅涉及维护国家主权和利益,而且涉及我国的对外关系。处理得好,可以维护国家的主权和利益;反之,则会损害国家的尊严和声誉,甚至影响我国与有关国家的关系。因此,公安机关办理外国人违反治安管理的案件,应当依照我国的法律法规和有关国际条约的规定,特别注意以下几个问题。

(1)严格遵循维护国家主权和利益原则。我国是一个独立的主权国家,对在我国境内的外国人行使完全的管辖权。我国一贯坚持在和平共处五项原则的基础上,发展与世界各国的友好往来,保护一切外国人的合法权益,同时,我国也绝不允许任何外国人在我国领土上胡作非为。外国人在我国领域内必须遵守我国的法律规定,违法犯罪的,一律适用我国的法律,追究其法律责任(享有外交特权与豁免权的外国人,通过外交途径处理)。这是由我国的主权和法律决定的。在实际工作中,必须坚持维护国家尊严和法律的严肃性。

(2)严格遵循及时原则。办理外国人违反治安管理的案件,如不及时采取有效措施,就可能造成事态的扩大和矛盾的激化。同时,外国人在华停留时间短、流动性大,不及时处理,有的证据就可能收集不到,也可能坐失良机,出现外国违法分子逃避处罚的情况。因此,必须十分强调及时。"及时"包括及时发现情况、及时赶赴现场、及时调查处理、及时汇报请示、及时结案、及时执行处罚等。只有做到及时,才能迅速查清违反治安管理事实,获得必要的证据,从而准确地作出处理决定。

(3)必须更加重视调查取证。处理每起外国人违反治安管理的案件,都必须重视调查取证,做到实事求是。要弄清案件的真实情况,掌握违反治安管理的真凭实据,反对主观臆断和偏听偏信。调查取证、采取各种措施,都必须符合法定的程序和要求,证据必须确实、充分,具有法律效力;定性处罚要有法律依据,所制作的法律文书要符合规定的要求。

(4)必须加强请示报告,密切与有关部门的协作配合。外国人违反治安管理的案件,一方面,不仅因人物、时间、地点、情况等不同而千差万别,问题错综复杂,而且在处理时政策性强,所以,在实际工作中要特别注意请示报告,如实反映情况,严格按法律和上级指示办理。另一方面,外国人违反治安管理的案件,并非治安管理部门可以单独完成,有的要经公安机关内部几个部门的共同工作才能结案;有的还要通报或者取得政府的外事、侨务、外贸、旅游等部门的配合,才能妥善处理。因此,在办理外国人违反治安管理的案件时,办案部门要加强与有关部门的协作配合。

(5)必须注意警容风纪和文明礼貌。办理外国人违反治安管理案件的民警在与外国人接触时,要特别注意警容风纪和文明礼貌,自觉维护国家的尊严和公安机关的良好形象。

2.外国驻华使领馆内发生的治安案件是否可以适用本法处理

公安部办公厅曾根据《中华人民共和国治安管理处罚条例》(简称《治安管理处罚条例》)第三条第一款的规定,就我国公安机关对外国驻华领事馆内发生的治安案件是否有管辖权问题,答复过山东省公安厅。根据该答复的规定,在中华人民共和国领域内发生的违反治安管理行为,除法律有特别规定的以外,我国公安机关享有管辖权。但是,由于外国驻华领事馆的地位特殊,对其内部发生的治安案件,公安机关应当依照有关国际条约和我国法律,区别情况行使管辖权。如果违反治安管理的行为人享有领事特权与豁免权,公安机关应当在进行必要的调查后,由公安部商请外交部通过外交途径解决;如果违反治安管理的行为人不享有领事特权与豁免权,公安机关应当依照有关国际条约和我国法律查处。根据《中华人民共和国领事特权与豁免条例》第二十二条的规定,外国驻华领事馆服务人员如果是中国公民,除没有义务就其执行职务所涉及事项作证外,不享有其他领事特权与豁免权。因此,对外国驻华领事馆的中国籍服务人员在领事馆内打伤中国公民的案件,公安机关应当依法查处,但必须注意方式方法。根据《维也纳领事关系公约》《中华人民共和国领事特权与豁免条例》的有关规定,公安机关未经领事馆同意,不得进入领事馆执行公务。公安机关有必要对领事馆的中国籍服务人员依法采取传唤等措施的,应当视情况通知该领事馆。

对于我国公安机关对外国驻华大使馆内发生的治安案件是否有管辖权问题,可以根据《维也纳外交关系公约》和《中华人民共和国外交特权与豁免条例》和本法等有关法律、行政法规的规定,参照上述答复处理。

二、治安管理处罚的时间效力

《治安管理处罚法》第二十二条规定:"违反治安管理行为在六个月内没有被公安机关发现的,不再处罚。前款规定的期限,从违反治安管理行为发生之日起计算;违反治安管理行为有连续或者继续状态的,从行为终了之日起计算。"

(一)追究时效

追究时效是指追究违反治安管理行为人法律责任的有效期限。追究违反治安管理行为人的责任,必须在本款规定的期限之内。超过了规定的期限,就不能再对违反治安管理行为人追究责任,给予处罚。考虑到违反治安管理行为只是一种违法行为,与刑事犯罪有很大不同,因此,对违反治安管理行为的追究时效与刑法规定的对犯罪行为的追诉时效相比,期限大幅缩短。根据本条的规定,对违反治安管理行为的追究时效为六个月,如果违反治安管理行为在六个月内没有被公安机关发现的,过了六个月就不再追究和处罚。所谓"被公安机关发现",不能仅仅理解为公安机关直接发现,需由公安机关人民警察亲眼所见,还包括间接发现,如受害人向公安机关报告,单位或者群众举报等。这里的"未被发现",既包括违反治安管理行为没有被发现,也包括虽然发现了违反治安管理行为,但不知该行为是由何人实施的情形。

（二）追究时效期限的计算

1. 一般情况下,追究期限的起算时间是从行为发生之日起计算

"行为发生之日"是指违反治安管理行为完成或者停止之日。如非法运输少量未经灭活的罂粟等毒品原植物种子或者幼苗的,在路途上用了三天,应当以第三天将罂粟等运到并转交他人时起计算追究时效的期限。

2. 特殊情况下的追究期限的起算时间,有两种情形

一是违反治安管理行为处于连续状态的,从行为终了之日起计算。也就是说,违反治安管理行为人连续实施同一违反治安管理行为,时效期限从其最后一个行为施行完毕时开始计算。"连续状态"是指违反治安管理行为人在时间间隔较短的一定时期内,基于同一的或者概括的违法意图,连续实施数个性质相同的违反治安管理行为的情形。如违反治安管理行为人在公共汽车上多次偷窃或者在较短的时期内多次殴打他人等。

二是违反治安管理行为处于继续状态的,从违反治安管理行为终了之日起计算。就是行为是所实施的违反治安管理行为在一定时间内处于持续状态的,时效期限自这种持续状态停止的时候开始计算。"继续状态"也就是持续状态,是指行为人实施的同一种违反治安管理行为在一定时期内处于接连不断的状态,没有停止和间断的现象,如非法限制人身自由等。

第三节　治安管理处罚的法律依据

一、《治安管理处罚法》的产生发展过程

《治安管理处罚法》的制定,以1957年10月22日颁布实施的第一部《中华人民共和国治安管理处罚条例》为标志。该条例制定后,经历了创建、停滞、恢复、发展和完善三个历史阶段。

(一)创建、停滞阶段

中华人民共和国成立后,中国人民推翻了旧的社会制度,彻底废除了旧法统,并致力于社会主义法制建设。为了巩固和维护新生的中华人民共和国,1957年10月22日,第一届全国人民代表大会常务委员会第八十一次会议通过了《治安管理处罚条例》,使得治安管理处罚立法优先于其他行政立法。有关治安管理处罚方面的法与新中国法制发展一样,也经历了曲折的发展过程。

(二)恢复、发展阶段

1978年党的十一届三中全会为1957年的《治安管理处罚条例》继续实施带来了新机遇。1979年11月29日,第五届全国人大常委会第十二次会议通过的《关于中华人民共和国建国以来制定的法律、法令效力问题的决议》规定,从1954年9月20日第一届全国人民代表大会第一次会议制定中华人民共和国宪法以来,全国人民代表大会和全国人民代表大会常务委员会制定、批准的法律、法令,除了同第五届全国人民代表大会制定的宪法、法律和第五届全国人民代表大会常务委员会制定、批准的法令相抵触的以外,继续有效。1957年制定的《治安管理处罚条例》也得以恢复实施。

党的十一届三中全会后,党和国家的工作重心从"以阶级斗争为纲"转移到经济建设上来,国家的经济体制由计划经济发展到有计划的商品经济。1957年制定的《治安管理处罚条例》建立在计划经济基础上,面对改革开放后出现的社会治安管理的压力,已经不能满足社会治安管理工作的现实需要。1986年9月5日,第六届全国人大常务委员会第十七次会议通过了新的《治安管理处罚条例》,自1987年1月1日起实施。

(三)逐渐成熟与完善阶段

新的《治安管理处罚条例》颁布实施后,我国的法治建设又处在迅猛发展阶段。1989年制定了行政法领域具有里程碑意义的《中华人民共和国行政诉讼法》(简称《行政诉讼法》);1990年又制定了《行政复议条例》,建立起了行政系统的内部监督、救济机制;1999年在此基础上制定了《中华人民共和国行政复议法》(简称《行政复议法》);1994年《中华人民共和国国家赔偿法》(简称《国家赔偿法》)的出台标志着国家法律责任体系的进一步完善;1996年颁布的《行政处罚法》则从规范行政权力及程序的角度揭开了行政程序立法的新篇章。《治安管理处罚条例》实施后,又出现了许多新的社会治安问题。例如,非法运输、买卖、存放、使用罂粟壳;利用会道门、封建迷信活动,扰乱社会秩序、危害公共利益、损害他人身体健康或者骗取财物等问题,需要对《治安管理处罚条例》进行完善。鉴于此,1994年5月12日第八届全国人大常务委员会第七次会议对《治安管理处罚条例》进行了个别修改。但随着经济社会的不断发展,《治安管理处罚条例》的有关违反治安管理的行为、处罚种类和幅度、处罚程序等方面的规定,已不适应新的社会治安形势的需要,如果通过个别修改,又难以承载如此多的新内容,必须及时进行全面修订。

1997年8月,公安部会同有关部门全面启动了在《治安管理条例》的基础上制定《治安管理处罚法》的工作,并于2002年4月将《治安管理处罚法(送审稿)》报送国务院。国务院经过反复研究修改,形成了《中华人民共和国治安管理处罚法(草案)》(以下简称草案)。草案经2004年9月29日国务院第65次常务会议讨论通过,并作为议案提交全国人大常委会审议。2004年10月第十届全国人大常委会第十二次会议对草案进行了首次审议。2005年6月第十届全国人大常委会第十六次会议对草案进行了第二次审议。2005年8月28日第十届全国人大常委会第十七次会议对草案进行了第三次审议,并获得通过。

二、修订《治安管理处罚条例》的必要性

《治安管理处罚条例》是我国公安机关处理治安案件的基本法律依据,在维护社会治安秩序、保障公共安全、保护公民合法权益等方面发挥了重要作用。它的实施,对于我国行政法制建设和行政法学研究的发展和繁荣有着不可低估的作用。但是,随着我国社会经济的飞速发展,社会治安涌现出诸多新情况、新问题,给社会治安管理带来了严峻的挑战,《治安管理处罚法》已经不能满足现实需要。公安机关的治安管理工作任务日益复杂艰巨,正确理顺公安机关职责,已成为当务之急。同时,自《治安管理处罚条例》颁布实施以来,我国法制建设迅速发展,《治安管理处罚法》与相继制定和颁布实施的《刑法》《行政诉讼法》和《行政处罚法》《行政复议法》等法律产生了不一致、不协调、不衔接甚至相互抵触的现象,为了从立法源头上保持法制的统一和协调,修订《中华人民共和国治安管理处罚条例》已迫在眉睫。

(一) 修订社会《治安管理处罚条例》是社会治安形势发展的需要

自从《治安管理处罚条例》实施以来,我国社会发生了广泛而深刻的变化,治安管理的领域不断拓展,治安管理的客体也随之出现了很多新内容,一些治安管理领域内明显具有社会危害性的行为和活动,《治安管理处罚条例》无法对其予以规制,而且《治安管理处罚条例》中的有些规定已不能适用形势发展的需要。为维护社会治安秩序,保障公共安全,保护公民、法人和其他组织的合法权益,必须将那些明显具有社会危害性的行为纳入法的调整范围,将一些不该调整的内容清理出去。《治安管理处罚条例》的修订,正是对社会发展需要的回应。

(二) 修订《治安管理处罚条例》是保护公民、法人和其他组织合法
　　　权益的需要

随着我国经济的发展,人们的生活水平已经得到了明显提高,《治安管理处罚条例》规定对违反治安管理行为人的罚款数额明显偏低,不能有效地遏制违反治安管理行为,不利于保护公民、法人和其他组织的合法权益。同时,《治安管理处

罚条例》对抉择治安管理行业的处罚幅度太宽,自由裁量度过大,容易被公安机关滥用。因此,有必要加大罚款数额,细分罚款和行政拘留的处罚幅度,增加处罚形式,丰富公安机关对治安管理的处置措施,加强对公安机关及其执法人员的执法监督,以切实保护公民、法人和其他组织的合法权益。

(三)修订《治安管理处罚条例》是程序正义的需要

随着法治建设的不断深入,重实体轻程序观念得以纠正,程序正义的理念不断深入人心,《治安管理处罚条例》对办理治安案件的程序规定过于简单粗浅,对办理治安案件的有关规定不很全面,需要对其进行充实和完善,以更好地规范公安机关的执法活动,维护人民群众的合法权益。

(四)修订《治安管理处罚条例》是保障人权、建设社会主义社会的
    需要

中华人民共和国成立后,人权事业在不断地发展,人民的人权意识、人权观念不断增强。我国政府自1980年起先后签署、批准并加入了19项国际人权公约。《中华人民共和国宪法》(简称《宪法》)明确规定"国家尊重和保护人权"。把应有人权转化成实有人权,需要通过法律的确认和保障。因此,修订《治安管理处罚条例》既是国际人权发展的需要和我国宪法的基本要求,也是建设社会主义和谐社会的必然要求。

(五)修订《治安管理处罚条例》是法制协调发展的需要

法制协调发展的内容包括法制系统内部与外部的协调发展、法制系统内部的协调发展。法制系统外部环境包括经济、政治、文化、道德等多个方面。为了实现法制系统内部之间的协调发展,实现与《刑法》《行政处罚法》《行政复议法》和《行政诉讼法》等相关法律的衔接,需要对《治安管理处罚条例》的有关内容进行修正、增加和废止。吸收相应的法律法规、规章的内容,删除已明显不需要加以规范的内容,将一些不属于治安管理处罚条例调整的内容交由其他法律法规调整,以实现法律体系的完整性和统一性。

三、修订《治安管理处罚条例》的指导思想

(1)适应社会治安形势发展的需要,补充完善治安管理处罚制度,严厉打击和惩治危害社会治安的违法行为,为加强社会治安管理提供有力的法律武器。

(2)处理好治安管理处罚的法律与《刑法》《行政处罚法》以及其他有关法律的衔接,维护法治统一,防止以罚代刑。

(3)在保证违反治安管理行为受到必要惩处的同时,规范警察权的行使,保护公民、法人和其他组织的合法权益不受侵犯。

四、治安管理处罚法的立法目的

立法目的是指制定法律所要实现的总体目标,是立法者希望通过立法所要达到或追求的一种社会效果。《治安管理处罚法》第一条对本法的立法目的作出了明确的规定。

(一)维护社会治安秩序是制定《治安管理处罚法》的首要目的

良好的社会治安秩序是社会秩序稳定、有序的基础,而稳定、有序的社会秩序则是社会不断进步发展的重要前提。改革开放以来,我国经济社会发展之所以能够取得长足进展,一个很重要的原因就是比较好地把握了改革、发展、稳定的关系,比较好地维护了包括治安秩序在内的整个社会秩序的稳定、有序。维护社会治安秩序工作的重要内容,就是依法打击严重危害社会治安的刑事犯罪活动和查处各种违反社会治安管理的违法活动。打击刑事犯罪活动的法律依据是刑法,而处罚各种违反治安管理的违法活动的法律依据则是《治安管理处罚法》。违反治安管理的违法行为相对于犯罪活动,社会危害性较轻,但其对社会治安秩序的影响和危害性也是比较严重的,必须予以足够的重视。相对于犯罪活动而言,违反治安管理行为发生的数量较大,涉及的面也非常广泛。

违反治安管理的行为,大量发生在广大群众身边,直接影响着群众的生活,影响着群众对社会治安秩序的感受,影响着社会安全感。因此,要维护良好的社会治安秩序,必须依法加强社会治安管理工作,采取有效措施,预防和打击各种违反社会治安管理的违法行为。违反治安管理的行为与危害社会治安的犯罪活动之间存在着密切联系:侵犯的客体都是社会治安秩序;行为的表现形式是相同或者类似的。虽然社会危害性不同,但违法和犯罪之间并没有不可逾越的鸿沟,对违反治安管理行为人不及时予以教育和惩戒,使其改正错误,将来很可能会走上犯罪道路。同时,对于因违反治安管理行为引起的矛盾和纠纷,不及时依法妥善解决,就有可能激化社会矛盾,甚至酿成犯罪。从这种意义上讲,依法加强社会治安管理也是预防犯罪的重要措施。

(二)保障公共安全是维护社会治安秩序的重要内容

公共安全涉及不特定多数人的人身、财产安全,妨害公共安全的违法行为都是有较大危险性的,可能给人民生命、财产造成无可挽回的巨大损失,为了保障公共安全,必须将危险消除在萌芽状态。因此,《治安管理处罚法》中专门规定了"妨害公共安全的行为和处罚"一节,而且其中规定的妨害公共安全的违法行为,都不要求造成实际后果。只要实施了《治安管理处罚法》规定的妨害公共安全的违法行为,如涉及爆炸性、毒害性、放射性、腐蚀性物质和传染病原体等危险物质的违法行为,妨害航空安全、铁路行车安全的违法行为等,就要依照规定予以处罚。

(三)保护公民、法人和其他组织的合法权益也是维护社会治安秩序的重要内容和《治安管理处罚法》的立法目的之一

《治安管理处罚法》保护公民、法人和其他组织的合法权益的目的,是通过对各种侵犯公民、法人和其他组织的合法权益的违法行为的处罚来体现的。《治安管理处罚法》专门规定了"侵犯人身权利、财产权利的行为和处罚"一节,对各种侵犯公民、法人和其他组织的人身、财产权利的违法行为,如殴打、伤害、猥亵他人,非法限制人身自由、侮辱、诽谤、诬告陷害他人,盗窃、骗取、抢夺、哄抢、敲诈勒索、故意损坏公私财物等,规定了相应的治安管理处罚。此外,对于其他一些侵犯公民、法人和其他组织的合法权益的违法行为,在"扰乱公共秩序的行为和处罚""妨害社会管理的行为和处罚"两节中也作了明确规定,如扰乱机关、团体、企事业单位秩序的,散布谣言,谎报险情、警情、疫情的,妨害公务的,偷开他人机动车的等。

(四)规范和保障公安机关及其人民警察依法履行治安管理职责的具体体现

关于"规范",依法行政是社会主义法治的基本要求,依法行政的基本含义是行政权的设定必须有法律依据,行政权的行使必须依法进行,不得超越法定权限,也不得违反法定程序。《治安管理处罚法》作为治安管理方面的一部基本法律,规范公安机关及其人民警察依法履行治安管理职责,是其基本内容。职责是职权和责任的结合,所谓依法履行治安管理职责,既包括行使治安管理权,应当符合法律的实体和程序性规定,也包括应当积极履行法律赋予的职责,不得懈怠的含义。《治安管理处罚法》对公安机关及其人民警察依法履行治安管理职责的规范作用主要体现在以下几个方面。

(1)《治安管理处罚法》赋予公安机关治安管理处罚权。《治安管理处罚法》明确规定,治安管理工作的主管部门是国务院公安部门和地方各级人民政府公安机关;规定了各种违反治安管理的行为和相应的治安管理处罚;规定了公安机关可以依法采取的一些强制措施,如扣押、追缴、传唤、强制传唤等。

(2)《治安管理处罚法》设定了公安机关行使治安管理处罚权的具体程序。在处罚程序一章详细规定了公安机关及其人民警察在办理治安案件时应当遵守的各项程序性规定。

(3)《治安管理处罚法》还规定了对公安机关依法行使职权的监督内容。此外,很多关于程序的规定也体现了监督的含义,如关于公安机关对报案、控告、举报等应当及时受理并进行登记的规定,关于询问时应当两个人在场等规定。

关于"保障",保障与规范实际上是一个问题的两个方面,规范的目的是保障公安机关及其人民警察正确行使职权。综上所述,职责是职权与责任的结合,要保证职责得以履行,就必须赋予必要的职权,根据本法的规定,作为治安管理工作的主管部门,各级公安机关负有依法查处违反治安管理行为,维护社会治安秩序的职

责。为了保证公安机关完成法律赋予的任务,就必须给予其必要的治安管理权。《治安管理处罚法》关于公安机关实施各项处罚的权限、采取强制措施的权限的规定,正是公安机关及其人民警察依法履行治安管理职责的法律保障。

四、《治安管理处罚法》的法律渊源

《治安管理处罚法》由一系列法律规范和原则组成,而这一系列规范和原则又通过丰富的法律形式表现出来。法的渊源就是指法律规范和原则的表现形式,亦即法律规范和原则的载体。在这里采用通说:法存在形式说,即将法源界定为各法律部门法律规范的载体形式。凡载有某一法律部门法律规范的各种法律文件或其他法的形式均为该法律部门的法源。

治安管理处罚的法律渊源是指公安机关给予违反治安管理行为人的处罚行为、处罚种类、处罚幅度所依据的法律规范,以及公安机关办理治安案件所适用程序的法律依据,主要有以下五类。

(一)宪法

《宪法》第五条第三款、第四款、第五款规定:"一切法律、行政法规和地方性法规都不得同宪法相抵触。一切国家机关武装力量、各政党和各社会团体、各企业事业组织都必须遵守宪法和法律。一切违反宪法和法律的行为,必须予以追究。任何组织或者个人都不得有超越宪法和法律的特权。"由此可见,《宪法》是我国最高位阶的法源。但是,在我国国家机关的法律适用中,很少直接适用《宪法》,人民法院在判决中一般不引用《宪法》,因此《宪法》在我国法源中尚未充分发挥应有的实际作用。随着我国建设社会主义法治国家进程的发展和深入,这种情形将会得到根本改变,《宪法》将不仅充分发挥形式上的最高法源的作用,而且将在法律适用中发挥实际的重要法源的作用。《治安管理处罚法》的创建,自始至终依据《宪法》,遵循《宪法》规定,特别是《宪法》关于保护人权、保护私人合法财产、维护社会治安秩序等方面的规定。

(二)法律

法律是最高国家权力机关制定的规范性文件,包括由全国人民代表大会制定的基本法律,如《行政处罚法》,也包括由全国人民代表大会常务委员会制定的非基本法律。法律是《治安管理处罚法》的主要依据。有些法律可能在整体上属于治安管理法;有些法律则仅有部分规范属于治安管理法。治安管理处罚的法律依据既包括《治安管理处罚法》《行政处罚法》等,也包括治安管理处罚方面的单行法律,还包括附属于其他法律中的有关规定。例如,《治安管理处罚法》明确规定,办理治安案件程序,本法没有规定的依据《行政处罚法》的规定。根据《中华人民共和国中国人民银行法》第四十三条的规定,明知是伪造、变造的人民币而持有、使

用,构成犯罪的,依法追究刑事责任;尚不构成犯罪的,由公安机关处十五日以下拘留、一万元以下罚款。这些规定,都是公安机关办理治安案件的基本依据。

(三)行政法规和部门规章

行政法规是国务院依宪法授权制定的规范性法律文件,如1999年7月1日施行的国务院颁布的《娱乐场所管理条例》。它作为行政法的渊源,调整着国家经济、社会、文化等各方面的广泛的行政社会关系。其数量是庞大的,《国务院公报》每年登载的行政法规就有六七十件之多。可见,行政法规在质量上是行政法的主要渊源。在1982年现行宪法颁布以前,行政法规不仅指国务院规范性法律文件,而且指所有国家行政机关制定的规范性文件,是行政机关所有规范性文件的总称。因此,在研究和使用"行政法规"这一法律概念时,一定要注意其含义在现行宪法颁布时间前后的区别。

部门规章是指国务院各部委或直属机构制定的规范性文件的总称,其效力低于行政法规。根据宪法和组织法,在国务院的工作部门中,只有部委才能发布规章(《宪法》第九十条,《中华人民共和国国务院组织法》第十条)。但根据社会生活的迫切需要,法律和行政法规有时授权国务院的直属机构也可以发布规章。部门规章作行政法的渊源,其数量比行政法规更多,调整着广泛的社会关系。这些与治安管理处罚有关的行政法规、部门规章,是公安机关办理治安案件时,认定违反治安管理行为,决定处罚轻重的重要依据。

(四)地方性法规、地方规章与自治条例、单行条例

地方性法规是指省、自治区、直辖市的人民代表大会及其常务委员会,省、自治区、直辖市人民政府所在地的市和国务院批准的较大的市的人民代表大会及其常务委员会,在不与宪法、法律、行政法规相抵触的前提下,所制定的规范性文件的总称。自1982年现行《宪法》颁布以后,我国各省、市、自治区的人大常委会开始行使制定地方性法规的权限,陆续制定了一大批有关地方行政管理的地方性法规。

地方规章是指省、自治区、直辖市的人民政府,省、自治区、直辖市人民政府所在地的市人民政府和国务院批准的较大的市人民政府根据法律、行政法规制定的规范性文件的总称。地方政府规章作为法的渊源,其数量大大超过地方性法规,涉及公安、民政、城市建设、市政管理、财税、工商、农业、地质矿产、科技文卫、外事、外贸、劳动、人事、编制等各个行政管理领域。

自治条例和单行条例是指民族区域自治地方的权力机关,依据宪法、民族区域自治法和其他法律规定的权限,结合当地的政治、经济和文化的特点,所制定的规范性文件。自治条例、单行条例作为行政法法源,只限于民族自治地方适用。自治区的自治条例和单行条例,报全国人民代表大会常务委员会批准后生效。自治州、自治县的自治条例和单行条例,报省或者自治区的人民代表大会常务委员会批准后生效,并报全国人民代表大会常务委员会备案。这些法规、规章对于治安管理处

罚的实施起到了重要作用。

(五)法律解释

法律解释是指依法享有法律解释权的机关就法律规范在具体适用过程中,为进一步明确界限或进一步补充,以及如何运用所作的解释。根据1981年全国人大常委会通过的《全国人民代表大会关于加强法律解释工作的决议》,法律解释有:立法解释、行政解释、司法解释和地方解释,这些都是有权解释。同一法律规范制定主体,依法就该规范进行的解释与该法律规范具有同等的法律效力。这些解释常常涉及有关治安管理处罚的法律规范的适用问题,具有规范性,是《治安管理处罚法》的补充。对于公安部以通知、批复等形式发布的文件,不能笼统地认为具有对外的法律效力,如果它没有向社会公开发布,则只能规范公安机关内部办理治安案件的行为。

第三章

治安管理处罚的法律原则

第一节 治安管理处罚的基本原则

法律原则作为一种基本的法律准则,是法律领域中最高层次的、比较抽象的行为准则,一般存在或体现于一定的法律规范之中,是法律基本价值的一种反映,能够指导法律规范的制定和适用,甚至直接作为一种规则加以适用。

治安管理处罚的基本原则,是指"公安机关及其人民警察在治安管理处罚的全活动中所必须遵循的基本准则"。"基本原则可以不以法律的条文形式具体规定出来,但不能不存在于立法者、执法者和研究者的头脑之中。"治安管理处罚的基本原则应当是贯穿于全部治安管理处罚规范之中,统率和支配整个治安管理处罚制度的"精神内核",对治安管理处罚规范的制定与实施具有普遍指导意义的基础性或本源性的法律准则,它体现着治安管理处罚的根本价值和主要矛盾(治安处罚权与公民权利之间的矛盾),既是作为一种行政法治精神贯彻于整个治安管理处罚的全过程,同时它又透过具体的法律条文融化于每一个法律规范之中。

治安管理处罚的基本原则对《治安管理处罚法》的制定、修改与实施起着纲领性的作用,具有高度的抽象性,是整部法律的精神和灵魂。由于《治安管理处罚法》是一部程序实体合一的法律,因此该法的基本原则之效力和精神贯穿于实体和程序的全部内容。现行《治安管理处罚法》第五条规定:"治安管理处罚必须以事实为依据,与违反治安管理行为的性质、情节以及社会危害程度相当。实施治安管理处罚,应当公开、公正,尊重和保障人权,保护公民的人格尊严。办理治安案件应当坚持教育与处罚相结合的原则。"显然,"以事实为依据原则""处罚适当原则""公开、公正原则""保障人权原则",以及"教育和处罚相结合原则"是《治安管理处罚法》明确规定出来的基本原则。

由于《治安管理处罚法》是《行政处罚法》的特别法,治安管理处罚活动的实施必须遵循《行政处罚法》的基本原则。因此,研究治安管理处罚与刑罚基本原则的衔接,不可将《行政处罚法》乃至行政法的基本原则束之高阁。

一、依法行政原则

依法行政的基本原则是指依法行政在政治、社会和国家意义上的指导理念和根本准则,是依法行政在方向上、宏观上、全局上以及与其他活动在相互关系上的普遍性规则。

我国依法行政必须坚持党的领导、人民当家作主和依法治国三者的有机统一;必须把维护最广大人民的根本利益作为政府工作的出发点,必须维护宪法权威,确保法制统一和政令畅通;必须把发展作为执政兴国的第一要务,坚持以人为本和全面、协调、可持续的发展观,促进经济社会和人的全面发展;必须把依法治国和以德治国有机结合起来,大力推进社会主义政治文明、精神文明建设;必须把推进依法行政与深化行政管理体制改革、转变政府职能有机结合起来,坚持开拓创新与循序渐进的统一,既要体现改革和创新的精神,又要有计划、有步骤地分类推进;必须把坚持依法行政与提高行政效率统一起来,做到既严格依法办事,又积极履行职责。

二、过罚相当原则

《行政处罚法》第五条第二款规定:"设定和实施行政处罚必须以事实为依据,与违法行为的事实、性质、情节以及社会危害程度相当。"《治安管理处罚法》第五条第一款也规定:"治安管理处罚必须以事实为依据,与违反治安管理行为的性质、情节以及社会危害程度相当。"这就是过罚相当原则的核心,它是指治安管理处罚以事实为依据,与违反治安管理行为的性质、情节以及社会危害程度相当。这体现了法制的统一性、严肃性和公平性。

公安机关在实施治安处罚时要做到以事实为依据,处罚与违法行为的性质、情节及社会危害程度相适应,选择适当的处罚种类和处罚幅度。公安机关在量罚时,还可以酌情考虑以下因素:"实施违法行为的动机、目的;违法时所受的刺激,也就是实施违法行为时所受的外界影响,如是否义愤、无端受辱、受人挑拨等;行为人的生活状况,比如,因为生活所迫而盗窃,处罚时应酌情减轻;行为人的品行;行为人与被害人之间的关系,如果行为后被害人已原谅行为人,量罚时可酌情考虑;行为人违反义务的程度;行为产生的危害或损害;行为后的态度,如是否悔改等。"这也体现了法制的统一性、严肃性和公平性。

过罚相当原则也是《刑法》中的"罪责刑相适应"原则在治安管理处罚中的运用。《刑法》第五条规定了"罪责刑相适应"原则,即:"刑罚的轻重,应当与犯罪分子所犯罪行和承担的刑事责任相适应。"治安管理处罚也一样,应当与违反治安管理行为的性质、情节以及社会危害程度相当。不能对轻微的违反治安管理行为给予行政拘留十五日等很重的治安管理处罚;反之,也不能对严重的违反治安管理行为给予很轻的治安管理处罚,如处以罚款或者警告了事。应当说,治安管理处罚中的过罚相当原则主要适用于治安管理处罚的实施方面,因为我国法律在规定治安管理处罚的幅度时就有一定的范围,如行政拘留五日以上十日以下,公安机关在实施治安管理处罚时也有一定的自由裁量权。

同时,设定治安管理处罚也要遵循过罚相当原则。这主要是因为,我国治安管理处罚的设定权如同行政处罚一样,是分层次的,全国人大及其常委会制定的法律可以设定任何治安管理处罚,国务院制定的行政法规、地方人大及其常委会制定的地方性法规、公安部制定的部门规章、地方人民政府制定的地方性规章权力不等地具有一定的治安管理处罚设定权。为了保证治安管理处罚从一开始规定时,就能体现治安管理处罚这一手段的目的,设定治安管理处罚应当遵循过罚相当原则。这就要求凡是有权设定治安管理处罚的机关,在制定法律法规、规章时,就应当在全面、客观地分析违反治安管理行为的性质、情节以及社会危害程度的基础上,规定相应的治安管理处罚。

三、尊重和保障人权原则

《治安管理处罚法》第五条第二款规定:"实施治安管理处罚,应当公开、公正,尊重和保障人权,保护公民的人格尊严。"尊重和保障人权原则是治安处罚的一项重要原则,即权利保障原则,是指公安机关在依法追究违法行为人的法律责任的同时,要注意维护其合法权益,保障其合法权益不受侵犯,包括实质意义的权益保障和程序意义的权利保障两方面。

治安违法案件的当事人享有广泛的法律权利,不能因其行为违法就否认其应有的合法权益。《治安管理处罚法》规定了在治安管理处罚过程中当事人依法享有人身权、人格尊严权、陈述权、申辩权、知情权、获得救济权等一系列权利。公安机关在查处治安案件的过程中,要贯彻尊重和保障人权的原则,进行人性化执法,体现人文关怀。

1997年9月,党的十五大提出"尊重和保障人权"。2002年11月,党的十六大再次强调"尊重和保障人权",并提出要全面建成小康社会,使"社会主义民主更加完善,社会主义法制更加完备,依法治国基本方略得到全面落实,人民政治、经济和文化权益得到切实尊重和保障。基层民主更加健全,社会秩序良好,人民安居乐业"。我国的根本法——《宪法》对公民的基本权利作了全面、广泛、明确的规定,为广大人民群众充分享有权利提供了可靠的法律保障。2004年3月,十届全国人大二次会议将"国家尊重和保障人权"写入宪法,这将对我国的立法、司法、执法、社会管理、经济管理等各项工作起到重要的指导作用,必将进一步推动我国人权事业的进步。

"尊重和保障人权"原则要求公安机关及其人民警察,既要严格依法查处治安案件,维护社会治安秩序,保障公共安全,从而保护公民、法人和其他组织的合法权益,同时也要依法保护违法行为人的合法权益,对他们没有被依法剥夺或者限制的权利要平等地予以保护,不能因为他们有违反治安管理行为而忽视对其合法权益的保护,甚至体罚、虐待、侮辱违反治安管理行为人等。在办理治安案件时,既要依法运用治安管理处罚对社会治安进行有效的管理,又要注意换位思考,全面考虑公民、法人和其他组织的权利问题;既要特别注意从实体上尊重公民、法人和其他组织的合法权益,又要从程序上保障公民、法人和其他组织的合法权益,特别是要防止和纠正不尊重和不保护公民合法权益的错误行为。保护公民的人格尊严是尊重和保护人权的重要方面。公民的人格尊严不受侵犯,是公民享有的基本权利。

《宪法》第三十八条规定:"中华人民共和国公民的人格尊严不受侵犯。禁止用任何方法对公民进行侮辱、诽谤和诬告陷害。"本条例之所以将保护公民的人格尊严进行突出规定,就是因为人格权是人身权的重要组成部分,实践中还存在一种错误认识,认为对违反治安管理行为人不用太"客气",由于他们违反了法律,就可以随便训斥、谩骂,甚至对他们"动手动脚"。俗话说,"士可杀、不可辱""宁可站着死、不愿跪着生",足以说明人们对人格尊严的重视。违反治安管理行为人虽然违反了法律,依法应当受到处罚,但是他们仍然享有人格权,人格尊严需要得到尊重。这不仅是国内法规定的原则,也是我国参加的《禁止酷刑和其他残忍、不人道或有辱人格的待遇或处罚公约》规定的义务。

第二节 治安管理处罚的适用原则

一、以事实为根据原则

"以事实为根据"是长期以来公安机关执法办案的一条重要经验,是正确办理案件,防止错案,保障无辜的人不受法律追究的重要原则。

以事实为根据中的"事实"只能是法律事实,由于时间具有不可逆性,已经发生的案件事实无法重新复原,揭示已经成为过去的事实真相难度很大。我们应当承认,在现实的司法裁判过程中,"证据"往往比"事实"更重要。法官审理案件,作出判决的依据是"证据"而不是"事实"。也就是说:裁判所依据的是通过证据所证明了的"法律事实",而绝不是"客观事实"。法律事实是司法审判中事实的一种形态,对这种事实的司法认知则是认识活动的一种形式。法律事实是通过大量的证据及证据材料支撑起来的事实,证据是否充分,直接决定了法律事实是否完整以及是否能够真实反映客观事实。因此,司法裁判中所依据的"事实"只能是法律事实,即只能是法律所认可的事实。它要求的案件事实是证据所证明的事实,或者说从证据角度分析是真实的事实。行为人是否违反治安管理,违反治安管理行为的情节轻重,都要以事实为根据。事实,是指公安机关实施治安管理处罚的根据,必须是客观存在的、经过调查属实、有证据证明的事实,而不是靠主观想象、推测、怀疑的所谓事实。

"以事实为根据,以法律为准绳"作为我国司法领域重要的原则,我们必须加以正确理解。司法工作人员在审判具体案件时所依据的"事实"是法律事实,所适用的"法律"包括立法之法的法律,而且"事实"和"法律"之间具有相对性,两者相互塑造和影响。只有准确地理解和把握"以事实为根据,以法律为准绳"原则的含义,才能更好地审理现实中发生的各类案件,从而实现社会的公平、正义。

以事实为根据原则要求公安机关办理治安案件时,依法及时、客观、全面地收集证据,了解违反治安管理的情况、经过和原因,查清事实真相,并以客观存在的案件事实作为定案的根据,切忌主观、片面。只有查清了客观存在的案件事实,才能为合法、公正地处理治安案件奠定坚实的基础,才能为依法对行为人实施治安管理处罚提供依据,也才能为以后可能出现的行政复议和行政诉讼做好充分准备。

二、公开、公正原则

《行政处罚法》第五条规定:"行政处罚遵循公正、公开的原则。"《治安管理处罚法》第五条也规定,"实施治安管理处罚,应当公开、公正",坚持实施治安管理处罚的公开、公正原则。

公开是指实施治安管理处罚的依据和被处罚当事人享有的权利应公布于众。行政案件的办理公开本身并不能直接实现实体权利与义务的公正,是用以公正的保障。公正是指公平正直,没有偏私。在实施治安管理处罚的过程中,首先,应当平等地对待各方当事人,不以当事人的身份为实施处罚轻重的标准;其次,所给予的治安管理处罚与违反治安管理行为的社会危害程度相适应。达到公正地实施治安管理处罚,就要正确行使自由裁量权。公开与公正都是治安管理处罚要达到的目标,二者紧密联系在一起,公正是公开所追求的目标,公开是公正的必然要求。公开、公正原则对于促进治安处罚的合法合理实施,保护当事人权益具有重要意义。

（一）处罚公开原则

处罚公开包括三项内容：实施治安管理处罚的法律依据公开，处罚过程公开和作出的处罚决定公开。通过处罚公开，公民对治安管理处罚的信任度增加，保障了行政相对人的权益，同时也监督公安民警依法履行职责。

处罚依据公开就要求制定法律规定的机关要通过一定的形式将治安管理处罚的法律规定予以公布，没有公布的，不得作为治安管理处罚的依据。有关治安管理处罚的法律、行政法规、部门规章应当在全国范围内公布。法律以全国人大常委会公报为准，行政法规以国务院公报为准，公安部制定的部门规章以公安部公报为准。至于公布的形式，一般应当在公开发行的报纸、政府网站上公布。处罚过程公开是指办理治安案件的过程要公开，《治安管理处罚法》中有许多关于公开的内容，比如执法人员执法中应出示执法证件表明执法身份，在作出处罚决定前要告知当事人据以作出处罚的事实、理由和法律依据，要听取当事人的陈述和申辩，并对当事人提出的证据进行复核，当事人依法要求听证的应当组织听证等。处罚决定公开，《治安管理处罚法》第九十七条规定："公安机关应当向被处罚人宣告治安管理处罚决定书，并当场交付被处罚人；无法当场向被处罚人宣告的，应当在二日内送达被处罚人。决定给予行政拘留处罚的，应当及时通知被处罚人的家属。有被侵害人的，公安机关应当将决定书副本抄送被侵害人。"

（二）处罚公正原则

处罚公正是指没有偏私地、公平地作出处罚决定，包括实体公正和程序公正两方面的内容。实体公正是指作出治安管理处罚的内容要公正，对于同样的情况要同等对待，对于不同情况要区别对待。程序公正是实体公正的前提和保证，主要包括任何人不能成为自己案件的裁判者，治安管理处罚时应充分听取意见，保障当事人的陈述和申辩权，以及在作出治安管理处罚决定前应履行的告知制度，并告知违反治安管理行为人依法享有的权利等内容。

坚持以一个标准对待不同案件的当事人，不偏袒任何人，也不歧视任何人，平等和公正地适用法律。公正是法治的灵魂，是执法者应当具备的品质。公正原则已经为法治国家所认同，并适用于行政法。这项原则是对行政专横的根本否定，它有两条公认的标准，具体到办理治安案件是指：第一，凡是与民警本人有关的治安案件，不能由民警自断。如果办案人员与案件或者案件的当事人有利害关系，就应当回避。《人民警察法》第四十五条和《治安管理处罚法》第八十一条规定的回避制度是确保执法公正的有效制度，适用于公安机关办理治安案件的全过程。第二，必须认真、充分听取双方当事人的意见，这是法律的正当程序。这是有效防止逼、供、信，避免冤、假、错案的前提条件，是执法工作的准则。公正是带有普遍性的要求，公安机关在办理治安案件过程中一刻也不能违背。否则，人民警察公平的形象就树立不起来，公安机关的威信也绝对树立不起来。

三、教育与处罚相结合原则

《治安管理处罚法》第五条第三款规定,"办理治安案件应当坚持教育与处罚相结合的原则"。这一原则的基本精神是指坚持处罚不是目的,而是一种手段,教育也是一种手段,通过处罚和教育,使其不再危害社会,预防和减少违法犯罪的发生。要通过处罚,教育治安违法行为人,发挥教育与惩处的双重功能,促使广大公民自觉守法。该原则提倡在教育的基础上进行处罚,反对"不教而诛",教育与处罚要相辅相成,预防和减少违法犯罪的发生,真正减少、消除社会治安隐患,更好地维护社会治安秩序,实现社会的和谐稳定。通过处罚和教育,使治安违法行为人不再危害社会。之所以要规定这项原则,主要是考虑到以下三个方面。

一是我国是工人阶级领导的,以工农联盟为基础的人民民主专政的社会主义国家,人民是国家的主人。违反治安管理行为虽然对社会造成一定程度的危害,但它毕竟是情节轻微、危害不大、尚未构成犯罪的轻微违法行为,属于人民内部矛盾。所以在处理时应当遵循教育与处罚相结合的原则,这样做能化消极因素为积极因素,消除违反治安管理行为人与政府的对立情绪,增进社会和谐。

二是违反治安管理行为是轻微违法行为,对这种行为给予适当的治安管理处罚是必要的,但在处罚的同时强调说服教育,就更能促进人民内部矛盾的解决,从而产生更好的社会效果。

三是办理治安案件要遵循这一原则是由治安管理处罚的目的决定的。在我国,对一般违法行为人不能实施单纯的惩办主义。治安管理处罚只是一种手段,其目的在于纠正违反治安管理行为,教育公民、法人和其他组织自觉守法,即通过实施治安管理处罚,既促使违反治安管理行为人引以为戒,防止其发展成为犯罪,又教育公民、法人和其他组织不要效仿违法者,从而维护社会治安秩序。教育和处罚是相辅相成的,在办理治安案件时,对待违反治安管理行为人时,两者都不可忽视。

为了更好地确保治安管理的实效性,对教育和处罚相结合原则实现手段的选择,需要打破以惩罚为主的路径依赖,遵循比例原则的要求,善于运用更为柔性的手段。

(一)处罚并非确保治安管理实效性的优先手段

社会治安秩序的维护,需要多方主体的共同协力。治安管理是公安机关运用行政手段,维护社会治安秩序,保障社会生活正常运行的行政管理活动。当公众不履行公安机关在治安管理中所确定的警察义务时,"便有必要确立直接或者间接地强制履行义务的手段,通过简易迅速的程序,确保行政的实效性"。确保治安管理实效性的手段是多样化的,包括强制、处罚、公布违法事实、劝告、教育等,它们各自拥有不同的功能并共同服务于警察行政的目的。在前述诸多手段中,处罚在道德上并非优先的和唯一的选择,若对违法行为人仅施以处罚,会因看重惩罚产生的威慑效应,而忽视《治安管理处罚法》设定的维护社会治安秩序这一立法目的的本质要求,难以处理好立法目的、实现手段及其功能的关系,这不仅不利于维护社会治安秩序,也容易激化社会矛盾。公安机关应当在目的导向下,拥有更为广阔的行政法视野,从行政法的工具库中选择能够更好实现立法目的的手段。且治安管理处罚的实施也应当尊重和保障人权,不得偏向立法目的之外的其他目的。因此,《治安管理处罚法》的修订,应当打破处罚是确保治安管理实效性的优先手段的偏在认知,在人权保障思维的指引下,将成本效益分析、比例原则等作为选择评价工具,注重综合运用多种手段或选择更符合公益的某一手段,以更好地实现维护社会治安秩序的目的。

(二)教育和处罚的不同功能取向及其局限

作为确保行政实效性的两种不同手段,教育和处罚具有不同的功能取向,并各自具有内在的局限性。

其一,教育作为一种确保治安管理实效性的手段,最终目的是法律效果和社会效益的最大化。首先,教育具有预防违法犯罪的功能。"实现预防功能最基本、最重要的手段便是教育",教育通过法治信息的输入和普及,有助于增强违法行为人和社会公众的法治意识,自觉服从治安管理,从而有效地预防或降低违反治安管理行为的发生。其次,教育是治安案件办理中"人权保障"的必然选择。《治安管理处罚法》设置了一些带有很强教育色彩的处罚种类,如警告、罚款等,在条文中还有从轻、减轻和免除处罚的量罚规定,它们起到了保障人权和削弱惩罚强度的作用,并为违法行为人提供了自我改善的机会。最后,教育是维系警民关系的良好手段。教育在执法实践中能够起到润滑剂的作用,有助于更好地推进治安管理工作的开展。然而,教育手段也具有明显的局限性。首先,鉴于"治安管理调整的社会关系具有复杂性和危险性,需要以国家强制力为后盾保障实施"。其次,依照功利主义的学说,追求快乐和避免痛苦是人类行为的深层次动机与目的,"从人们求乐避苦的本性出发,惩罚并不是法律制定的最终目的,立法者通过制定惩罚措施,使人们相信违反法律招致的痛苦远远大于快乐",若对违法行为人仅施加教育,易使其产生违法不会受到惩罚的预期,这无疑是对违法行为的放纵。最后,对于某些违法行为人,教育是难以起到作用的,需要通过实施惩罚来表达国家立场与实现因果报应。

其二,处罚作为确保治安管理实效性的手段之一,具有行政制裁、心理补偿和警示教育的功能。首先,法律以惩罚性后果为后盾而区别于道德,处罚通过对违法行为人权利义务的实质性改变而发挥行政制裁的基础性功能,从而达到维护社会秩序、伸张正义的目的。其次,被侵害人通过对违法行为人受到惩罚的确认,心理上可以获得一定程度的抚慰;违法行为是对公共秩序的侵犯,对违法行为人施加惩罚也是对守法公众的一种心理补偿。再次,处罚是一种警示教育,必然会对其他人产生威慑效应,促使公众基于畏惧而选择改善未来的行为,从而构成对公众产生教育效应的基本路径。最后,基于处罚的威慑存在着固有的缺陷,难以使公众自觉遵从法律,距"良法善治"的要求尚远。这种因恐惧而产生的教育效果,同教育与处罚相结合原则中的"教育"要求在本质上也是有区别的,后者更为侧重在个案中对教育手段的强调,并非简单地追求因果报应。过于强调惩罚的威慑效果,则教育与处罚相结合原则在个案中的适用就会有意或无意地被屏蔽。

综上,应当更为重视教育与处罚相结合原则在个案中的引导功能,解决立法设计上更为倚重惩罚、缺失教育措施等问题,进而激发执法人员的教育促进意识、增加执法中教育措施的适用频率,充分发挥教育和处罚两种手段的优势,以更好地实现《治安管理处罚法》的立法目的。

(三)教育和处罚相结合原则实现手段的选择优化

现行《治安管理处罚法》以"维护社会治安秩序"为其立法目的侧重点,而惩罚及其警示作用并非最终目的。但是,由于立法上存在的一些缺陷,导致有些公安机关将教育和处罚的关系单一化处理,更为强调处罚的报应、威慑作用,而忽视了柔性执法方式的应用,从而偏离了立法目的,违背了比例原则的要求。根据行政法上的比例原则,在选择教育与处罚相结合原则的实现手段时,应当遵循如下判断路径。

其一,选择的手段应当能够实现立法目的。"教育"和"处罚"是治安案件办理中的两种基本手段,具有相互独立性,进而可以组合为教育、教育和处罚,以及处罚三种选择。实现手段的选择应当围绕《治安管理处罚法》的立法目的侧重点进行,而非基于考核、业绩要求、部门利益等非法定目的。若过于倚重行政拘留等处罚手段,虽然会产生威慑作用,但未必能启发违法行为人向善的心灵。且处罚对于许多冲动型违法是不起作用的,加之违法行为的产生原因复杂,绝非仅通过惩罚所产生的威慑作用就能完全预防的,也即选择的手段有可能偏离《治安管理处罚法》的立法目的。

其二,选择的手段应当遵循最小侵害的要求。若通过教育手段就能够实现立法目的的,即不得选择处罚手段;若用较轻的处罚手段能够实现立法目的的,即不得选择较重的处罚手段。对于违法情节显著轻微的情形,不宜或依法不得施加处罚,应当优先选择教育手段来保障立法目的的实现。对于应予处罚的情形,也应当以过程论的思维,并辅以教育的手段,使违法行为人明了其行为的危害性与过错,以确保治安管理的实效性。

其三,选择的手段应当遵循利益衡量的要求。处罚具有滞后性与负效应性,可能会影响被处罚者的工作、生活,乃至导致其走向社会的反面,而教育则具有前瞻性和正效应性,二者在特性上相互补充,在功能上相互配合,应当共同作为治安管理实效性的确保手段,以更好地服务于立法目的的实现。处罚虽然具有一定的教育功能,却远远达不到教育手段在预防违法犯罪功能上的效果。因此,应当将教育作为一种更为基础的确保治安管理实效性的手段,将之贯穿于治安案件办理的全过程,并将处罚作为一种辅助性手段,以促进执法效益的提升。

第四章

治安管理处罚的法律关系

第一节 治安管理处罚的实施主体

一、治安管理处罚的实施主体概述

治安管理处罚是行政处罚的一种,是指公安机关依照治安管理法规对扰乱社会秩序、妨害公共安全、侵犯公民人身权利、侵犯公私财产,情节轻微尚不够刑事处罚的违法行为所实施的行政处罚。这与《人民警察法》规定的"人民警察的任务"和"公安机关的人民警察的职责"是一致的。公安机关要完成"维护社会治安秩序,保护公民的人身安全、人身自由和合法财产,保护公共财产,预防、制止和惩治违法犯罪活动"的任务,要履行"预防、制止和侦查违法犯罪活动""维护社会治安秩序,制止危害社会治安秩序的行为""维护国(边)境地区的治安秩序"等职责,就要拥有相应的治安管理处罚权。公安机关是指依法独立行使国家治安保卫职权,管理国家治安行政事务,具有法人资格的行政机关。

我国的公安机关包括公安部,省、自治区、直辖市公安厅、局,地区行署、市、自治州、盟公安处、局,县、自治县、县级市、旗公安局和市辖区公安分局,以及铁路、交通、民航、林业系统的公安局、处等。此外,地方公安机关还在一些大型厂矿企业、事业单位设有公安局或者公安分局。但是,结合《治安管理处罚法》第九十一条的规定,实际行使治安管理处罚权的公安机关,只能是县级以上人民政府公安机关,不含其他公安机关。这与《行政处罚法》第十七条"行政处罚由具有行政处罚权的行政机关在法定职权范围内实施"的规定是一致的。在日常生活中,人们往往将公安机关和公安机构的概念相混淆。其实,它们之间既有联系又有区别。公安机关,一般是指构成公安机关的内部各职能部门,包括内设机构和派出机构。公安机关的内设机构,是指公安机关内设的治安管理部门、刑事侦查部门等职能部门;公安机关的派出机构,是指公安机关派出的职能部门,如公安派出所等。

除了上述公安机关依法决定治安管理处罚外,法律、行政法规又作了两种特殊规定:一是《治安管理处罚法》第九十一条中规定,"警告、五百元以下的罚款可以由公安派出所决定"。二是2004年9月19日国务院令第420号公布的、2022年3月29日修订的《中华人民共和国海关行政处罚实施条例》第六条第一款规定:"抗拒、阻碍海关侦查走私犯罪公安机构依法执行职务的,由设在直属海关、隶属海关的海关侦查走私犯罪公安机构依照治安管理处罚的有关规定给予处罚。"这两种情况都属于将治安管理处罚权赋予了公安机构,其中公安派出所是公安机关的派出机构,海关侦查走私犯罪公安机构(现称缉私机构)受海关和公安机关双重领导,列入公安机关序列,属于公安机关的内设机构。

但是,对这两种情况是什么性质,是否《行政处罚法》规定的"授权"或者"委托",存在不同认识。有人认为,这两种情况是"授权",不是"委托",因为《行政处罚法》第十九条规定:"法律法规授权的具有管理公共事务职能的组织可以在法定授权范围内实施行政处罚。"公安派出所和海关侦查走私犯罪公安机构都是"具有管理公共事务职能的组织",它们可以自己的名义作出治安管理处罚。也有人认为,这两种情况既不是"授权",也不是"委托",而是行政权的正常分工,因为《行政处罚法》第十九条规定的"具有管理公共事务职能的组织",是指具有管理公共事务职能的社会团体组织、事业组织和企业组织,不含行政机关和行政机构。另外,根据《行政处罚法》第二十条第一款"行政机关依照法律、法规、规章的规定,可以在其法定权限内书面委托符合本法第二十一条规定条件的组织实施行政处罚。行政机关不得委托其他组织或者个人实施行政处罚"和第二十一条"受委托组织必须符合以下条件:(一)依法成立并具有管理公共事务职能;(二)有熟悉有关法律法规、规章和业务并取得行政执法资格的工作人员;(三)需要进行技术检查或者技术鉴定的,应当有条件组织进行相应的技术检查或者技术鉴定"的规定,公安派出所和海关侦查走私犯罪公安机构都不是"依法成立的管理公共事务的事业组织",不能接受"委托"。这两种观点都有道理,但比较而言,前一种观点更为合理。

二、治安管理处罚的实施主体特征

(1)治安管理处罚的实施主体必须是组织,而不能是个人。这是行政执法主体成立的先决条件。但不是所有的组织都能成为行政主体,需要拥有一定的行政权力才可以成为行政执法主体。

(2)治安管理处罚的实施主体必须有法律上的依据,依法行使国家行政权。这是行政执法主体成立的必备要件。法律依据来源有两种:一种是明文规定某一机关或组织承担某种行政执法权,另一种是通过授权的方式将某种执法权直接赋予某个机关或组织。

(3)治安管理处罚的实施主体必须是能以自己的名义独立作出具体行政行为并承担相应的执法责任的组织。这是衡量行政执法主体的首要标准。

三、治安管理处罚的实施主体与人员的关系

治安管理处罚的实施主体是行政执法主体的构成要素,是主体的实施者和承担者,以主体的名义具体从事行政执法活动。从某种意义上说,主体是法律虚拟的"主体",其权力的实现和履行最终要通过实际存在的具体人来操作。

四、治安管理处罚的实施主体行使治安管理处罚权的法理依据

(一)行政权理论是治安管理处罚权的来源基础

行政权是国家行政机关或其他特定的社会公共组织对公共事务进行直接管理或主动为社会成员提供公共服务的权力。在早期的行政法理论中,行政权的主体仅为行政机关,并且排除了社会或个人享有行政权的情形。然而,随着社会经济的发展和国家政权体制及行政本身内涵的丰富,现代意义上的行政权对政府提出了更高的要求。特别是20世纪中叶以来,世界各国陆续开始了系列变革,政府职能市场化、政府行为法治化、政府决策民主化、政府运行服务化已成为改革基本路径,影响广泛的"三权分立"中的立法权主导地位已经渐渐地被行政权所取代,与之顺应的是政府权力不断扩张。正如托马斯·戴伊所言:"政府除了保障法律和秩序、保护私人自由和私人财产、监督合同、保护本国不受外国侵略以外,没有别的权力——那个时刻早已过去。"而如今"公民从摇篮到坟墓的一切活动都可能会与行政权发生关系"的说法就是现代行政权的典型表现。

(二)职权法定是治安管理处罚行政执法主体的执法依据

行政机关的设立、行政权力的行使均来自法律规定和授予。柏拉图曾说过,"如果一个国家的法律处于从属地位,没有权威,这个国家一定要覆灭"。因此,从这个意义上来讲,法律制度才是控制行政权最有效的手段,其中就包含行政主体法定、行政权限法定、行政程序法定、法律适用法定。

五、治安管理处罚行政执法主体和执法人员的类别分析

(一)常见治安管理处罚行政执法主体的类别分析

1. 公安业务部门

公安机关内部按业务分工设有办公室、政工、后勤、法制、纪委、禁毒、刑侦、治安管理、人口管理、交通管理、出入境管理、计算机安全等业务部门。这些业务部门因为分工不同,其拥有的行政管理权也不同,自然也不是所有业务部门都拥有治安管理处罚权。如不具有对外行政管理职能的业务部门,如办公室、政工、后勤等,不能成为治安管理处罚行政执法主体。

2. 公安派出机构

公安派出机构主要是指公安派出所。公安派出所是县(市、区)公安机关直接领导的派出机构,本身不是独立的行政机关,不具备行政主体的法定条件,不能以自己的名义独立执法。但如果获有法律法规的授权就能以主体身份独立执法,如根据《治安管理处罚法》授权公安派出所作出警告、五百元以下的罚款决定。

3. 公安专门机构

公安专门机构是相对于地方公安机关而言的,就是通常所说的铁路、民航、林业、海关缉私等行业公安。这些公安专门机构直接从属于相应的行业系统,可以看作是行业系统内的一个业务部门(目前,相关体制改革正在推进)。其大部分的执法依据来源于相应行业专门的法律法规,而且管理体制和执法权限与地方公安机关不同。共同点是铁路、民航、森林公安机关等依法负责其管辖范围内的治安管理工作,故它们都具有行政主体身份,能够以自己名义行使行政管理权(含行政处罚权)。

(二)常见执法人员行使治安管理处罚的执法资格分析

本部分重点分析执法人员是否具有执法资格,如具有执法资格,应当视为可以行使治安管理处罚权。

1. 新警是否有执法资格

新警是指公安机关新录用或新调入,且未满一年试用期的见习民警。依据有关法律规范,笔者认为新警需要满足三个条件才具备执法资格。首先是入警条件,必须按照国家规定通过公开招考等程序才能录用人民警察。其次是任职条件,警察只有在新警培训、试用期考核等合格后,方可按照有关规定上岗、任职、晋升职务或者授予、晋升警衔。最后是执法条件,根据公安部的有关规定,人民警察必须取得执法资格,未取得执法资格的,不得办理案件。

2. 协辅警是否有执法资格

协辅警是政府统一招录、由公安机关直接管理任用、协助人民警察工作的编外

用工人员。协辅警的定位是"辅助"警力，没有得到国家法律法规的授权执法，不是一级授权执法组织，不具有行政管理权（治安管理处罚权）。协辅警应属于专业的群防群治队伍，必须在民警的带领下开展各项工作。其依法履行职责的法律后果由公安机关承担。

第二节　治安管理处罚的适用对象

依照《治安管理处罚法》第二条的规定，治安管理处罚适用于扰乱公共秩序，妨害公共安全，侵犯人身权利、财产权利，妨害社会管理，具有社会危害性，尚不够刑事处罚的行为，即违反治安管理行为。从中可以看出，治安管理处罚的适用对象是违反治安管理行为。违反治安管理行为具有以下几个特征。

一、具有一定的社会危害性

具有一定的社会危害性是违反治安管理行为最基本的特征，也是本法将其规定为违反治安管理行为并给予治安管理处罚的依据所在。行为的社会危害性是指行为具有威胁和侵害我国社会主义社会关系和社会秩序的性质。某一行为之所以被认定为违反治安管理行为，从根本上说就是因为它对社会造成了一定程度的危害，即对本法或者其他有关治安管理的法律、行政法规、规章所保护的社会关系和社会秩序造成了威胁或者侵害。违反治安管理行为是多种多样的，不同的违反治安管理行为有不同的危害内容。具体到某一个违反治安管理行为的社会危害内容，是由该行为所侵犯的具体社会关系或者社会秩序的性质所决定的。从本条的规定来看，社会危害性的内容表现为以下几个方面：一是侵犯社会公共利益，即扰乱公共秩序、危害公共安全；二是侵犯公民人身权利，即公民享有法律规定的人身安全、自由、人格、名誉等不受侵犯的权利；三是侵犯国有财产或者劳动群众集体所有的财产，侵犯公民私人所有的财产；四是妨害社会管理秩序，即法律所保护的国家对社会各个方面的正常管理秩序。

社会危害性是违反治安管理行为的本质特征，任何违反治安管理行为都具有社会危害性，也就是说，只有具有社会危害性的行为才能构成违反治安管理行为。因此，是否具有社会危害性，是我们识别违反治安管理行为的一个基本尺度。这里需要说明，违反治安管理行为的社会危害性，既可以表现为对一定客体实际造成的危害，也可以表现为可能造成的危害。如"殴打他人"行为，表现出对社会实际造成的危害；而"非法携带管制器具的"行为，则只是具有造成危害的可能性。也就是说，违反治安管理行为的社会危害性，既指实际造成的危害，也指可能造成的危害，这是违反治安管理行为区别于其他违法行为的一个显著特点。

二、具有违法性

具有违法性是违反治安管理行为的法律特征，也是评价违反治安管理行为的法律标准。这里的"具有违法性"，是指行为人不遵守治安管理法律规范的要求，实施了治安管理法律规范禁止的行为，或者拒不实施治安管理法律规范命令实施的行为，违反了治安管理法律义务。也就是说，违反治安管理行为应当是违反了本法和其他有关治安管理的法律、行政法规、规章的行为。行为的违法性和社会危害性具有内在联系。凡是具有社会危害性的行为，也必然具有违法性。治安管理规范之所以要将某一行为认定为违反治安管理行为，就是因为该行为具有一定的社会危害性，超出了社会的容忍度。而在治安管理规范确立后，衡量某一行为是否具有一定的社会危害性并应受到治安管理处罚，最直观的外在标准就是看其是否违反了治安管理法律规范。没有违反治安管理法律规范，该行为就不是违反治安管理行为，因而也不是具有社会危害性并应受到治安管理处罚的行为。

三、尚不够刑事处罚

尚不够刑事处罚，是违反治安管理行为的又一大特征。通过前面的分析可知，违反治安管理行为是具有一定社会危害性的行为，但这并非不分危害程度的大小、情节的轻重，凡是对社会具有危害性的行为都是违反治安管理行为。也就是说，认定违反治安管理行为，除了依据行为是否具有社会危害性来判定外，还要根据行为对社会的危害程度及情节的轻重来认定。只有情节轻微，尚不构成刑事处罚的行为，才可以认定为违反治安管理行为。这是违反治安管理行为区别于其他一般违法行为的一个重要特征。如违反工商管理行为、违反税收管理行为等。依照《刑法》第十三条的规定，一切危害国家主权、领土完整和安全，分裂国家、颠覆人民民主专政的政权和推翻社会主义制度，破坏社会秩序和经济秩序，侵犯国有财产或者劳动群众集体所有的财产，侵犯公民私人所有的财产，侵犯公民的人身权利、民主权利和其他权利，以及其他危害社会的行为，依照法律应当受刑罚处罚的，都是犯罪，但是情节显著轻微危害不大的，不认为是犯罪。刑法规定的犯罪包括十大类：危害国家安全罪，危害公共安全罪，破坏社会主义市场经济秩序罪，侵犯公民人身权利、民主权利罪，侵犯财产罪，妨害社会管理秩序罪，危害国防利益罪，贪污贿赂罪，渎职罪和军人违反职责罪。其中，危害公共安全罪，侵犯公民人身权利、民主权利罪，侵犯财产罪，妨害社会管理秩序罪等四大类罪中很多犯罪涉及治安管理，有一些犯罪本身就是严重违反治安管理的行为。对扰乱公共秩序、妨害公共安全、侵犯人身权利和财产权利、妨害社会管理，具有社会危害性，构成犯罪的行为，应当依法追究刑事责任；尚不够刑事处罚的，应当作为违反治安管理行为，依法给予治安管理处罚。需要注意的是，本法规定的一些违反治安管理行为，在表现形态上与刑法规定的某些犯罪相同或者相似，只是有情节或者程度的差别。对此，应当特别注意透过相同的行为特征，区分不同的行为性质，防止将违反治安管理行为与犯罪混淆而造成执法偏差。

四、应受治安管理处罚

应受治安管理处罚是指违反治安管理行为应当受到治安管理处罚的特征。这一特征包含三层意思：一是治安管理处罚是违反治安管理行为的必然后果，某一行为一旦被认定是违反治安管理行为，国家就要将治安管理处罚加诸于行为人。通过治安管理处罚，以满足社会惩治违反治安管理行为人的要求，也防止行为人重新违反治安管理，同时警戒社会上的不稳定分子。当然也有例外，即本法第九条规定的"对于因民间纠纷引起的打架斗殴或者损毁他人财物等违反治安管理行为，情节较轻的，公安机关可以调解处理。经公安机关调解，当事人达成协议的，不予处罚"。二是意味着治安管理处罚只能加诸违反治安管理行为，而不能对其他行政违法行为或者犯罪适用治安管理处罚，否则将失去治安管理处罚的合理性、严肃性和有效性。三是只有应受治安管理处罚的行政违法行为才是违反治安管理行为。要认定某一行为是违反治安管理行为，仅具备上述三个特征是不够的，同时还必须具备"应受治安管理处罚"这一特征。因为并不是所有"违反法律、危害社会、尚不够刑事处罚"的行为都是违反治安管理行为。例如，违反《中华人民共和国进出境动植物检疫法》的规定，逃避动植物检疫的行为，就不是违反治安管理行为，而是一般行政违法行为，应当由动植物检疫部门依法给予行政处罚。只有违反了本法或者其他有关治安管理的法律、行政法规、规章，应当给予治安管理处罚的危害社会、尚不够刑事处罚的行为，才是违反治安管理行为。

需要说明的是，本条规定的违反治安管理行为并没有完全与刑法规定的涉及治安管理的四大类罪相对应，而是沿用了《治安管理处罚法》规定的排列顺序。同时，考虑到《中华人民共和国消防法》《中华人民共和国道路交通安全法》和《中华人民共和国居民身份证法》已经分别对违反消防管理、道路交通安全管理、居民身份证管理的行为及其处罚作了具体规定，本法没有涉及消防管理、道路交通安全管理、居民身份证管理问题。

从立法和执法的角度考察，违反治安管理行为应当受到治安管理处罚这一特征，是由违反治安管理行为的前几个特征派生出来的，是行为的社会危害性和违反治安管理法律规范必然的法律后果。社会危害性是对违反治安管理行为的规定，应当受到治安管理处罚则是对其社会危害性程度在量上的要求，它表明这种行为的社会危害性在法律上达到了需要用国家强制力加以制裁的程度。法律所规定的各种违反治安管理行为，都必然是这种质与量的统一。因此，这一特征有两层含义：一是治安管理处罚是违反治安管理行为的必然后果,某一行为一旦被认定为违反治安管理行为,国家就要把治安管理处罚加诸于行为人,以期防止这种行为的再发生,同时警戒社会上的不法分子。二是治安管理处罚只能加诸于违反治安管理行为。

在国家的各种制裁手段中,除刑事处罚外,治安管理处罚是较为严厉的一种,绝不可以滥用于其他非违反治安管理行为,以防止失去治安管理处罚的合理性、严肃性和有效性。

违反治安管理行为的上述四个特征相辅相成,紧密结合,构成一个完整的整体。一定的社会危害性,是其他三个特征的基础,缺乏这一基础,其他三个特征便不能存在;但如果尚不够刑事处罚的,执法实践中便难以认定违反治安管理行为与犯罪行为及其他非违反治安管理行为的界限;而如果没有应受治安管理处罚的特征,前两个特征便失去了最终的归宿,难以显示违反治安管理行为与其他反社会行为在法律后果方面的区别。由此可见,违反治安管理行为的上述四个特征,也是违反治安管理行为不同于犯罪行为及其他非违反治安管理行为的四个基本要点,缺一不可。

第三节 治安管理处罚的实施要件

违反治安管理行为的构成,是我们对违反治安管理行为定性量罚的理论依据,是指治安管理法律规范所规定的决定某一行为的社会危害性及危害程度,而为该行为构成违反治安管理行为所必需的一切主客观要件的总和。概括来说,包括行为客体、行为客观要件、行为主体要件及行为主观要件等四个方面。

一、违反治安管理行为的客体

违反治安管理行为的客体,是指我国治安管理法律规范所保护的,而为违反治安管理行为所侵害的社会关系(包括实际侵害和可能侵害)。违反治安管理行为的具体分类依据就是违反治安管理行为的客体,也就是说,违反治安管理行为侵害的社会关系的不同,就构成了不同类型的违反治安管理行为。因此,准确地认识各类违反治安管理行为所侵害的社会关系,是在执法实践中对违反治安管理行为进行定性处罚的关键所在。

二、违反治安管理行为的客观要件

违反治安管理行为的客观要件是指由治安管理法律规范规定的,能够反映行为对某种客体的侵害,进而决定行为是否构成违反治安管理行为的客观事实特征。

简单地说,违反治安管理行为的客观方面就是违反治安管理行为活动的外在表现(人员、时间、地点、原因、过程、结果等)。

违反治安管理行为的客观方面是构成违反治安管理行为的基本要素,缺乏行为的客观方面,违反治安管理行为也就无从谈起。但是,违反治安管理行为的客观事实特征很多,并非每一个事实特征都是违反治安管理行为客观方面的要件,只有那些与社会危害性有密切关系的最基本的事实特征,才是违反治安管理行为客观方面的要件,其中有必要要件和选择要件之分。

必要要件是指一切违反治安管理行为都必须具备的客观条件,归纳起来说包括三个方面,即一切违反治安管理行为都必须有危害行为、危害结果,且危害行为与危害结果间要有因果关系。

选择要件是指只有某些违反治安管理行为才须具备的客观条件。具体到某个行为中去,主要包含行为的时间、地点、数额、方法、手段等。例如《治安管理处罚法》第三十五条第三款规定的"在铁路线路、桥梁、涵洞处挖掘坑穴、采石取沙的"违反治安管理行为,就必须具备"在铁路线路、桥梁、涵洞处"的地点要件,没有这个地点要件,就不能构成这一违反治安管理行为。

三、违反治安管理行为的主体要件

违反治安管理行为的主体,是指实施违反治安管理行为并且依法应对其行为承担法律责任的人或组织。这个概念告诉我们,违反治安管理行为主体有两类:一类是人,即自然人;另一类是组织,包括法人(指具有民事权利能力和民事行为能力,依法独立享有民事权利和承担民事义务的社会组织)和其他组织。在一般情况下,违反治安管理行为主体是指达到法定责任年龄、具有责任能力、实施了违反治安管理行为的自然人。组织(或称单位)只有在法律有明文规定的情况下,可以成为某些违反治安管理行为的主体而受处罚。

四、违反治安管理行为的主观要件

违反治安管理行为的主观要件,是指支配违反治安管理行为的心理状态,即行为主体对其所实施的违反治安管理行为所持有的故意、过失等心理状态。

任何违反治安管理行为,不仅在客观上具有危害社会的行为,而且这种行为必须是在其主观心理活动的支配下实施的。这些内在的心理因素,虽不像行为那样直观和外露,但是离开了这些心理因素的支配作用,违反治安管理行为就不会发生。因此,在违反治安管理行为构成要件中,主观方面的故意或过失也是必不可少的一个基本要件。区分故意和过失,对于正确定性量罚具有重要意义。

上述四个要件,是构成违反治安管理行为的主客观条件,内在联系紧密,自然人违反治安管理的,只有同时具备这些主客观条件,才构成违反治安管理行为。法人和其他组织违反治安管理的,只要具备前两个条件,即构成违反治安管理行为。

第四节　违反治安管理行为的种类与处罚

违反治安管理行为的分类是按照一定的标准,将各种各样的违反治安管理行为进行划分和归类,使之条理化和有序化。在实际工作中,熟悉和掌握违反治安管理行为的种类,有利于我们正确地识别违反治安管理行为,也有利于对违反治安管理行为的定性和处罚。

具体来说,违反治安管理行为的种类是依据违反治安管理行为客体及其客观方面来加以划分的,《公安部关于规范违反治安管理行为名称的意见》将违反治安管理行为统一归纳为四类一百五十一种。

一、扰乱公共秩序的行为

扰乱公共秩序的行为,是指行为人故意以各种方法扰乱不特定多数人的生产、工作、教学、科研及生活秩序,违反国家治安管理法律规范,虽造成了一定影响,但情节轻微,尚不构成刑事处罚,应受到治安管理处罚的行为。

从行为的构成看,该行为侵害的客体是公共秩序(公共秩序即社会秩序,包括生产秩序、工作秩序、经营秩序、教学科研秩序和群众生活秩序等),行为的主体是自然人,行为的主观方面是行为人的故意行为,客观方面是实施了扰乱公共秩序尚不构成刑事处罚的行为。

扰乱公共秩序的行为是《治安管理处罚法》第二十三至二十九条所规定的行为,《公安部关于规范违反治安管理行为名称的意见》将其分为29种。《治安管理处罚法》对这29种行为所设定的处罚分别为以下几种。

(1)处警告或者二百元以下罚款;情节较重的,处五日以上十日以下拘留,可以并处五百元以下罚款。适用范围:扰乱单位秩序、扰乱公共场所秩序、扰乱交通工具上的秩序、妨碍交通工具正常行驶、破坏选举秩序、强行进入大型活动场内、违规在大型活动场内燃放物品、在大型活动场内展示侮辱性物品、围攻大型活动工作人员、向大型活动场内投掷杂物及其他扰乱大型活动秩序的行为。

对于聚众扰乱单位、公共场所、交通工具上的秩序,聚众妨碍交通工具正常行驶,聚众破坏选举秩序的,对首要分子处十日以上十五日以下拘留,可以并处一千元以下罚款。另因扰乱体育比赛秩序被处以拘留处罚的,可以同时责令其十二个月内不得进入体育场馆观看同类比赛;违反规定进入体育场馆的,强行带离现场。

（2）处五日以下拘留；情节较重的，处五日以上十日以下拘留。适用范围：非法侵入计算机信息系统、非法改变计算机信息系统功能、非法改变计算机信息系统数据和应用程序、故意制作、传播计算机破坏性程序的行为。

（3）处五日以上十日以下拘留；情节严重的，处十日以上十五日以下拘留。适用范围：故意干扰无线电业务正常进行或拒不消除对无线电台（站）的有害干扰的行为。

（4）处五日以上十日以下拘留，可以并处五百元以下罚款。适用范围：虚构事实扰乱公共秩序，投放虚假的危险物质扰乱公共秩序，扬言实施放火、爆炸、投放危险物质扰乱公共秩序，寻衅滋事（含结伙斗殴、追逐、拦截他人、强拿硬要或者任意损毁、占用公私财物等）的行为。

对虚构事实、投放虚假的危险物质、扬言实施放火、爆炸、投放危险物质扰乱公共秩序，情节较轻的，处五日以下拘留或者五百元以下罚款；对寻衅滋事情节较重的，处十日以上十五日以下拘留，可以并处一千元以下罚款。

（5）处十日以上十五日以下拘留，可以并处一千元以下罚款；情节较轻的，五日以上十日以下拘留，可以并处五百元以下罚款。适用范围：组织、教唆、胁迫、诱骗、煽动他人从事邪教、会道门活动，利用邪教、会道门、迷信活动危害社会，冒用宗教、气功名义危害社会的行为。

二、妨害公共安全的行为

妨害公共安全的行为，是指行为主体故意或者过失实施可能危害不特定多数人的人身或公私财产安全，尚不构成刑事处罚，应受到治安管理处罚的行为。

妨害公共安全的行为侵害的客体是公共安全，客观方面是实施了违反安全管理规定情节轻微的行为，行为的主体既可以是自然人也可以是法人或其他组织，该行为主体在主观方面的表现比较复杂，既有直接故意，又有间接故意，还有过失。

妨害公共安全的行为由《治安管理处罚法》第三十至三十九条所规定，《公安部关于规范违反治安管理行为名称的意见》将其分为 24 种行为。《治安管理处罚法》对这 24 种行为所设定的处罚分别为以下几点。

（1）处警告或者二百元以下罚款。适用范围：擅自进入铁路防护网、违法在铁路上行走坐卧、抢越铁路的行为。

（2）处五日以下拘留。适用范围：公共场所经营管理人员违反安全规定、危险物质被盗、被抢或者丢失不按规定报告的行为。

对于危险物质被盗、被抢或者丢失故意隐瞒不报的，处五日以上十日以下拘留。

（3）处五日以下拘留或者五百元以下罚款。适用范围：擅自安装、使用电网，安装、使用电网不符合安全规定，道路施工不设置安全防护设施，故意毁损、移动道路施工安全防护设施,盗窃、损毁路面公共设施,在航空器上非法使用器具、工具的行为。

对于擅自安装、使用电网,安装、使用电网不符合安全规定,道路施工不设置安全防护设施,故意毁损、移动道路施工安全防护设施,盗窃、损毁路面公共设施,情节严重的,处五日以上十日以下拘留,可以并处五百元以下罚款。

(4)处五日以下拘留,可以并处五百元以下罚款;情节较轻的,处警告或者二百元以下罚款。适用范围:非法携带枪支、弹药、管制器具的行为。

对于非法携带枪支、弹药、管制器具进入公共场所或者公共交通工具的,处五日以上十日以下拘留,可以并处五百元以下罚款。

(5)处五日以上十日以下拘留,可以并处五百元以下罚款;情节较轻的,五日以下拘留或者五百元以下罚款。适用范围:盗窃、损毁、擅自移动铁路设施、设备、机车车辆配件、安全标志,在铁路线上放置障碍物,故意向列车投掷物品,在铁路沿线非法挖掘坑穴、采石取沙,在铁路线路上私设道口、平交过道的行为。

(6)处五日以上十日以下拘留,并处二百元以上五百元以下罚款;情节较轻的,处五日以下拘留或者五百元以下罚款。适用范围:违反规定举办大型活动的行为。

(7)处十日以上十五日以下拘留。适用范围:非法制造、买卖、储存、运输、邮寄、携带、使用、提供、处置危险物质,盗窃、损毁公共设施(油气管道、电力电信、广播电视、水利防汛、水文监测、测量、气象测报、环境监测、地质监测、地震监测等),移动、损毁边境、领土、领海标志设施,非法进行影响国(边)界线走向的活动,非法修建有碍国(边)境管理的设施,盗窃、损坏、擅自移动航空设施,强行进入航空器驾驶舱的行为。

对于非法制造、买卖、储存、运输、邮寄、携带、使用、提供、处置危险物质,情节较轻的,处五日以上十日以下拘留。

三、侵犯他人人身权利、财产权利的行为

侵犯他人人身权利、财产权利的行为,是指行为人出于故意而实施的侵犯他人人身和其他与人身直接相关的权利以及非法侵占或者故意损坏国家、集体和公民个人所有的财物,尚不构成刑事处罚,应给予治安管理处罚的行为。

侵犯他人人身权利的行为主体是自然人,在主观方面行为人是出于故意,该行为侵害的客体是人身权利,在客观方面是实施了侵犯他人人身权利尚不够刑事处罚的行为。侵犯他人财产权利的行为主体是自然人,主观方面是行为人出于故意,侵害的客体是公私财物所有权,在客观方面实施了非法攫取公私财物或者故意损坏公私财物,情节轻微,尚不够刑事处罚的行为。

侵犯他人人身权利、财产权利的行为为《治安管理处罚法》第四十至四十九条所规定的行为,《公安部关于规范违反治安管理行为名称的意见》将其划分为

30种行为。《治安管理处罚法》对这30种行为所设定的处罚有以下内容。

（1）处五日以下拘留或者警告。适用范围：虐待、遗弃的行为。

（2）处五日以下拘留或者五百元以下罚款。适用范围：威胁人身安全，侮辱、诽谤、诬告陷害、威胁、殴打、打击报复证人及其近亲属，发送信息干扰正常生活，侵犯隐私，冒领、隐匿、毁弃、私自开拆、非法检查他人邮件的行为。

对于威胁人身安全，侮辱诽谤、诬告陷害、威胁、殴打、打击报复证人及其近亲属，发送信息干扰正常生活，侵犯隐私，情节较重的，处五日以上十日以下拘留，可以并处五百元以下罚款。

（3）处五日以上十日以下拘留。适用范围：猥亵、在公共场所故意裸露身体的行为。对于猥亵智力残疾人、精神病人、不满十四周岁的人或者有其他严重情节的，处十日以上十五日以下拘留。

（4）处五日以上十日以下拘留，可以并处五百元以下罚款；情节较重的，十日以上十五日以下拘留，可以并处一千元以下罚款。适用范围：盗窃、诈骗、哄抢、抢夺、敲诈勒索、故意损毁财物的行为。

（5）处五日以上十日以下拘留，并处二百元以上五百元以下罚款；情节较轻的，五日以下拘留或者五百元以下罚款。适用范围：殴打他人、故意伤害、强迫交易的行为。

对于结伙殴打、伤害他人，殴打、伤害残疾人、孕妇、不满十四周岁的人或者六十周岁以上的人，多次殴打、伤害他人或者一次殴打、伤害多人的，处十日以上十五日以下拘留，并处五百元以上一千元以下罚款。

（6）处十日以上十五日以下拘留，可以并处一千元以下罚款。适用范围：胁迫、诱骗、利用他人乞讨，煽动民族仇恨、民族歧视，刊载民族歧视、侮辱内容的行为。对于以滋扰他人的方式乞讨的，处五日以下拘留或者警告。

（7）处十日以上十五日以下拘留，并处五百元以上一千元以下罚款；情节较轻的，处五日以上十日以下拘留，并处二百元以上五百元以下罚款。适用范围：组织、胁迫、诱骗进行恐怖、残忍表演，强迫劳动，非法限制人身自由，非法侵入住宅，非法搜查身体的行为。

四、妨害社会管理的行为

妨害社会管理的行为，是指故意妨害国家机关对社会的管理活动，破坏正常的社会管理秩序，情节轻微，尚不构成刑事处罚，应受到治安管理处罚的行为。

该行为的主体既有单位，也有自然人；主观方面是行为人的故意；行为侵害的客体是社会管理秩序，即国家机关对社会的管理活动和正常的社会管理秩序；客观方面是实施了妨害国家机关对社会的管理活动和正常的社会管理秩序的行为。

妨害社会管理的行为为《治安管理处罚法》第五十至七十五条所规定的行

为,《公安部关于规范违反治安管理行为名称的意见》将其划分68种行为。《治安管理处罚法》对这68种行为所设定的处罚有以下几个方面。

(1)处警告;警告后不改正的,处二百元以上五百元以下罚款。适用范围:制造噪声、饲养动物干扰他人正常生活的行为。

(2)处警告或者二百元以下罚款。适用范围:拒不执行紧急状态下的决定、命令,阻碍执行职务,阻碍特种车辆通行,冲闯警戒带、警戒区,故意损坏文物、名胜古迹,违法实施危及文物安全的活动的行为。

对于拒不执行紧急状态下的决定、命令,阻碍执行职务,阻碍特种车辆通行,冲闯警戒带、警戒区,情节严重的,处五日以上十日以下拘留,可以并处五百元以下罚款;对于故意损坏文物、名胜古迹,违法实施危及文物安全的活动,情节较重的,处五日以上十日以下拘留,并处二百元以上五百元以下罚款。

另外,阻碍人民警察依法执行职务的,从重处罚。

(3)处二百元以上五百元以下罚款。适用范围:不按规定登记住宿旅客信息、不制止住宿旅客带入危险物质、明知住宿旅客是犯罪嫌疑人不报告、将房屋出租给无身份证件人居住、不按规定登记承租人信息、明知承租人利用出租屋犯罪不报告、放任动物恐吓他人的行为。

对于明知住宿旅客是犯罪嫌疑人、明知承租人利用出租屋犯罪不报告,情节严重的,处五日以下拘留,可以并处五百元以下罚款。

(4)处五百元以上一千元以下罚款。适用范围:驾船擅自进入、停靠国家管制的水域、岛屿,违法承接典当物品,典当业工作人员发现违法犯罪嫌疑人、赃物不报告,违法收购废旧专用器材、收购赃物、有赃物嫌疑的物品,收购国家禁止收购的其他物品,偷开机动车、无证驾驶,偷开航空器、机动船舶的行为。

对于驾船擅自进入、停靠国家管制的水域、岛屿,情节严重的,处五日以下拘留,并处五百元以上一千元以下罚款。对于违法承接典当物品,典当业工作人员发现违法犯罪嫌疑人、赃物不报告,违法收购废旧专用器材、收购赃物、有物嫌疑的物品,收购国家禁止收购的其他物品,情节严重的,处五日以上十日以下拘留,并处五百元以上一千元以下罚款;对于偷开机动车、无证驾驶,偷开航空器、机动船舶,情节严重的,处十日以上十五日以下拘留,并处五百元以上一千元以下罚款。

(5)处五日以下拘留或者五百元以下罚款。适用范围:赌博、为赌博提供条件、偷越国(边)境、拉客招嫖的行为。对于赌博、为赌博提供条件,情节严重的,处十日以上十五日以下拘留,并处五百元以上三千元以下罚款。

(6)处五日以上十日以下拘留;情节严重的,处十日以上十五日以下拘留,可以并处一千元以下罚款。适用范围:破坏、污损坟墓,毁坏、丢弃尸骨、骨灰,违法停放尸体的行为。

(7)处五日以上十日以下拘留,可以并处五百元以下罚款;情节较轻的,处五日以下拘留或者五百元以下罚款。适用范围:招摇撞骗的行为。

中 编
治安管理处罚的法律程序

治安管理处罚的法律程序主要包括传唤、调查取证、告知与裁决、执行等步骤。公安机关在发现违法行为后,会先传唤当事人接受调查,收集相关证据。在作出处罚决定前,公安机关会告知当事人违法事实、处罚理由和依据,并听取其陈述和申辩。之后,公安机关会根据事实和法律作出裁决,并向当事人宣布。当事人应当在规定时间内履行处罚决定,如对处罚不服,可依法申请行政复议或提起行政诉讼。整个程序旨在确保处罚的公正性、合法性和有效性,维护社会治安秩序和公民合法权益。

第五章

治安管理处罚的普通程序

第一节 治安案件的受案

一、治安案件受案的概念

治安案件受案包括受理和立案,是指公安机关对报告的违反治安管理事实或嫌疑予以受理并进行初步审查,确认是否构成治安案件并应当进行调查、处理的法律活动。治安案件的受案有以下两层意思。

第一,治安案件的受理,是指公安机关对个人或单位的报案、控告、举报、扭送、投案,以及在其他业务工作中发现的违反治安管理行为或者嫌疑,表示接受并予以审查的法律活动。

第二,治安案件的立案,是指有治安案件管辖权的公安机关,对受理的违反治安管理事实或嫌疑依法审查,确认是否应当予以调查、处理的法律活动。

治安案件的受理,是查处治安案件的第一道程序,由各级公安机关和公安派出所负责。受理是公安机关治安案件办案开始的标志,同时也是"调查取证"程序的基础和前提。没有治安案件的受理登记,其他法律程序便无从谈起。因此,公安机关及时、准确地受理登记治安案件,对于及时查处治安案件,及时教育和处罚违反治安管理行为人,及时维护公共秩序,保障公共安全,保护公民、法人和其他组织的合法权益,具有十分重要的意义。

(一)受案是治安案件查处程序中的一种专属职权

《治安管理处罚法》第七十七条规定:"公安机关对报案、控告、举报或者违反治安管理行为人主动投案,以及其他行政主管部门、司法机关移送的违反治安管理案件,应当及时受理,并进行登记。"由此可见,治安案件的受案权由公安机关统一行使,其他任何机关、团体和个人均无权行使。

(二)受案是治安案件查处活动开始的标志

在我国,治安案件的查处程序一般要经过受案、调查取证、告知、处罚决定、执行等环节。受案是每一个治安案件首先要经历的程序。只有在受案之后,才能进入查处等其他程序。

(三)受案是治安案件查处的必经程序

受案是每个治安案件都必然要经历的过程。在某些治安案件中,可能不经过某些阶段,比如听证程序就不是每个治安案件的必经程序,但是任何一个治安案件都必须经过受案这一起始程序。

(四)受案为治安案件查处的其他程序进行提供依据

受案作为治安案件查处的起始程序,是其他治安案件查处程序进行的依据。也就是说,只有受案之后,其他查处程序才能够依次进行下去并产生法律效力,这是程序法定原则的要求。在实践中,有的地方公安机关为了片面追求破案率而实行的"不破不立""先破后立"等做法,严重违反了程序法定原则,是非常错误的。

二、治安案件受案的材料来源

治安案件受案的材料来源,主要是指公安机关自行发现的或举报人、报案人、控告人或主动投案的违法嫌疑人提供的与违反治安管理行为有关的材料。根据《治安管理法》及《公安机关办理行政案件程序规定》的规定,治安案件受案的材料来源主要包括以下几种。

(一)报案、控告、举报、群众扭送

这是治安案件受理登记的主要来源和渠道。报案是指公民、法人和其他组织向公安机关报告发现有违反治安管理行为的客观事实。控告是指被侵害人及其近亲属,对侵害被侵害人合法权益的违反治安管理行为向公安机关告诉,并要求公安机关依法处罚侵害人法律责任的行为。在一般情况下,控告人应当知道被控告人是谁和其他有关的具体情况。举报是指双方当事人以外的知情人向公安机关检举、揭发违反治安管理行为人的违反治安管理事实。[①] 扭送是法律赋予公民同违法行为做斗争的一种手段,是指群众当场发现违反治安管理行为人并将其扭送至公安机关进行处理的行为。

---

① 刘士文:《治安管理处罚理论与实践》,群众出版社2006年版,第127页。

向公安机关等国家专门机关报案、控告或举报是任何单位或公民依法享有的权利,也是任何单位或公民依法应当履行的义务。报案、控告、举报可以书面或者口头提出。公安机关等国家专门机关应当保障报案人、控告人、举报人及其近亲属的安全。

(二)违反治安管理行为人的主动投案

主动投案,具体是指违反治安管理行为人作案以后自动投案,如实供述自己的违法事实,并接受公安机关查处和处罚的行为。违反治安管理行为人或出于减轻处罚,或由于忏悔,或出于坦白等目的,向公安机关主动交代自己的违法事实。

主动投案主要有三种情况:一是行为人的违反治安管理行为,在未被公安机关发现之前投案的;二是违反治安管理行为虽已被发现,但行为人的违反治安管理行为事实尚未被公安机关查明而投案的;三是违反治安管理行为事实和违反治安管理行为人均已被发现,但违反治安管理行为人尚未受到公安机关传唤和询问而投案的。主动投案的形式也主要有三种情况:一是违反治安管理行为人本人直接向公安机关投案的;二是违反治安管理行为人本人向所在单位、城乡基层组织或者其他有关单位投案的;三是违反治安管理行为人因故而委托他人或者采用信件、电话等方式投案的。

违反治安管理行为人主动投案,说明行为人对自己的过错已经有了一定的认识,这不仅对悔过自新十分有利,而且有利于公安机关及时、准确、有效地查处治安案件和处罚违反治安管理行为人。因此,法律和公安机关均应当鼓励和弘扬违反治安管理行为人主动投案的这种服法精神。

(三)其他行政主管部门和司法机关的移送

公安机关以外的环境保护、市场监管、税务、海关、卫生、城管等行政主管部门在办理行政案件时,认为某项案件属于治安案件,就应当及时将其移送到公安机关依法进行处理。人民检察院和人民法院等司法机关在办理刑事案件时,如果发现某个案件不构成刑事案件,而属于违反治安案件,就应当及时将其移送到公安机关给予治安管理处罚。

(四)公安机关直接发现的违反治安管理行为线索

公安机关是我国主要的社会治安保卫机构,处于同违法行为做斗争的第一线,在日常值勤、执法的过程中,很可能发现违反治安管理行为线索,在侦查工作或治安工作中也很可能发现新的治安管理案件,这些都可能成为公安机关治安案件受案的材料来源。

三、治安案件受案要求

（一）做好对报案人的接待工作

《宪法》第四十一条规定："对于公民的申诉、控告或者检举，有关国家机关必须查清事实，负责处理。任何人不得压制和打击报复。"为此，对群众报告的案件，不论案件的大小都要先接待，然后视情况再作处理。公安机关应认真听取报案人的陈述，对来人或者通过其他方式报告的情况，问清每一个细节和具体过程以及有关证人，把案情搞准并记录清楚。首先，在态度上，要文明礼貌，主动热情；同时，还必须保持头脑冷静，辨别真伪，时刻提高警惕，防止上当受骗。其次，在接报工作中，要认真负责，一丝不苟，该问的要问到，该记的要记清，把报案者反映的危害社会行为事实搞清楚，为进入审查立案程序打好基础。

（二）及时受理，进行登记

首先，对报案材料要进行认真的分析研究，对需要调查核实的，要及时补充材料。其次，对案件涉及的有关人和物品，要区别不同情况，进行妥善处理。如对报案人当中需要加以保护的，要采取具体有效措施保证安全。

（三）认真做好审查工作

公安机关在受理报案后，通过认真审查，确定此项案件是否属于违反治安管理行为，如果属于，就应当立即进行确认或者进入调查阶段。

（四）实事求是

对坦白自首案件，初步审查事实清楚、证据充分且已构成治安处罚的，要受理。对举报的案件，若事实基本清楚，只是次要情节不清、证据不全的，也要受理。

（五）依法受理

对不属于自己管辖的案件，接报后按规定移送有管辖权的部门处理。需要采取紧急措施的，应先采取紧急措施，作出询问笔录，然后转送有关部门。

四、治安案件的受案程序

（一）制作询问笔录

对于报案、控告、举报、群众扭送或者违法嫌疑人投案的，都应当立即受理，问明情况，并制作笔录，经宣读无误或者报案、控告、举报、扭送、投案人阅读无误后，由其签名或者盖章。

受理案件的民警，应当向控告人、举报人说明诬告应负的法律责任。报案、控告、举报、扭送人如果不愿意公开自己姓名和报案行为的，应当为其保守秘密。以上情况,应当在笔录中注明。

(二)接受证据

受理案件的民警对报案人提供的有关证据材料、物品等,应当登记,必要时拍照、录音、录像,并妥善保管。

(三)制作受案登记表

受理案件的民警应当制作受案登记表,写明以下内容:①案件来源。填写工作中发现、报案、投案、移送、扭送等内容。②报案人的基本情况。填写姓名、性别、单位、住址、联系电话等内容。③简要案情。违法嫌疑人明确的,记明违法嫌疑人的姓名、性别、出生日期、现住址和工作单位等基本情况;违法嫌疑人是单位的,记明单位名称、地址和法定代表人;发案时间、地点、过程、后果及现状;有被侵害人的,记明被侵害人受害情况、损失物品及其数量、特征等要素。④接报人。写明受案民警的姓名,并写明接报时间。

(四)制作接受案件回执单

公安机关接受案件时,应当制作接受案件回执单,交报案、控告、举报、扭送、投案人。对其他行政主管部门、司法机关移送的案件,应当在《移送案件通知书》等文书或者其他送达回执上签收,不必制作接受案件回执单。

(五)移送案件

对于不属于本单位管辖,应当由其他公安机关管辖的案件,经办案部门负责人批准移送案件后,应当在受理后的二十四小时内,制作《移送案件通知书》,移送有管辖权的单位处理。

移送案件前,有必要采取紧急措施的,应当先采取紧急措施,然后移送有管辖权的单位。发现以下情形之一的,应当先行采取紧急措施:①违法嫌疑人正在实施危害行为的;②违法嫌疑人正在逃跑的;③违法嫌疑人已被抓获或者被发现的;④有人员伤亡,需要立即采取救治措施的;⑤国家、集体或者公民利益正在遭受重大损害的;⑥其他应当采取紧急措施的情形。

(六)转为刑事案件办理

经调查认为应当追究违法行为人刑事责任的,应当办理立案手续,转为刑事案件办理。

接受案件时,暂时无法确定为刑事案件或者行政案件的,可以按照办理行政案件程序办理。在办理过程中,认为涉嫌构成犯罪的,转为刑事案件办理。

第二节 治安案件的调查取证

一、治安案件调查取证的概念

调查取证是承办治安案件的人民警察对于案件事实进行调查核实,收集证据的过程。所谓治安案件的调查取证,是指公安机关对于受理登记后立案的治安案件,为查明全部案情和收集证据,查获违反治安管理行为人而依法进行的法律活动。调查与取证是一个问题的两个方面,调查的目的是获取证据,而要获取证据就必须进行调查。

二、需要调查的案件事实

公安机关在办理治安案件时,要做到公正、合法地实施治安管理处罚或者采取行政强制措施,就必须查清案件事实。为了确保案件事实清楚,证据确实充分,公安机关办理治安案件需要对以下案件事实进行调查。

（一）违法嫌疑人的基本情况

主要是违法嫌疑人的姓名（包括曾用名、别名、绰号）、出生年月日、性别、户籍所在地、民族、文化程度、职业、工作单位及职务、现住址、身份证件种类及号码。必要时,调查其家庭主要成员情况、是否受到过刑事处罚和行政拘留以及收容教育、强制（隔离）戒毒、收容教养等情况。确定其是否人大代表以及是哪一级的人大代表。

（二）违法行为是否存在

公安机关处理治安案件的前提是必须发生了违反治安管理行为。违法事实已经存在,且有证据证明,才能证明违法行为的存在。

（三）违法行为是否为违法嫌疑人实施

确定了违法行为的存在,还必须调查违法行为是否确为违法嫌疑人实施,即要确认违法事实与违法嫌疑人之间是否有客观联系,违法嫌疑人实施的违法行为是否已经有证据证明。

（四）实施违法行为的时间、地点、手段、后果以及其他情节

这既是案件事实的关键所在,也是调查工作的主要要素。确定了违法嫌疑人之后,还必须对其具体实施违法行为的时间、地点、手段、后果以及其他情节进行查证。根据《治安管理处罚法》的规定,仅有违法嫌疑人的供述,没有其他证据证明

的,不能作出治安管理处罚决定;相反,没有违法嫌疑人的供述,但是有其他证据足以证明的,可以作出治安管理处罚决定。因此,公安机关还必须在查证违法嫌疑人陈述和申辩以及被侵害人、报案人陈述的基础上,进一步核实违法嫌疑人实施违法行为的具体情况,包括时间、地点、采用手段、造成的危害后果以及其他相关的案件事实,如相关的证人证言、物证、书证、勘验、检查笔录、视听资料等。

（五）违法嫌疑人有无法定从重、从轻、减轻以及不予处罚的情形

在查明案件事实的基础上,还需查明违法行为人是否具有法定的从重、从轻、减轻以及不予处罚的情形,并根据法律规定在对其作出治安管理处罚或采取其他行政措施时予以充分的考虑。

三、调查取证的基本要求

（一）全面、客观、公正

公安机关对治安案件进行调查时,应当全面、客观、公正地收集有关证据,并予以审查、核实。负责调查取证的人民警察要尊重客观事实,不得主观臆断;对双方当事人要一视同仁,不能偏袒其中一方。

（二）调查取证的主体是人民警察

办理治安案件,必须由公安机关人民警察进行调查取证工作,其他任何单位和个人都无权对治安案件进行调查取证。辅警、公安机关内部工勤人员等不具有执法主体资格的人员无权进行调查取证。

（三）调查取证时,人民警察不得少于两人

需要注意的是,这里所指的"调查"只是指适用一般程序时,公安机关进行询问、辨认、检查、勘验,实施行政强制措施等调查取证工作时,人民警察不得少于二人;至于适用简易程序处罚的,则可以由人民警察一人作出行政处罚决定。接报案、受案登记、接受证据、信息采集、调解、送达文书等工作,可以由一名人民警察带领警务辅助人员进行,但应当全程录音录像。

（四）向被调查取证人员表明执法身份

公安机关人民警察调查取证时,必须向被调查取证人员表明执法身份,证明自己具有执法主体资格,而且是在依法履行职务。所谓表明执法身份,主要是出示工作证件或者公安机关统一的人民警察证,并向当事人说明执法意图。需要说明的是,身着公安民警制式服装的交民警,其着装本身已经表明了身份,无须出示证件,但应主动口头表明身份,当被调查取证人员要求民警出示工作证件时,民警应当出示工作证件,不得以忘带、遗失等理由拒绝出示。因此,民警执勤执法时,应随身携带工作证件。

（五）遵守保密制度

一是对办案过程中涉及的国家秘密、商业秘密或者个人隐私，应当予以保密。《治安管理处罚法》第八十条规定："公安机关及其人民警察在办理治安案件时，对涉及的国家秘密、商业秘密或者个人隐私，应当予以保密。"国家秘密的密级分为"绝密""机密"和"秘密"三种，一旦泄露，便会使国家的安全和利益相对应地造成特别严重、严重和一般损害。商业秘密是指不为公众所知悉，能为权利人带来经济利益，具有实用性并经权利人采取保密措施的技术信息和经营信息。个人隐私是指公民个人不愿意公开的、与其人身权密切相关的、隐秘的事项或者事实。如社会上比较常见的两性关系问题、生育能力问题、收养子女等问题。二是公安机关调查取证时，应当防止泄露工作秘密。工作秘密是指除国家秘密以外的，在国家机关公务活动中不宜公开扩散的事项，一旦泄露会给本机关正常行使管理职能带来被动和损害的信息或事项。

（六）遵守回避制度

在办理治安案件过程中，"遇有下列情形之一的"，人民警察应当回避。

（1）本案当事人或者当事人近亲属的。当事人主要是指违反治安管理行为人和被侵害人等。"本案当事人"指现在办理治安案件的人民警察本人即是治安案件的一方当事人。"当事人的近亲属的"是指办理治安案件的人民警察是一方当事人的配偶、子女、父母、兄弟姐妹等近亲属。办案人员是本案的当事人，意味着办案人员同案件的处理结果有利害关系，如果其参与案件的办理，就可能影响案件的公正处理。办案人员是当事人的近亲属的，就可能偏袒作为其近亲属的当事人，也会影响案件的公正处理。

（2）本人或者其近亲属与本案有利害关系的。这是指办理治安案件的人民警察或其近亲属，虽然不是本案的一方当事人或者当事人的近亲属，但本案的处理结果与他们有比较大的利益关系或者存在着其他重大利害关系。

（3）与本案当事人有其他关系，可能影响案件公正处理的。"与本案当事人有其他关系"，是指办理治安案件的人民警察与本案一方当事人有亲戚、朋友、邻居、同学、同事、师生关系或者有重大恩怨等特殊情况，可能对办案的公正性产生影响。这里的"可能影响案件公正处理的"，也是确认是否回避的一个必备条件。如果办案的人民警察与当事人只是一般的认识关系，不会影响案件的公正处理，该人民警察便可以继续办理本案。

（七）必须依照法定程序调查取证

《治安管理处罚法》第七十九条规定："公安机关及其人民警察对治安案件的调查，应当依法进行。严禁刑讯逼供或者采用威胁、引诱、欺骗等非法手段收集证据。以非法手段收集的证据不得作为处罚的根据。"

刑讯逼供是指在办案过程中，对违法嫌疑人施以肉刑或者变相肉刑，逼迫违法嫌疑人陈述的行为。威胁是指以使被询问人或者证人的个人利益受到某种损害相恫吓，迫使其按照办案人员的要求进行陈述。引诱是指以满足被询问人或者证人的某种个人利益为诱饵，使其按照办案人员的愿望进行陈述。通过提问方式来诱导被询问人或者证人，使其了解办案人员希望他讲什么、怎样讲或者不希望他讲什么和不希望他怎样讲的做法，也属于引诱。欺骗是指编造虚假情况对被询问人或者证人进行诱惑或者施加压力，以迫使其按照办案人员的愿望进行陈述。

公安机关及其人民警察在治安案件办案中，采用刑讯逼供或者威胁、引诱和欺骗等非法手段获取的陈述材料，由于当事人是在迫于压力和受欺骗的情况下提供的，所以，虚假的可能性很大，极易造成冤案、错案和假案，侵犯了公民的合法权益，与宪法尊重和保障人权的规定不符。

四、治安案件的证据

治安案件的证据，是指公安机关依据法定程序收集的，能够证明治安案件真实情况的一切事实。证据是证明案件事实的依据，因此，证据问题是治安案件调查取证的关键性问题。

（一）证据的种类

根据《公安机关办理行政案件程序规定》第二十六条的规定，治安案件的证据种类主要有以下几种。

1. 书证

书证是指以文字、符号、图形等表示的内容来证明治安案件真实情况的书面文件或者其他物品。可见，书证是一种与案件有关的单项或者系列信息，这种信息只有被人们所认知时才能成为书证。书证有两个显著特点：一是书面形式，如文件、信件、日记、标语、传单、证件以及票证、单据、图表、图画、照片等；二是书面内容，即以记载的内容来证明案件的真实情况。

2. 物证

物证是指以其自身属性、特征或者存在状况证明治安案件事实的物品和物质痕迹。常见的物证包括实施违法行为的工具、赃款、赃物以及违法行为遗留下的痕迹等。如盗窃来的财物、赌博用的赌资赌具、吸食毒品用的器具、被损毁的公私财物等。物证的客观性较强，它独立于人的意志之外，受人的主观因素影响很小。区别物证和书证的关键在于，书证是以其内容证明案件真实情况，而物证是以其外部特征、物质属性、存在状态证明案件真实情况。

3. 被侵害人陈述和其他证人证言

被侵害人陈述，是指治安案件中的被侵害人就自己知道的案情所作的陈述。被侵害人是治安案件中的受害者，对案件发生的经过最知情，最有发言权。但在实践中,有的被侵害人一方面出于对违反治安管理行为人的不满和憎恨,在陈述中可能存在夸大其词的倾向;另一方面又可能由于紧张和恐惧故意或者过失提供虚假的陈述。证人证言,是指证人就自己所知道的案件真实情况所进行的陈述。证人对案件发生的经过耳闻目睹,其证言具有客观性、准确性、可靠性和不可替代性,在诸证据中具有独特的作用。但在实践中,一定要把握确认证人资格这一关,因为证人资格是证人证言成立的前提。证人的主观性很强,容易受各种因素影响而作出不真实的证言,因此,证人证言必须经过认真查证才能使用。

4. 违法嫌疑人的陈述和申辩

违法嫌疑人的陈述和申辩,是指行为人就治安案件的事实,向公安机关所作的供述、坦白、交代或者检举、揭发,以及辩解。其主要包括三方面内容:其一是对自己违法的供认;其二是否认自己违法或者说明自己具有从轻、减轻或者免除其责任情节的辩解;其三是对他人违法的检举。违法嫌疑人的陈述和申辩主要有以下特点。

一是违法嫌疑人的陈述和申辩可能全面直接地反映案件事实情况。违法嫌疑人是案件的当事人,其所作的陈述会更直接、更全面地反映出其违法的动机、目的、手段、时间、地点、后果等事实情况;其所作的申辩也会提出一些具体的事实根据和申辩理由,使民警了解案件的全貌。

二是违法嫌疑人的陈述和申辩虚假的可能性较大,往往真假混杂。违法嫌疑人作为被追究行政责任的对象,深知案件的处理结果与其有极大的利害关系。因此,在大多数情况下,违法嫌疑人为了逃避法律制裁,往往会避重就轻,或者否认违法的事实。

由于违法嫌疑人的陈述和申辩具有上述特点,因而在治安案件办理过程中要正确对待这一证据,既不能对其一概不信,也不能盲目轻信,一定要同其他证据互相对照、互相印证,经过查证属实,才能将其作为定案的根据。

5. 鉴定意见

鉴定意见,是指鉴定人运用自己的专业知识,根据所提供的案件事实材料,对案件中某些专门性技术问题进行分析、鉴别后得出的结论。

6. 勘验、检查、辨认笔录,现场笔录

勘验、检查笔录,是指办案人民警察对于与案件有关的场所、物品和人身等进行勘验、检查时所作的笔录材料。辨认笔录是办案人民警察为了查明案件,让被害人、证人、违法嫌疑人等对相关客体特征熟悉或者了解的人,对案件有关的物品、文件、场所、人身进行的辨别活动所形成的笔录。现场笔录,是指办案人民警察对有关案件现场当场制作的书面记录。勘验、检查、辨认笔录,现场笔录既反映和记载了案件和案件物证的特定现象,也反映了治安案件调查取证过程记载勘验、检查、实验等手段和方法的具体情况,既是治安案件办案中保全证据的重要手段,也是审

查其他证据、认定案件真实性的依据。

7. 视听资料、电子数据

视听资料、电子数据是现代科学技术不断发展的产物。视听资料,是指以录音、录像设备记录的声像,计算机储存的资料,以及其他科技设备和手段提供的情报信息来证明案件真实情况的证据。视听资料作为证据是现代科技发展的结晶,是从书证、物证中分离而独立存在的一种证据形式。它以形象、生动、直观的形式反映案件事实,不仅可以直接认定特定治安案件的违反治安管理行为事实,而且可以验证其他证据的真实性和可靠性,是其他任何证据所不能替代的。与其他证据相比,视听资料具有信息量大、较强的客观性、直观性、动态性、连续性等特点,但也容易被伪造、篡改,且凭人的感官难以发现。电子数据,又称为电子证据,是指以数字化形式存储、处理、传输的,能够证明案件事实的电子邮件、网上聊天记录、电子签名、访问记录等电子形式的数据。电子数据具有多媒体性、高科技性和隐蔽性,易于复制,也更容易篡改。

(二)证据的基本特征

能够用以证明案件真实情况的材料很多,但只有经过公安机关查证属实的证据才能作为公安机关认定案件事实的依据。也就是说,可定案证据必须具备法定的形式和内容。具体而言,可定案证据应当具有以下三个特征。

1. 客观性

证据的形式必须是客观上真实存在的,有着具体的、实在的表现形式;证据的内容必须是能够真实反映案件事实的证明材料,而不是人的主观猜想、推测,更不是杜撰或者伪造的东西。

2. 关联性

关联性是指证据必须与案件事实存在逻辑联系,并因此对证明案情有实际意义。这种联系可以是单方面的,也可以是多方面的;可以是直接的,也可以是间接的。证据既可以是肯定案件事实的,也可以是否定案件事实的。与案件无关的材料不能作为可定案证据。

3. 合法性

证据的合法性包括三层含义:一是运用证据的主体要合法,如治安案件的证据收集、审查主体必须是公安机关的人民警察;二是证据必须具有法律规定的表现形式,如询问笔录必须由被询问人核实并签名;三是证据来源必须合法,即证据的收集必须符合法定的程序,只有依照法定程序收集、审查、运用的证据,才具有法律效力。

五、治安案件调查取证方法

(一) 传唤

传唤是指公安机关的办案人员责令违反治安管理行为人在指定时间到指定地点接受询问的一项法律措施。

1. 传唤的形式

对违反治安管理行为人的传唤有三种方式：口头传唤、书面传唤和强制传唤。

(1) 口头传唤是指对现场发现的违反治安管理行为人，人民警察经出示工作证件，口头责令其到案接受询问的一种传唤方法。口头传唤只能适用于现场发现的违反治安管理行为人。所谓"现场发现"，就是人民警察在实施危害社会行为的现场发现违反治安管理行为人，例如民警在巡逻途中发现盗窃后正在逃离现场的违法嫌疑人，民警在执勤时发现正在殴打他人的违法嫌疑人，就可以使用口头传唤。

(2) 书面传唤是指公安机关使用传唤证责令违反治安管理行为人于指定时间到指定地点接受询问的一种传唤方式。使用"传唤证"传唤，必须经公安机关办案部门负责人或公安派出所所长批准。

(3) 强制传唤是指对无正当理由不接受传唤或者逃避传唤的违反治安管理行为人，采取的一种强制措施。目的是迫使违反治安管理行为人按时到指定的地点接受调查询问，以保证治安案件得到及时处理。实施强制传唤时，可以使用手铐等约束性警械，但不能使用驱逐、制服性警械，强制的方法尽量选择轻度的强制，以达到传唤的目的为原则。强制传唤只能在这两种情况下使用：一是无正当理由拒不接受传唤的，如被传唤人无理取闹拒不前往或者态度粗暴坚持不到指定的地点等。如果被传唤人有正当理由，如突发不适等身体原因、山洪泥石流等自然灾害，则不能适用强制传唤，可以采取一些变通措施。二是逃避传唤，即逃避口头传唤和书面传唤，而拒绝前往指定的地点接受调查询问。

2. 传唤的程序

(1) 需要传唤违法嫌疑人接受调查的，经公安机关办案部门负责人批准，使用"传唤证"传唤。对现场发现的违法嫌疑人，人民警察经出示工作证件，可以口头传唤，但应当在询问笔录中注明违法嫌疑人到案经过、到案时间和离开时间。在实践中，个别地区的公安机关在进行书面传唤时，有的"先斩后奏"，在被传唤人到案之后，才填写传唤证；有的长时间多次询问违反治安管理行为人，却始终没有填写传唤证，直到"二审判决"或者在法庭上才发现，这是违法侵权行为。

(2) 传唤应当履行相应的告知义务。无论是口头传唤、书面传唤，还是强制传唤，都要求公安机关及其人民警察必须向当事人如实告知其被传唤的原因以及相应的依据。

(3)对无正当理由不接受传唤或者逃避传唤的,可以依法强制传唤。强制传唤时,可以依法使用手铐、警绳等约束性警械。强制传唤必须由两名以上的人民警察执行。

(4)公安机关应当将传唤的原因和依据告知被传唤人亲属。公安机关应当及时将传唤原因和处所通过电话、手机短信、传真等方式通知被传唤人家属;公安机关传唤违法嫌疑人时,其家属在场的,应当当场将传唤原因和处所口头告知其家属,并在询问笔录中注明。被传唤人拒不提供家属联系方式或者有其他无法通知的情形的,可以不予通知,但应当在询问笔录中注明。

(5)违法嫌疑人被传唤到案和询问查证结束后,应当由其在传唤证上填写到案时间和询问查证结束时间并签名。拒绝填写的,办案人员应当在传唤证上注明。

(二)询问

询问也称治安询问,是指公安机关办案人员依照法定程序,通过言词方式,就案件有关情况向违法嫌疑人、被害人或者证人进行调查了解的一种取证活动。通过询问,进一步查明与案件有关的具体细节,以弄清案件的全部事实;发现并收集没有掌握的违反治安管理行为事实;把各种证据串联起来,使之形成有机联系的证据体系,更好地发挥证据的应有作用。

在执法实践中,要注意区分询问与讯问的不同,有的基层公安民警甚至有将二者混用的现象。在治安案件办理领域,《治安管理处罚法》规定的只有询问,没有讯问,无论是对违法嫌疑人,还是被害人或者证人,只能使用询问,不能使用讯问。在刑事案件办理领域,《刑事诉讼法》规定的既有讯问,也有询问,讯问的对象是犯罪嫌疑人,询问的对象是被害人或者证人。

1. 询问违法嫌疑人的规定

(1)询问地点的规定。公安机关询问违法嫌疑人,可以到违法嫌疑人住处或者单位进行,也可以将违法嫌疑人传唤到其所在市、县内的指定地点进行。

(2)询问时间的规定。及时询问,既是法定程序的要求,也具有重要的实际意义。一方面,可以及时发现被错误传唤或者错误拘留的人;另一方面,可以出其不意地突破被询问人的思想防线,促使其尽快地讲清问题。公安机关询问查证的时间不得超过八小时,案情复杂,违法行为依法可能适用行政拘留处罚的,询问查证的时间不得超过二十四小时。这里的"依法可能适用行政拘留处罚",指《治安管理处罚法》对行为人实施的违反治安管理行为设定了行政拘留处罚,且根据其行为的性质和情节轻重,可能依法对违反治安管理行为人决定予以行政拘留的案件。

对于投案自首或者群众扭送的违法嫌疑人,公安机关应当立即进行询问查证,并在询问笔录中注明违法嫌疑人到案经过、到案时间和离开时间。

(3)询问主体的规定。询问违法嫌疑人,必须由人民警察进行,并出示工作证件。而且必须由两名以上的人民警察进行询问,主要是基于以下三方面原因:①一人询问,另一人记录,互相配合,提高效率;②防止违法嫌疑人反抗,防止发生意外事件,保障人民警察的人身安全;③加强办案的人民警察在询问过程中互相监督,防止出现刑讯逼供、引供、诱供等侵犯违法嫌疑人合法权益的情形。

(4)询问方式的规定。询问同案的违法嫌疑人,应当分别进行,防止违法嫌疑人相互串供。不得以连续传唤的形式变相拘禁违法嫌疑人。非经强制传唤的,不得以限制人身自由的方式进行询问。

首次询问违法嫌疑人时,应当问明违法嫌疑人的姓名、出生日期、户籍所在地、现住址、身份证件种类及号码,是否曾受过刑事处罚或者行政拘留、收容教育、强制戒毒、收容教养等情况。必要时,还应当问明其家庭主要成员、工作单位、文化程度等情况。

询问时,应当认真听取违法嫌疑人的陈述和申辩。对违法嫌疑人的陈述和申辩,应当认真核查。在执法实践中,有的办案人员不重视违法嫌疑人的申辩,将违法嫌疑人的申辩视为狡辩,打断违法嫌疑人的申辩,甚至威胁加重处罚,这些都是不正确的,申辩是法律赋予违法嫌疑人的合法正当权利,办案人员不得剥夺。

(5)告知义务。询问违法嫌疑人时,应当告知其对询问有如实回答的义务以及对与本案无关的问题有拒绝回答的权利。

(6)询问未成年人的规定。询问不满十六周岁的违法嫌疑人、被侵害人或者其他证人时,应当通知其父母或者其他监护人到场,其父母或者其他监护人不能到场的,可以通知其教师到场。确实无法通知或者通知后未到场的,应当在询问笔录中注明。

(7)询问聋哑违法嫌疑人以及其他特殊情况的嫌疑人的规定。询问聋哑的违法嫌疑人、被侵害人或者其他证人,应当有通晓手语的人参加,并在询问笔录上注明被询问人的聋哑情况以及翻译人的姓名、住址、工作单位和联系方式。

询问不通晓当地通用的语言文字的违法嫌疑人、被侵害人或者其他证人,应当配备翻译人员,并在询问笔录上注明翻译人的姓名、住址、工作单位和联系方式。

2. 询问被侵害人、证人的规定

(1)关于询问被侵害人或者其他证人时间、地点的规定。被侵害人或者其他证人不是违反治安管理行为人,不能适用传唤方式进行询问。在询问被侵害人或者其他证人时应当本着既方便办案,有利于查明违反治安管理行为的事实,又便利被侵害人或者其他证人作证,不妨碍被侵害人或者其他证人的正常生活、学习工作时间,保障被侵害人或者其他证人合法权益的原则,根据实际情况确定询问的时间、地点。

询问被侵害人或者其他证人,可以到其单位、学校、住所或者其居住地居(村)民委员会进行。必要时,也可以通知其到公安机关提供证言。

到被侵害人或者其他证人单位或者住处进行询问,有利于迅速查明违反治安管理行为的事实,防止因为时过境迁延误收集证据的最佳时机,提高办案效率。同时也可以节省被侵害人或者其他证人的时间,不妨碍其正常工作、学习和生活。

但是,当不能或者不便于在被侵害人或者其他证人所在单位或者住所询问时,为了查明案情,在必要时可以通知其到公安机关接受询问。所谓"必要",由人民警察根据案件的实际情况确定。如案情涉及国家秘密,在被侵害人或者其他证人所在单位或者住处进行询问,可能泄密的;被侵害人或者其他证人所在单位、家庭成员或者住处周围的人员与案件有利害关系的;被侵害人或者其他证人所在单位或者住所秩序混乱的;或者案件涉及被侵害人或者其他证人个人隐私,在其所在单位或者住所可能对被侵害人或者其他证人造成不利影响的;等等。

(2)告知义务。询问被侵害人或者其他证人时,应当告知其必须如实提供证据、证言和故意作伪证或者隐匿证据应当承担法律责任,但对与本案无关的问题有拒绝回答的权利。

(3)询问被侵害人或者其他证人,应当分别进行。询问多名被侵害人或者其他证人时,应当分别进行、个别询问,切忌采用"座谈会"的方式,将多名被侵害人或者其他证人同时召集在一起进行询问,更不能让多名被侵害人或者其他证人共同出具一份书面证词。将多名被侵害人或者其他证人同时召集在一起进行询问,会导致他们之间相互影响,影响陈述的准确性和真实性。

3. 询问笔录

询问笔录是在询问过程中制作的,用以记载询问中提出的问题和回答,以及询问过程中发生事项的法律文书。询问笔录不仅是询问过程的详细记录,而且是治安管理处罚决定的重要依据,也是治安行政案件复议、诉讼的重要依据。因此,必须认真对待。其具体要求:第一,要重点、客观、如实地记录案件事实,特别是对供述的违反治安管理行为事实,既要作为重点进行详细记录,又要符合本人供述的客观实际。第二,文句通顺,字迹清晰。询问笔录是给别人看的,而且使用的时间较长,范围较广,其基本要求就是使别人看得懂或者听得明白。第三,完备询问法律手续。

(1)核对。询问笔录应当交被询问人核对,对没有阅读能力的,应当向其宣读。

(2)补充、更正。在被询问人核对后,记录有误或者遗漏的,应当允许被询问人更正或者补充,并要求其在修改处捺指印。

(3)签名、盖章。如果笔录核对无误,或者虽有遗漏、差错但已经补充和更正的,被询问人应当在笔录上签名。如果被询问人不会写字的,可以盖章。不会写字也没有印章的,可以在记录人员注明其名字的地方捺指印。对于补充、更正的地方,应当由被询问人捺指印。询问的人民警察也应当在笔录上签名。询问笔录经被询问人核对无误后,应当由其在询问笔录上逐页签名或者捺指印。拒绝签名或者捺指印的,办案人员应当在询问笔录上注明。

(三) 检查

检查是指公安机关为了查明案情,依法对与违反治安管理行为有关的场所、物品、人身进行实地查看、寻找、检验,以发现和收集有关证据的一种调查活动。实践证明,检查是发现案件线索、获取原始证据和及时、准确、全面查明案件事实、查获违反治安管理行为人,以及及时、正确实施治安管理处罚的重要保障。因此,《治安管理处罚法》以及《公安机关办理行政案件程序规定》对检查的范围、主体和程序作了明确规定。

1. 检查的范围

检查对象是与违反治安管理行为有关的场所、物品、人身。场所,是指实施违法行为的现场、现场周边以及其他可能留有或者隐藏违法行为的证据的地方,包括违法嫌疑人的住所或者其他可能隐藏违法嫌疑人或证据的场所。物品,是指用于违法行为的工具、赃物、现场遗留物等,包括违法嫌疑人随身携带的物品。人身,是指违法嫌疑人或者被侵害人的身体。通常情况下,人身检查的目的主要有两个方面:①检查与违法行为有关的人身上是否藏有违禁品、枪支、凶器、赃款、赃物等;②确定与违法行为有关的人的某些身体特征、伤害情况、生理状态等。对与违反治安管理行为无关的场所、物品、人身不能进行检查,不能超出检查的法定范围,同时,从治安案件办案目的性的角度,也不具有检查的必要性。

2. 检查的主体

一方面,进行检查是公安机关的职权,只能由公安机关的人民警察进行检查。实践中,不具有人民警察身份的人员,如保安员、治安员、联防队员、协警等,一律不得替代人民警察行使检查权。检查妇女的身体,由女性工作人员进行。这里的女性工作人员,既包括公安机关的女性人民警察及其聘用、雇用的女性工作人员,也包括为了实施检查而临时借用的女性医务工作者或者其他女性工作人员。

另一方面,进行检查时,人民警察不得少于二人。这是法律的硬性规定,不得违反。法律之所以这样硬性规定,一方面便于人民警察间的监督,有利于约束人民警察依法进行检查;另一方面也有利于防止被检查人对人民警察的诬陷、贿赂等违法行为的发生。

3. 检查的一般程序

公安机关人民警察对与违法行为有关的场所、物品和人身进行检查时,应当出示工作证件和县级以上公安机关开具的检查证明文件。检查证明文件,即检查证。在检查时,只要出示检查证明文件即可,无须向被检查人、被检查物品的持有人、被检查场所的管理人员送达检查证明文件,但是应当向被检查人说明检查的原因、内容和法律依据,并由被检查人或者见证人在检查证上签名确认。公安机关及其人民警察对机关、团体、企业、事业单位或者公共场所进行日常监督检查,依照有关法律、法规和规章执行,不适用对与违法行为有关的场所、物品和人身进行的检查程序。

4.当场检查的程序

《治安管理处罚法》第八十七条第一款规定:"公安机关对与违法行为有关的场所、物品、人身可以进行检查。检查时,人民警察不得少于二人,并应当出示工作证件和县级以上人民政府公安机关开具的检查证明文件。对确有必要立即进行检查的,人民警察经出示工作证件,可以当场检查,但检查公民住所应当出示县级以上人民政府公安机关开具的检查证明文件。"公民住所涉及财产、隐私以及人格尊严等公民的多种合法权利,如果随意检查,可能对公民的上述合法权益造成严重损害。所以,根据国际惯例,我国法律同样对检查公民住所的程序进行了严格规定。如何判断是否属于"确有必要立即进行检查",应当由办案人民警察根据当时的情形、案件调查工作的需要等情况,并遵循合法、合理、必要的原则,进行综合判断。

5.依法保障被检查对象的合法权益

(1)对违法嫌疑人进行检查时,应当尊重被检查人的人格,不得以有损人格尊严的方式进行检查。检查妇女的身体,应当由女性工作人员进行。依法对卖淫、嫖娼人员进行性病检查,应当由医生进行。

(2)检查场所或者物品时,应当注意避免对被检查物品造成不必要的损坏。

(3)检查场所时,应当有被检查人或者其他见证人在场。被检查人不在场的,应当通知见证人到场。

6.制作检查笔录

从实践中看,检查笔录的作用主要有三个:①通过记载检查事项和检查进行的实况,可以规范人民警察的执法行为;②通过固定和保存检查获取的相关证据,为实施治安管理处罚提供稳定可靠的依据;③通过固定载体将检查笔录变为客观的证据形式,既便于在可能的行政复议或者行政诉讼中作为证据使用,也便于在实施治安管理处罚之后作为今后工作的参考。

(四)扣押

扣押,是指公安机关在办理治安案件过程中,发现与案件有关的、能够证明违法嫌疑人有无违法行为的物品,依法予以扣留的调查措施。扣押的目的在于取得和保全证据,防止证据被毁弃、丢失或者被隐藏等现象发生。

1.扣押的适用条件

对与案件有关的需要作为证据的物品,可以扣押。可以扣押的物品必须满足如下条件:①与案件有关。如果此种物品与本案无关,便不具有扣押的必要性和法律的规定性。对与案件无关的物品,不得扣押。②需要作为证据使用。即在治安案件办案中,是否需要用此物证明某种违反治安管理行为是一种客观存在,这既是扣押的立法目的之所在,也是对公民财产权极少干预立法思想的具体体现。③不是被侵害人或者善意第三人合法占有的财产。对被侵害人或者善意第三人通过合法途径取得所有权,可以依法支配、使用或者处置的财产,不得扣押,应当予以登记。

2. 扣押的程序

(1)决定扣押。扣押时,办案人民警察不得少于二人。扣押由办案的人民警察决定。办案人员应当在扣押后的十二小时内向所属办案部门或者公安派出所负责人报告;办案部门或者公安派出所负责人认为不宜扣押的,应当立即解除扣押。

(2)表明执法身份。办案人员应当表明执法身份,出示工作证件。

(3)清点物品。办案人员扣押物品时,应当会同在场见证人和被扣押物品的持有人查点清楚。必要时,可以对扣押现场和扣押物品拍照、录像。

(4)当场开列扣押物品清单,写明扣押的理由,被扣押物品的名称、规格、数量、特征,由办案人民警察和被扣押物品的持有人签名。

对可作为证据使用的录音带、录像带、电子数据存储介质,在扣押时应当予以检查,记明案由、内容以及录制和复制的时间、地点等,并妥为保管。

3. 扣押的期限

扣押期限为三十日,案情重大、复杂的,经县级以上公安机关负责人批准可以延长三十日;法律、法规另有规定的除外。逾期不作出处理决定的,公安机关应当将扣押物品退还当事人。对扣押物品需要进行鉴定、检测、检验的,鉴定、检测、检验期间不计入扣押期间,但应当将鉴定、检测、检验的时间告知当事人。

(五)鉴定

鉴定,是指公安机关指派或聘请具有专门知识的人,就治安案件中某些专门性问题,进行鉴别和判断,并出具鉴定意见的一种调查活动。这里的"指派"是指由公安机关内部的专业技术人员,对相关专门性问题所作的技术认定。这里的"聘请"是指在公安机关以外的专门从事鉴定业务的人员或者专业技术部门、相关教学科研机构中选请具有专门知识的人员。

在我国,鉴定的适用范围十分广泛,凡是与案件有关的物品、文件、痕迹、人身等,都可能需要鉴定。鉴定,是以鉴定人员的专业知识来弥补办案人员在相关领域专业知识的不足,有效地查明案件事实,正确认定案情,为查明案情提供有力的证据。随着科学技术的发展,鉴定在治安案件查处中的运用越来越普遍,鉴定意见作为一种证据形式在诉讼中的地位也越来越重要。

1. 鉴定的种类

(1)伤情鉴定。即对人身伤害的部位、程度、成因、后果以及身体恢复情况等进行的鉴定。

伤情鉴定的条件。人身伤害案件具有下列情形之一的,公安机关应当进行伤情鉴定:一是受伤程度较重,可能构成轻伤以上伤害程度的;二是被侵害人要求作伤情鉴定的;三是违法嫌疑人、被侵害人对伤害程度有争议的。

伤情鉴定的主体。对人身伤害的鉴定由法医进行。卫生行政主管部门许可的医疗机构具有执业资格的医生出具的诊断证明,可以作为公安机关认定人身伤害程度的依据。

对被侵害人拒绝鉴定的处理。对需进行伤情鉴定的案件,被侵害人拒绝提供诊断证明或者拒绝进行伤情鉴定的,公安机关应当将有关情况记录在案,并可以根据已认定的事实作出处理决定。经公安机关通知,被侵害人无正当理由逾期不作伤情鉴定的,视为拒绝鉴定。

(2)价格鉴定。涉案物品价值不明或者难以确定的,公安机关应当委托价格认证机构估价。根据当事人提供的购买发票等票据能够认定价值的涉案物品,或者价值明显不够刑事立案标准的涉案物品,公安机关可以不进行价格鉴定。

(3)精神病鉴定。即判明被鉴定人是否患有精神疾病,患何种精神疾病,实施危害行为时的精神状态,精神疾病与所实施的危害行为之间的关系,以及有无责任能力。对精神病的鉴定,由有精神病鉴定资格的鉴定机构进行。

(4)人体毒品成分检测。对有吸毒嫌疑的人,公安机关可以对其进行人体毒品成分检测。对拒绝接受检测的,经县级以上公安机关或者其派出机构负责人批准,可以强制检测。

(5)违禁品和危险品鉴定。即对查获的国家禁止制造、经营、流通的违禁品和易燃、易爆、剧毒物品进行鉴别和判断。对淫秽物品的鉴定,由县级以上公安机关治安管理部门进行。

(6)声像资料鉴定。包括对录音带、录像带、磁盘、光盘、图片等载体上记录的声音、图像信息的真实性、完整性及其所反映的情况过程进行的鉴定和对记录的声音、图像中的语言、人体、物体作出种类或者同一认定等。

2.鉴定的程序

(1)鉴定人的指派或聘请。为了查明案情,解决案件中某些专门性问题,公安机关应当指派或聘请有专门知识的人进行鉴定。

为了保障鉴定意见的客观性、科学性和准确性,被指派或者聘请的鉴定人必须具备这四项条件:①自然人;②具备专门知识或者技能;③受侦查机关指派或聘请;④与本案没有利害关系。

(2)鉴定前的准备工作。公安机关应当为鉴定提供必要的条件,及时送交有关检材和比对样本等原始材料,介绍与鉴定有关的情况,并且明确提出要求鉴定解决的问题。办案人民警察应当做好检材的保管和送检工作,并注明检材送检环节的责任人,确保检材在流转环节中的同一性和不被污染。禁止强迫或者暗示鉴定人作出某种鉴定意见。

(3)出具鉴定结论。鉴定人鉴定后,应当出具鉴定结论,鉴定意见应当载明委托人、委托鉴定的事项、提交鉴定的相关材料、鉴定的时间、依据和结论性意见等内容,并由鉴定人签名或者盖章。通过分析得出鉴定意见的,应当有分析过程的说明。鉴定人员对鉴定意见负责,不受任何机关、团体、企事业单位和个人的干涉。多人参加鉴定,对鉴定意见有不同意见的,应当注明。

(4)公安机关应当将鉴定结论告知违法嫌疑人和被侵害人。

(5)违法嫌疑人或者被侵害人对鉴定结论有异议的,可以在三日内提出重新鉴定的申请,经公安机关审查批准后,进行重新鉴定。重新鉴定以一次为限。当事人是否申请重新鉴定,不影响案件办理的正常进行。公安机关认为必要时,也可以进行重新鉴定。

3. 重新鉴定

鉴定具有下列情形之一的,公安机关应当进行重新鉴定。

(1)鉴定程序违法,可能影响鉴定意见正确性的;
(2)鉴定人不具备鉴定所需专门知识的;
(3)鉴定意见明显依据不足的;
(4)鉴定人故意作虚假鉴定的;
(5)鉴定人应当回避而没有回避的;
(6)其他应当重新鉴定的情形。

重新鉴定,公安机关应当另行指派或者聘请鉴定人或鉴定机构。

(六)辨认

辨认是指公安机关在办理治安案件过程中,为了查明案件真实情况,让违法嫌疑人、被侵害人或者其他证人对与违法行为有关的物品、场所或者违法嫌疑人等进行辨别,作出判断的调查活动。

辨认是核实案件证据的一种有效的调查措施,其本质是一种认识活动,是辨认者依据其大脑中的印象判断是否感知过某事物的一个过程。一般来说,辨认的过程由感知、记忆搜集、辨识这三个阶段组成。从公安机关办理治安案件程度的角度来看,这里的辨认包括两层含义:其一是作为调查手段,能为查破案件提供可靠的线索,以发现违法嫌疑人或者识别确认与违法行为有关的物品、场所;其二是作为处罚证据,依照法定程序获得的辨认结论可以作为证人证言、被害人陈述、违法嫌疑人供述等证据形式。

公安机关组织辨认时,应当遵守以下辨认规则。

1. 个别辨认

个别辨认规则有两层含义:①如果对同一个辨认对象有几个辨认人时,辨认应该分别单独进行,让每一个辨认人分别、单独地对辨认对象进行辨认,防止多名辨认人相互干扰,影响辨认结果的真实性和准确性;②一个辨认人面对多个辨认对象进行辨认时,也应该让辨认人分别进行单独识别,让辨认人对辨认对象分别进行辨认,避免辨认对象之间相互干扰而影响辨认的专一性。制定这个规则的目的在于保证辨认结论的客观公正性,防止辨认人受到来自其他辨认人、辨认对象等各个方面的影响。

2. 混杂辨认

混杂辨认规则主要适用于对人和物品的辨认。在组织对人或物品进行辨认时,应当将辨认对象混杂在若干个与其特征相似的无关人或物品之中,然后由辨认人进行辨认,不能将辨认对象单独提供给辨认人进行辨认,以保证辨认的客观性。当辨认对象是人时,陪衬人的性别、年龄、身高、体态等应与辨认对象相似,被辨认的人数不得少于七人。当辨认的对象是物时,混杂客体的种类、形状、型号、颜色等应与辨认对象相似,混杂的同类物品不得少于五件。对违法嫌疑人照片进行辨认的,不得少于十人的照片。同一辨认人对与同一案件有关的辨认对象进行多组辨认的,不得重复使用陪衬照片或者陪衬人。

3. 自由辨认

自由辨认,是指在进行辨认活动时,应当保证辨认人在不受到任何干扰的情况下,自由而独立地进行识别。任何一次辨认,其主体都是辨认人,而办案人民警察始终是辨认措施的主持者和组织者,并不得少于二人。只有当辨认人的心理处于完全独立自主的状态下才能保证辨认的准确性和可靠性。组织辨认前,不能让辨认人事先了解有关辨认的情况,不能让辨认人看见辨认对象和知道辨认对象的情况。辨认过程中,不得给辨认人任何暗示。

4. 安全保密

有的辨认人在辨认违法嫌疑人时,会有一些顾虑,比如有的与违法嫌疑人是熟人关系,有的害怕受到违法嫌疑人的打击报复,因此不愿意暴露身份。为了满足辨认的客观需要,鼓励辨认人对违法嫌疑人进行辨认,公安机关对违法嫌疑人的辨认可以在不暴露辨认人的情况下进行,并且为辨认人保守秘密。

第三节 治安案件的告知

告知是指公安机关在作出治安管理处罚决定之前,将拟作出治安管理处罚决定的事实、理由和依据,以及当事人依法享有的权利,告知当事人的法律行为。

《治安管理处罚法》第九十四条对治安管理处罚前的告知程序、告知内容和违反治安管理行为人的陈述与申辩权作了明确规定。对治安案件进行调查取证结束后,如果要对违反治安管理行为人进行处罚,应当在作出处罚决定前告知事实、理由和依据。告知是治安管理处罚过程中,为保护当事人的合法权益而设定的事中救济的法律程序,是所有治安案件在办理过程中都必须经历的程序。

一、告知成立的条件

(一)告知时间

告知时间是公安机关在作出治安管理处罚决定前进行告知。告知的目的是使违反治安管理行为人提前知道治安管理处罚的事实、理由和依据,并在认真听取违反治安管理行为人的陈述和申辩之后,慎重作出处罚决定。告知的法律约束力有两个方面的含义:一是告知对拟作出处罚决定的公安机关的法定的约束力限于程序过程。告知是作出治安管理处罚决定的程序上的必要前提,不是征得被处罚人的意见,才就实体内容作出处罚决定。二是告知对受处罚的当事人的法律约束力限于是否行使陈述权和申辩权,不包括申诉权,即被处罚的当事人可就公安机关告知的被处罚的事实、证据及适用的法律是否正确提出异议,不包括对处罚决定不服要求上级公安机关复议或者提起行政诉讼的权利的行使。

只有事前告知,才具有法律上的意义,从实践中看,"公安机关作出治安管理处罚决定前",已经调查终结,即案件事实已经查清,违反治安管理行为已经认定。但公安机关尚未经过最终的处罚决定程序,因此,尚存在听取违反治安管理行为人意见后被修改或被否定的可能,这正是告知程序重要意义之所在。

(二)告知对象

告知对象是被治安管理处罚的当事人,是指违反了治安管理法律规范,实施了违反治安管理行为,并应承担治安管理责任的公民、法人或者其他组织。这充分说明,告知既是法律对违反治安管理行为人"知情权"的重申,也是治安管理处罚的一道必不可少的法律程序和公安机关依法必须承担的法定义务。

(三)告知内容

1.治安管理处罚的事实、理由及依据

"事实"是指公安机关已经认定的违反治安管理行为人的违反治安管理事实,即治安管理处罚根据的事实;"理由"是指认定违反治安管理行为人具有违反治安管理行为事实的证据;"依据"是指针对违反治安管理行为人的违反治安管理行为,拟作出治安管理处罚决定的法律依据。

2.违反治安管理行为人应当依法享有的权利

主要包括陈述和申辩的权利,符合听证范围的治安案件还有告知要求听证的权利。同时,还要告知违反治安管理行为人如何行使上述权利。

3.重新告知

听证后,拟改变行政处罚决定的事实、理由、依据或者处罚的种类、幅度的,在作出处罚决定前,应当重新告知违法嫌疑人,但可不再举行听证。

二、违反治安管理行为人的陈述和申辩权利

陈述和申辩是指在公安机关作出治安管理处罚决定之前,违反治安管理行为人有权提出自己的意见,提出自己认知的事实、证据或线索,并对公安机关的认定进行解释、辩解和坚持对自己有利的事实和证据的法律活动。陈述和申辩是法律赋予违反治安管理行为人的一种程序性权利,是保证治安管理处罚合法、公正和公平的重要法律制度。

(一)对治安管理处罚提出陈述和申辩是法律赋予违反治安管理行为人的权利

《治安管理处罚法》第九十四条第二款第一项规定:"违反治安管理行为人有权陈述和申辩。"我们可从权利与义务相统一的法律制度来认识此项法律规定。首先,从违反治安管理行为人的角度讲,陈述和申辩是法律赋予违反治安管理行为人的重要权利。面对治安管理处罚,是否行使陈述和申辩权,其决定权在违反治安管理行为人手里。既可以行使,也可以放弃。其次,从执法机关的角度讲,认真听取违反治安管理行为人的陈述和申辩,是公安机关及其人民警察必须履行的法定义务。只要违反治安管理行为人不放弃陈述和申辩权,执法机关就必须履行其告知陈述和申辩权的义务,否则,执法机关便不应当具有治安管理处罚的权利。

(二)公安机关必须充分听取违反治安管理行为人的意见

这里的"充分听取"有三层意思:①对违反治安管理行为人提出的事实、理由和证据,应当本着实事求是的精神进行复核,再度慎重地确定其真实性。②违反治安管理行为人提出的事实、理由或者证据成立的,公安机关应当采纳。③公安机关不得因违反治安管理行为人的陈述和申辩而加重处罚。

三、告知方式

适用一般程序作出治安管理处罚决定的,采用书面形式或者笔录形式告知。适用简易程序作出当场处罚决定的,应当以口头方式告知违法行为人拟作出处罚的事实、理由、法律依据和依法享有的权利。对采用书面或者笔录形式履行告知程序的,应当在告知笔录中记明告知情况,由被告知人、告知人签字确认。被告知人拒绝签字的,告知人应当注明。对违法行为事实清楚,证据确实充分,依法应当予以治安管理处罚,因违法嫌疑人逃跑等原因无法履行告知义务的,公安机关可以采取公告方式予以告知。自公告之日起七日内,违法嫌疑人未提出申辩的,可以依法作出治安管理处罚决定。

四、不履行处罚前告知程序的法律后果

在作出治安管理处罚决定之前,不依法向当事人告知给予治安管理处罚的事实、理由和依据,或者拒绝听取当事人的陈述、申辩,不得作出治安管理处罚决定。但是,当事人放弃陈述或者申辩权利的除外。

第四节 治安管理处罚的听证程序

听证是指公安机关就法律规定的某些治安案件作出治安管理处罚决定前,依法由非本案人员主持,召开听证会,听取当事人对治安管理处罚决定的事实、事由、依据及结果的申辩、质证的一种法律程序。

《行政处罚法》第一次将听证制度作为我国的一项法律制度确定下来,是我国民主政治制度的一大发展。《治安管理处罚法》的听证规定则是对《行政处罚法》的一种继承。听证程序的重要意义:一是从违反治安管理行为人的角度讲,听证赋予了当事人为自己辩护的权利,为当事人充分维护和保障自己的权益提供了程序条件,有利于保障公民基本权利;二是从公安机关的角度看,有利于对行政权的行使加以控制,规范行政权的行使,有利于防止违法行政。[①]

当然,从听证的概念中我们可以得知,听证是普通程序中的一个选择性程序,不是每一个案件的必经程序,也不是独立的处罚程序。《治安管理处罚法》规定了听证的适用范围,只有符合听证适用范围的治安案件,违法嫌疑人才有要求公安机关举行听证的权利,因此,听证并不适用于所有治安案件,只有对某些法定的治安案件适用。符合听证适用范围的治安案件也并不一定要举行听证,要求听证是违法嫌疑人的一项权利,这项权利可以行使,也可以放弃,公安机关举行听证的前提是违法嫌疑人提出了听证的申请,如果违法嫌疑人不向公安机关申请听证,公安机关不会主动举行听证。

一、听证的适用范围

《治安管理处罚法》第九十八条、《公安机关办理行政案件程序规定》第一百二十三条对听证的适用范围进行了规定,并不是将所有案件都纳入听证程序的范围,只是从"公平与效率兼顾"的原则出发,将可能严重侵害相对人利益的案件纳

---

① 商小平主编:《治安案件查处》,高等教育出版社2019年版,第86页。

入听证程序的范围。

（一）责令停产停业

责令停产停业，是行政机关要求从事违法生产经营活动的公民、法人或其他组织停止生产、停止经营的处罚形式。

（二）吊销许可证

这里的"许可证"仅指公安机关颁发的许可证，而不包括其他行政机关颁发的许可证。

（三）较大数额罚款

这里的"较大数额罚款"，若是涉及《治安管理处罚法》中的违反治安管理行为，"较大数额罚款"是指二千元以上的罚款；其他治安违法行为，"较大数额罚款"是指对个人处以二千元以上罚款，对单位处以一万元以上罚款。对违反边防出入境管理法律、法规和规章的个人处以六千元以上罚款。对依据地方性法规或者地方政府规章作出的罚款处罚，适用听证的罚款数额按照地方规定执行。

同时需要指出的是，作为治安管理处罚种类中最严厉的治安拘留，并不是听证的适用范围。治安拘留是剥夺违反治安管理行为人人身自由的治安处罚，相比吊销公安机关发放的许可证、较大数额的罚款，对违反治安管理行为人造成的影响可能更大。在执法实践中，专家学者一直呼吁，在行政拘留决定作出前应引入听证程序，在法律修改时，有必要扩大治安管理处罚的听证范围，将治安拘留纳入听证范围，给当事人提供更多的事前权利保障机会。

二、听证的告知、申请和受理

（一）听证的告知

对适用听证程序的行政案件，办案部门在提出处罚意见后，应当告知违法嫌疑人拟作出的行政处罚和有要求举行听证的权利。这样规定，一方面要求公安机关必须履行告知的义务；另一方面赋予违反治安管理行为人在被治安管理处罚过程中享有被告知的权利。如果公安机关应当告知而没有告知，属于程序违法，可导致行政处罚决定不能成立。

（二）听证的申请

违法嫌疑人要求听证的，应当在公安机关告知后三日内提出申请，如在三日内不提出申请，则视为当事人放弃要求听证的权利，公安机关可依法作出处罚决定。

（三）听证的受理

（1）公安机关收到听证申请后，应当在二日内决定是否受理。认为听证申请人的要求不符合听证条件，决定不予受理的，应当制作不予受理听证通知书，告知听证申请人。逾期不通知听证申请人的,视为受理。因此,公安机关收到听证申请后,应当及时进行审查,对符合行政听证条件的应当决定受理,但无须制作受理听证通知书,对不符合行政听证条件的,必须以不予受理听证通知书通知听证申请人,否则视为受理。

(2)公安机关受理听证后,应当在举行听证的七日前将举行听证通知书送达听证申请人,并将举行听证的时间、地点通知其他听证参加人。

(3)违法嫌疑人放弃听证或者撤回听证要求后,如果在处罚决定作出前,又提出听证要求的,只要在听证申请有效期限内,应当允许其要求。

三、听证程序

(一)听证的举行

(1)听证由公安机关法制部门组织实施。公安机关内设业务部门依法以自己的名义作出行政处罚决定的,由该部门的非本案调查人员组织听证。除涉及国家秘密、商业秘密、个人隐私的行政案件外,听证公开举行。

(2)听证应当在公安机关收到听证申请之日起十日内举行。违法嫌疑人不能按期参加听证的,可以申请延期,是否准许,由听证主持人决定。

(3)两个以上违法嫌疑人分别对同一行政案件提出听证要求的,可以合并举行。同一行政案件中有两个以上违法嫌疑人,其中部分违法嫌疑人提出听证申请的,应当在听证举行后一并决定。

(二)听证人员和听证参加人

1. 听证主持人

听证设听证主持人一名,负责组织听证;记录员一名,负责制作听证笔录。必要时,可以设听证员一至二名,协助听证主持人进行听证。听证主持人由公安机关负责人指定。本案调查人员不得担任听证主持人、听证员或者记录员。

2. 听证主持人在听证活动中行使的职权

(1)确定举行听证的时间、地点;

(2)决定听证是否公开举行;

(3)要求听证参加人到场参加听证,提供或者补充证据;

(4)决定听证的延期、中止或者终止;

(5)主持听证,并就案件的事实、理由、证据、程序、适用法律等组织质证和辩论;

(6)维持听证秩序,对违反听证纪律的行为予以制止;

(7)决定其他听证员、记录员的回避;

(8)依法享有的其他职权。

3. 听证参加人

(1) 当事人及其代理人;
(2) 本案办案人员;
(3) 证人、鉴定人、翻译人员;
(4) 其他有关人员。

4. 当事人在听证活动中享有的权利

(1) 申请回避;
(2) 委托一至二人代理参加听证;
(3) 进行陈述、申辩和质证;
(4) 核对、补正听证笔录;
(5) 依法享有的其他权利。

5. 听证第三人

与听证案件处理结果有直接利害关系的其他公民、法人或者其他组织,作为第三人申请参加听证的,应当允许。为查明案情,必要时听证主持人也可以通知其参加听证。

听证参加人应当按时到达指定的地点出席听证会,遵守听证纪律,如实回答听证人员的询问。

(三) 听证过程

(1) 听证开始时,听证主持人核对听证参加人,宣布案由;宣布听证员、记录员和翻译人员名单;告知当事人在听证中的权利和义务;询问当事人是否提出回避申请;对不公开听证的行政案件,宣布不公开听证的理由。

(2) 听证开始后,首先由办案人员提出听证申请人违法的事实、证据和行政处罚意见及法律依据。

办案人员提出证据时,应当向听证会出示。对证人证言、鉴定结论、勘验笔录和其他作为证据的文书,应当当场宣读。

违法嫌疑人可以就办案人员提出的违法事实、证据和法律依据以及行政处罚意见进行陈述、申辩和质证,并可以提出新的证据。第三人可以陈述事实,提出新的证据。

听证过程中,当事人及其代理人有权申请通知新的证人到会,调取新的证据。对上述申请,听证主持人应当当场作出是否同意的决定。

听证申请人、第三人和办案人员可以围绕案件的事实、证据、程序、适用法律、处罚种类和幅度等问题进行辩论。

辩论结束后,听证主持人应当听取听证申请人、第三人、办案人员各方最后陈述意见。

(3) 中止听证,是指在听证会的进行过程中,由于某种原因,影响案件听证过程的正常进行时,依法暂停正在进行的听证程序。待原因消除后,听证会继续进行。①需要通知新的证人到会、调取新的证据或者需要重新鉴定、勘验的;②因当事人提出回避申请,致使听证不能继续进行的;③其他需要中止听证的。中止听证的情形消除后,听证主持人应当及时恢复听证。

(4)终止听证,是指在听证进行过程中,由于某种特定情况的出现,使听证的继续进行成为不可能或无必要而结束听证程序。①听证申请人撤回听证申请的;②听证申请人及其代理人无正当理由拒不出席或者未经听证主持人许可中途退出听证的;③听证申请人死亡或者作为听证申请人的法人或者其他组织被撤销、解散的;④听证过程中,听证申请人或者其代理人扰乱听证秩序,不听劝阻,致使听证不能正常进行的;⑤其他需要终止听证的。

(5)听证参加人和旁听人员应当遵守听证会场纪律。对违反听证会场纪律的,听证主持人应当警告制止;对不听制止,干扰听证正常进行的旁听人员,责令其退场。

(四)听证记录

1.听证笔录

记录员应当将举行听证的情况记入听证笔录,听证笔录应当载明下列内容。

(1)案由;

(2)举行听证的时间、地点和方式;

(3)听证人员的姓名、职务;

(4)听证参加人的姓名、单位或者住址;

(5)办案人员陈述的事实、证据和法律依据以及行政处罚意见;

(6)违法嫌疑人或者其代理人的陈述和申辩;

(7)第三人陈述的事实和理由;

(8)办案人员、违法嫌疑人或者其代理人、第三人质证、辩论的内容;

(9)证人陈述的事实;

(10)违法嫌疑人、第三人、办案人员的最后陈述意见;

(11)其他事项。

听证笔录应当交违法嫌疑人阅读或者向其宣读。听证笔录中的证人陈述部分,应当交证人阅读或者向其宣读。违法嫌疑人或证人认为听证笔录有误的,可以请求补充或者改正。违法嫌疑人或证人审核无误后签名或者捺指印。拒绝签名或者捺指印的,由记录员在听证笔录上注明情况。听证笔录经听证主持人审阅后,由听证主持人、听证员和记录员签名。

2.听证报告书

听证结束后,听证主持人应当写出听证报告书,连同听证笔录一并报送公安机关负责人。

听证报告书应当包括下列内容。

(1)案由；
(2)听证人员和听证参加人的基本情况；
(3)举行听证的时间、地点和方式；
(4)听证会的基本情况；
(5)案件事实；
(6)处理意见和建议。

(五)听证应注意的问题

(1)公安机关不得因违法嫌疑人提出听证要求而加重处罚。

(2)听证主持人应当就行政案件的事实、证据、程序、适用法律等方面全面听取当事人陈述和申辩。

第五节　治安管理处罚决定

一、治安管理处罚决定概述

(一)治安管理处罚决定的概念

治安管理处罚决定是指公安机关对调查终结的治安案件或当场发现的违反治安管理行为，依法审查并决定对行为人是否予以处罚和给予何种处罚的法律活动。可见，决定是治安管理处罚的最后阶段、最后环节，标志着治安查处活动的最终结束，是治安管理处罚实施的关键环节，也意味着公安机关将对整个案件作出事实和法律上的认定。它不仅直接关系到公安机关治安管理处罚能否保障国家和人民的合法权益，而且关系到公安机关的执法活动是否合法和成败的问题。

(二)治安管理处罚决定的特点

第一，处罚决定的主体是国家法律赋予具有治安管理处罚权的公安机关，并且公安机关是作出治安管理处罚决定的唯一主体。

第二，处罚决定的对象是有违反治安管理行为的人，包括经过受案、调查取证，发现、证实的违法行为人，以及当场发现的违反治安管理行为人。

第三，处罚决定的实质是适用法律的活动，即依据《治安管理处罚法》和有关法律法规的规定，对违反治安管理的人及其违法行为予以审查，作出相应的法律处理。

第四，处罚决定的内容既可能是对认定的违法行为人予以治安管理处罚，也可能是免予处罚或不予处罚；既包括处罚的决定，也包括决定收缴其违法用具和违禁品，追缴违反治安管理所得的财物；既包括治安管理处罚决定的种类，也包括根据违法行为的情节和危害程度,决定处罚从重或者从轻的幅度。

(三)治安管理处罚决定权限

《治安管理处罚法》第九十一条对治安管理处罚的决定权限作了明确规定:治安管理处罚由县级以上人民政府公安机关决定;其中警告、五百元以下的罚款可以由公安派出所决定。

1. 县级以上公安机关的处罚权限

县级以上公安机关可以依法作出《治安管理处罚法》第十条规定的所有治安管理处罚,即警告、罚款、行政拘留、吊销公安机关发放的许可证。对违反治安管理的外国人附加适用限期出境或者驱逐出境,应当由公安部决定。

2. 公安派出所的处罚权限

公安派出所是县级公安机关的派出机构,根据《治安管理处罚法》第九十一条的规定,公安派出所只能以自己的名义作出警告或者五百元以下罚款的治安管理处罚。对依法应当予以五百元以上罚款、吊销公安机关发放的许可证、行政拘留以及其他治安管理处罚,必须由县级以上公安机关依法决定。

二、办理治安案件的期限

办理治安案件的期限是指公安机关在受理治安案件后,对治安案件进行调查直至作出处理决定的最长时间限期,从受理治安案件之日起到依法作出决定之日止。

为了体现行政执法的效率原则,保证公安机关依法及时办理治安案件,有效维护社会治安秩序,《治安管理处罚法》第九十九条对办理治安案件的期限作了明确规定:公安机关办理治安案件的期限,自受理之日起不得超过三十日;案情重大、复杂的,经上一级公安机关批准,可以延长三十日。为了查明案情进行鉴定的期间,不计入办理治安案件的期限。

公安派出所承办的案情重大、复杂的案件,需要延长办案期限的,应当报所属县级以上公安机关负责人批准。调解不成再进行治安管理处罚的,办案期限从调解未达成协议或者调解达成协议后不履行之日起开始计算。这里所称的三十日,不是指工作日,而是包括节假日在内连续计算的时间。上一级公安机关,是指受理治安案件的公安机关的上一级公安机关。

因违反治安管理行为人逃跑等客观原因造成案件不能在法定期限内办结的,公安机关应当继续调查取证,及时依法作出处理决定,不能因已超过法定办案期限就不再调查取证。因违反治安管理行为人在逃,导致无法查清案件事实,无法收集足够证据而结不了案的,公安机关应当向被侵害人说明原因。

三、作出治安管理处罚决定的基本条件

(一)案件事实清楚

案件事实主要包括作案人、作案时间、地点、动机、目的、手段、情节和造成的后果、危害等。如果是共同违反治安管理的案件,则要查清各个作案人的情况,他们之间的关系(包括各自在违法活动中的地位和作用),以及有关的共同活动情况。如果是单位违反治安管理的案件,不仅要查清直接责任人员的责任,还要查清是否由单位主管负责人指使及相应的责任。嫌疑人有无法定从重、从轻、减轻处罚以及免除处罚的情节;其他与案件有关的事实。

(二)证据确凿、充分

所谓证据确凿,是指案件的各种证据必须经过查证属实,经得起反复审核、检验。证据来源清楚、合法,证据连起来能形成一条既相互联系又相互印证的完整的证据链条,从而对案件事实认定有据,否定有理,科学、正确地证明案件事实。

所谓证据充分,是指对嫌疑人是否实施了违反治安管理行为,其时间、地点、手段、经过、后果等基本要素都要有足够的证据加以证明,足以认定或否定某种作案事实,在这种情况下即可以认定为证据充分。

(三)法律手续完备

法律手续完备是作出治安管理处罚决定的程序条件。在调查过程中履行的法律手续和形成的法律文书,是反映办案机关依法办案的依据,并对保证办案质量具有重要作用。因此,调查终结时,应认真检查在传唤、询问、取证等各个环节上,收集调查材料、获取证据、制作各种法律文书时所履行的法律手续是否完备、有效。如果发现有遗漏之处,不应急于结案,必须设法补充完善。否则,就会失去这些证据材料和法律文书的法律效力,而使调查工作前功尽弃,或给决定工作带来困难。

四、治安管理处罚决定的作出

公安机关对违反治安管理的行为人依法作出是否给予处罚和给予何种处罚的决定,同时,决定收缴(追缴)违禁品、违法用具以及违反治安管理所得的财物。

(1)确有违法行为,应当给予治安管理处罚的,根据其情节和危害后果的轻重,作出治安管理处罚决定。

(2)确有违法行为,但有依法不予治安管理处罚情形的,作出不予治安管理处罚决定;有违法所得和非法财物、违禁品、管制器具的,应当予以追缴或者收缴。

(3)违法事实不能成立的,作出不予治安管理处罚决定。

(4)对需要给予社区戒毒、强制隔离戒毒等处理的,依法作出决定。

(5)违法行为涉嫌构成犯罪的,转为刑事案件办理或者移送有权处理的主管机关、部门办理,无须撤销行政案件。公安机关已经作出行政处理决定的,应当附卷。

(6)发现违法行为人有其他违法行为的,在依法作出行政处理决定的同时,通知有关行政主管部门处理。

五、治安管理处罚决定书的内容

(一)被处罚人的姓名、性别、年龄、身份证件的名称和号码、住址

这里的"身份证件"主要是指身份证、户口簿等用以证明身份的证件。

(二)违法事实和证据

其中"违法事实"是指违反治安管理的具体行为;"证据"是指具体证明违反治安管理行为事实存在的主要证据。

(三)处罚的种类和依据

这里是指公安机关给予被处罚人何种治安管理处罚和作出处罚决定所依据的法律规定。

(四)处罚的执行方式和期限

如处以罚款的,是当场缴纳还是在规定的时间内到指定的银行缴纳;对处以行政拘留的,应当确定时间和地点。

(五)对处罚决定不服,申请行政复议、提起行政诉讼的途径和期限

该项具体是指向被处罚人告知向哪级、哪个公安机关申请行政复议或者向哪级、哪个人民法院提起行政诉讼以及申请或者提起的法律期限。

(六)作出处罚决定的公安机关的名称和作出决定的日期

治安管理处罚决定书上应填写作出处罚决定的县级以上人民政府公安机关名称或公安派出所名称。公安机关批准作出处罚决定的日期为准,具体填写在治安管理处罚决定书上,精确到年、月、日。

六、治安管理处罚决定书的告知

(一)当场向被处罚人宣告并交付治安管理处罚决定书

这里的"当场宣告并交付"是指既可以在违反治安管理行为发生的现场与被处罚人面对面地宣告并交付治安管理处罚决定书,也可以在公安机关和其他任何地方,面对面地向被处罚人宣告并交付治安管理处罚决定书。无论在何处"当场宣告并交付",均必须经被处罚人在处罚决定书上签字,才能视为当场送达;如果被处罚人不接受处罚而拒绝签字的,应当记录在案,即视为当场交付。

(二)送达治安管理处罚决定书

根据有关法律规定,"送达"主要有两种方式:一是直接送达,是指公安机关将治安管理处罚决定书直接交付给被处罚人,如果被处罚人不在,可以交付给其成年家属签收;二是留置送达,是指被处罚人或者其同住成年家属拒绝接收治安管理处罚决定书的,公安机关应当邀请其所在单位或者有关基层组织的代表到场,并在送达回证上记录拒收事由和日期,由送达人、见证人签名或者盖章后,将治安管理处罚决定书留在被处罚人的住所,即视为送达。

(三)抄送治安管理处罚决定书

抄送治安管理处罚决定书是指"有被侵害人的,公安机关应当将决定书副本抄送被侵害人"。从治安案件侵犯的同类客体看,既有扰乱公共秩序、妨害公共安全、妨害社会管理,又有侵犯人身权利和财产权利,可见,许多治安案件都有被侵害人,其办案结果均与他们的个人利益息息相关。因此,将决定书副本及时抄送的意义是:一方面及时通报信息,化解社会矛盾,增进社会和谐;另一方面及时通报情况,及时化解矛盾,避免法律纠纷。

第六章

简易程序与快速办理程序

第一节 简易程序

一、简易程序概述

(一)简易程序的概念

治安管理处罚的简易程序,也称当场处罚程序,是指违反治安管理行为事实清楚,证据确凿,处警告或者二百元以下罚款的,由人民警察当场作出治安管理处罚决定的程序。简易程序是当场实施处罚的一种简便易行的工作程序。这种程序手续简单、时间快、效率高,但只能针对案情简单、清楚,处罚较轻的违法案件。

法律设置当场处罚程序有两个目的:①规范和控制处罚权力的行使,防止和减少随意性的滥用;②提高工作效率。从《治安管理处罚法》的具体规定看,由于省略了普通程序中的诸如受理、立案、查证、询问、鉴定等法律手续和时间,使简易程序既可以节约治安管理成本,提高治安管理效率,也可以尽快稳定秩序,及时解脱被处罚人,是便民原则在处罚程序中的具体体现。设置简易程序,是我国公安行政执法实践的客观需要,具有重要意义。

1. 简易程序有利于提高公安机关处置治安案件的执法效率

简易程序有利于缓解基层公安机关面临的日益繁重的执法任务。目前,我国治安案件的发案率呈上升趋势,公安机关受理的治安案件数量迅速增长。但是公安机关,尤其是基层一线派出所警力严重不足,公安部的数据显示,全国公安民警数量不足二百万人,警民比例远远低于发达国家的万分之二十五。因此,对那些案件事实清楚,证据确实充分,无争议的轻微治安案件,以简易程序审理,可以及时、尽早结案,从而提高了执法效率,缓解了案件积压的矛盾。

2. 简易程序有利于保护当事人的合法权益

所谓采用简易程序,一方面使违反治安管理行为人早日摆脱程序之苦;另一方面也使对处罚结果不服的违反治安管理行为人能够及时行使行政复议、行政诉讼等救济权利,维护自己的合法权益,不致因程序的烦琐望而却步,牺牲实体权益。

3. 简易程序有利于贯彻行政处罚经济原则

简易程序在保证办案质量的前提下,缩短了办案期限,减少了司法资源的浪费,节省了人力、物力,有效地贯彻了行政处罚经济原则。

(二)简易程序的特点

1. 简易程序是一种独立的治安案件处罚程序

相比普通程序而言,简易程序虽然省略了普通程序中的诸如受理、立案、查证、询问、鉴定等法律手续,但它仍然是一种完整的治安案件处罚程序。

2. 执法主体特定

必须是人民警察在依法执行职务时查处违反治安管理行为,才可以行使当场处罚权。当场处罚是《治安管理处罚法》赋予人民警察在维护社会治安秩序时的职权。人民警察在依法执行职务中,根据行为人违反治安管理的事实和态度,依照《治安管理处罚法》的有关规定,无须请示各级公安机关的领导,便可以当场运用治安管理的限定权力;而普通程序的执法主体则是法定的层次性公安机关。

3. 适用对象特定

简易程序针对的是特定的轻微治安违法行为。《行政处罚法》确定了以一般程序为主,在法定适用范围内才适用简易程序的原则。在治安管理处罚的程序适用中必须贯彻这一原则,只有对轻微的治安违法行为,给予的处罚比较轻微,符合法律规定的案件适用范围和处罚种类、幅度时,才适用简易程序。可以适用简易程序的案件,公安机关认为必要时可以适用普通程序处理,而一般的处罚,尤其是重大处罚不得适用简易程序。

4. 适用方式特定

简易程序的方式是当场处罚,体现了简便快捷的社会效益。由于简易程序节省了普通程序中的一些法律手续和时间,同时,当场处罚可以由一名人民警察在较短时间内连续进行,这不仅节省了大量的人财物力,而且也可以取得及时解脱被处罚人,尽快恢复正常秩序和提高办事效率等诸多良好的社会效益。

二、简易程序的适用条件

《治安管理处罚法》第一百条规定:"违反治安管理行为事实清楚,证据确凿,处警告或者二百元以下罚款的,可以当场作出治安管理处罚决定。"因此,简易程序的适用条件主要包括以下三个方面。

(一)事实清楚,证据确凿

违反治安管理行为事实清楚,证据确凿,是指在治安案件的现场就已经掌握了充分、确凿的证据,足以证明违反治安管理行为是一种客观存在的事实,执法人员与被处罚人,双方对此均无异议,无须进一步调查取证的法律事实。如果案情复杂,证据不足、不实,违反治安管理行为人对事实有异议,则必须适用普通程序进一步查明。

(二)情节较轻,后果不严重

违反治安管理行为的构成有四个基本特性,即社会危害性、情节轻微性、违反法律性和应受处罚性。其中情节轻微性,是违法与犯罪之间很重要的一个法律界限特征。法律将当场处罚的种类界定为警告或者二百元以下罚款,而《治安管理处罚法》将罚款的最低数额定在二百元以下,这就说明了当场处罚在社会危害性上的适用条件应当定在情节轻微性的下限,即情节比较轻、后果不严重。如果违反治安管理行为情节和后果比较严重,其罚款处罚就应当界定在二百元以上五千元以下而适用普通程序进行治安管理处罚。

(三)处罚种类和幅度在法定范围之内

该范围主要包括:对违反治安管理行为人或者道路交通违法行为人处二百元以下罚款或者警告的;出入境边防检查机关对违反出境入境管理行为人处五百元以下罚款或者警告的;对有其他违法行为的个人处五十元以下罚款或者警告、对单位处一千元以下罚款或者警告的;法律规定可以当场处罚的其他情形。

三、简易程序的适用程序

(一)向违法行为人表明执法身份

人民警察证是公安民警身份和依法执行职务的凭证和标志,公安民警执法时应当随身携带。公安民警着制式警服执法时,应当口头向执法对象表明执法身份,不用主动出示人民警察证;如果执法对象要求出示,则应当出示。公安民警着便衣执法时,应当主动出示人民警察证。在遇到严重暴力犯罪等紧急情况下,公安民警应当先口头表明身份并立即采取必要的处置措施,在处置过程中或待危险排除后再出示。

表明执法身份是履行治安管理当场处罚权的前提。如果执勤民警不表明其执法身份,被处罚人就可以拒绝接受当场处罚。

(二)确认违反治安管理行为事实

根据治安管理处罚适用条件的法律规定,违反治安管理行为事实是治安管理处罚的简易程序,换言之,没有违反治安管理行为事实,就不可能有治安管理处罚。适用当场处罚的违反治安管理行为,一般都是人民警察当场发现或者是有证人指认的案情简单、事实清楚和证据确凿的。人民警察通过当场调查取证,便可以很快确认违反治安管理行为事实,及时进行当场处罚。

(三)履行告知义务

当场处罚同普通程序一样,应当履行告知程序和义务,告知违反治安管理行为人作出治安管理处罚的事实、理由及依据,并告知违反治安管理行为人依法享有的权利。对于违反治安管理行为人的陈述和申辩,必须充分听取,对违反治安管理行为人提出的事实、理由和证据,应当进行复核,违反治安管理行为人提出的事实、理由或者证据成立的,公安机关应当采纳。人民警察不得因违反治安管理行为人的陈述和申辩而加重处罚。

(四)制作当场处罚决定书

填写当场处罚决定书并当场交付被处罚人。当场处罚决定书应当载明被处罚人的姓名、违法行为、处罚依据、罚款数额、时间、地点以及公安机关名称,并由经办的人民警察签名或者盖章。

(五)收缴罚款

当场收缴罚款的,同时填写罚款收据,交付被处罚人;不当场收缴罚款的,应当告知被处罚人在规定期限内到指定的银行缴纳罚款。

(六)备案制度

当场作出处罚决定的,经办的人民警察应当在二十四小时内报所属警察机关备案;在旅客列车、民航飞机、水上作出行政处罚决定的,应当在返回后的二十四小时内报所属警察机关备案。备案,不仅本身表明当场处罚决定属于公安机关的处罚决定,而且也是公安机关了解和掌握人民警察代表公安机关进行治安管理处罚的实际情形,以便及时总结经验教训,依法将治安管理处罚工作做得更好。

第二节　快速办理程序

2019年1月1日起正式实施的《公安部关于修改〈公安机关办理行政案件程序规定〉的决定》将第六章的章名修改为"简易程序和快速办理",第四十条至四十八条新增了"快速办理",规定了"快速办理"的适用范围和前提、办理程序、取证规则、审核审批、时效以及案件转化等内容。根据2020年8月6日公安部令第160号第三次修正的《公安机关办理行政案件程序规定》,第六章第二节正式明确规定了快速办理程序,将快速办理程序上升为部门规章的形式。可将新增的快速办理、普通程序和简易程序并称为办理治安案件程序的"三驾马车"。

快速办理机制能够有效解决公安机关基层行政案件超期积压问题,提高公安机关行政案件办案效率,保障公民合法权益,为基层公安机关减负增效,符合当前公安工作的实际需要。

一、快速办理的概念

快速办理是指公安机关对不适用简易程序,但事实清楚,违法嫌疑人自愿认错认罚,且对违法事实和法律适用没有异议的行政案件,通过简化取证方式和审核审批手续等措施进行查处的程序。①

快速办理有利于提高行政案件的办理效率,对节约办案成本、节约警力具有重要的作用。从成效这一角度上来看,快速办理的增加有一定优势意义:一方面,办案效率显著提升;另一方面,办案资源使用率大大降低,贯彻了节约资源的国策。

二、快速办理的适用条件

可以适用快速办理的治安案件,必须同时满足以下条件。

(一)前提条件——不适用简易程序

可以适用快速办理的治安案件,必须是不符合简易程序适用条件的案件,这也是为了避免程序冲突。如果一个治安案件符合简易程序适用条件,就应当优先适用简易程序,不能适用快速办理程序。

(二)事实和证据条件——违法事实清楚、关键证据相互印证

快速办理程序构建的是以违法嫌疑人承认的违法事实为核心,加上可以相互印证关键证据的证据体系。实际上,嫌疑人的自愿供述属于其"自认",是对于违法主观意图、案情过程等事实明确表示接受和承认的行为。对于自己的违法行为、具体经过、相关情节以及涉及的证据,违法嫌疑人比公安机关和其他相关人员知道得更全面、更具体,其"自认"的违法行为作为直接证据,构成案件处理的基本事实。要使违法嫌疑人的"自认"与其口供的真实性和合法性得到关键证据的印证,以保证其供述的证明力。

---

① 商小平主编:《治安案件查处》,高等教育出版社2019年版,第123页。

(三)案件性质、情节条件——案件性质不严重,违法情节轻微

可以适用快速办理的治安案件,要求性质不严重,违法情节轻微,不会被处以十日以上行政拘留处罚。

(四)主观方面——违法嫌疑人自愿认错认罚,且对违法事实和法律适用没有异议

在适用快速办理程序的时候,要综合考虑违法嫌疑人的主观态度。一是自愿认错认罚。违法嫌疑人要真诚悔过,认识到自己行为的违法性,以及给社会带来的危害,认错悔改、纠正违法行为、赔偿损失以及被侵害人谅解情况等。不仅自愿认错,还要自愿认罚,如果虽然自愿认错,但是不接受公安机关所给予的治安管理处罚,那就不符合从宽的要求。二是对公安机关所提出的法律适用无异议,对于事实上的确定和法律上的认定表示认可,对于拟作出的治安处罚等处理决定表示愿意接受。

(五)手续要求——签署认错认罚具结书

快速办理行政案件前,公安机关应当书面告知违法嫌疑人快速办理的相关规定,征得其同意。应向违法嫌疑人出具认错认罚具结书,并由其签名确认,让违法嫌疑人以书面形式表明自己对案件的事实、定性、处理的态度和看法,并充分说明快速办理案件的正当性,并以此作为证据。

三、快速办理的禁用条件

以下几种情况不能适用快速办理程序。

(一)违法嫌疑人系盲、聋、哑人,未成年人或者疑似精神病人的

这几类人由于不具有完全行为能力,会对自己是否实施违法行为、实施何种违法行为、承认行为违法等关键问题无法供述,而且此类违法嫌疑人由于缺乏完全的认知能力及判断能力,无法正确地、充分地行使自己的权利。

(二)依法应当适用听证程序的

适用听证程序的治安案件一般较为复杂,违法嫌疑人可能受到较重的行政处罚,即吊销公安机关发放的许可证、较大数额罚款(对个人处二千元以上罚款,对单位处一万元以上罚款)。《治安管理处罚法》对听证程序作出了特殊的要求,能够更好地维护被处罚人的权益,使得被处罚人的权益得到有效保护,保障对其的公平、公正。

(三)可能作出十日以上行政拘留处罚的

行政拘留属于人身自由罚,属于剥夺违法嫌疑人人身自由的处罚种类。《治安管理处罚法》将行政拘留分为三个档次,即一至五日、五至十日、十至十五日。

十日以上行政拘留处罚一般属于违法情节严重,案情疑难、复杂,需要较长的办案时限,更加谨慎的调查取证程序,因此,不适用快速办理程序。

（四）其他不宜快速办理的

"其他不宜快速办理的"情形属于"兜底条款",根据快速办理的立法理念,给予公安机关相应的灵活空间,以适应社会形势变动的客观需要。

四、快速办理的程序要素

（一）简化取证方式

快速办理最精彩之处是简化取证方式。适用治安管理处罚普通程序,要经过受理登记、调查取证、告知、听证、决定等次序、步骤和法律手续,过程冗长,手续烦琐,办案时间较长。适用快速办理程序,违法嫌疑人在自行书写材料或者询问笔录中承认违法事实、认错认罚,并有视音频记录、电子数据、检查笔录等关键证据能够相互印证的,公安机关可以不再开展其他调查取证工作。

（二）采用格式化文书

公安机关可以根据不同案件类型,使用简明扼要的格式询问笔录,尽量减少需要文字记录的内容。被询问人自行书写材料的,办案单位可以提供样式供其参考。使用执法记录仪等设备对询问过程录音录像的,可以替代书面询问笔录,必要时,对视听资料的关键内容和相应时间段等作文字说明。有关快速办理的格式化文书,有利于办案民警在最短时间内搜集信息,在节省时间的同时可进行规范化操作。

（三）简化审核审批手续

适用普通程序的治安案件,审核审批手续较为烦琐,通常是先由办案民警提出所办理治安案件的处理意见,然后上报办案部门（治安部门、派出所）负责人审核,再上报公安机关法制部门审核,最后由公安机关负责人审批。适用快速办理程序,办案民警提出所办理治安案件的处理意见之后,可以由专兼职法制员或者办案部门负责人审核后,直接报公安机关负责人审批。相比普通程序,快速办理程序省略了公安机关法制部门审核,简化了审核审批手续,在完成审批流程之后需对案件进行处罚裁决,相较于以往来说,办案流程得以简化,无形之中提高了办案效率。

（四）缩短办案时限

《公安机关办理行政案件程序规定》重点对案件期限等方面进行了细致规定。适用普通程序的治安案件,办理时限较长,一般是自受理之日起三十天内办理结束,如果遇到案情重大、复杂的,报经上一级公安机关批准,可以延长三十天。也就是说,一个治安案件的办理时间最长可以达到六十天。适用快速办理程序,公安机关应当在违法嫌疑人到案后四十八小时内作出处理决定,这也无形之中给予办案单位更大的压力,需确保其提高办案效率,拉近了警民之间的距离,避免警民之间出现矛盾,从而营造良好的社会风气。有助于形成和谐社会,符合快速办理程序设置的初心。

(五)口头方式履行处罚前告知程序

适用普通程序的治安案件,公安机关在作出治安管理处罚决定前,要以书面方式履行处罚前告知程序,多采用笔录告知的方式。适用快速办理程序,公安机关可以采用口头方式履行处罚前告知程序,由办案人民警察在案卷材料中注明告知情况,并由被告知人签名确认。

(六)程序之间的转换

快速办理程序和普通程序之间并不是一成不变的,是可以灵活转换的。如果公安机关在适用快速办理程序办理治安案件过程中,发现不适宜快速办理的,应将快速办理程序转为普通程序办理。与此同时带来的一个问题就是,快速办理阶段依法收集的证据是否继续有效,能否作为适用普通程序定案的根据。《公安机关办理行政案件程序规定》进行了明确规定,快速办理阶段依法收集的证据,可以作为定案的根据。

(七)处罚从宽

认错认罚从宽制度是快速办理程序的一个创新亮点,参考了刑事司法领域的认罪认罚从宽制度,这也是教育与处罚相结合的治安管理处罚基本原则的具体表现。对快速办理的行政案件,公安机关可以根据违法行为人认错悔改、纠正违法行为、赔偿损失以及被侵害人谅解情况等情节,依法对违法行为人从轻、减轻处罚或者不予行政处罚。

第七章

治安调解与治安和解

第一节 治安调解

一、治安调解的概念和特征

治安调解是公安机关依法对因民间纠纷引起的打架斗殴或毁损他人财物等情节较轻的违反治安管理行为,在自愿的基础上,采取说服教育的方法,促使当事人互谅互让,通过协商达成协议,解决纠纷、处理治安案件的方式。[①]

治安调解有利于减少社会不安定因素,有利于提高公民法律意识,有利于密切警民关系。治安调解在矛盾纠纷化解中发挥着重要作用,在基层公安机关办理的治安案件中,以调解方式结案十分普遍。2005—2009 年,平均每年治安案件调解结案量在 247 万件左右,而工商和司法服务部门共计 130 万件左右。在现行的法律体系中,《治安管理处罚法》对治安调解进行了概括性的规定,《公安机关办理行政案件程序规定》对治安调解作了具体规定,《公安机关治安调解工作规范》作了补充规定。由此,治安调解作为我国调解制度体系的一个重要组成部分逐渐得以完善。

治安调解主要具有如下特征。

---

① 王守明:《治安调解的现实困境及长效机制构建》,载《河南司法警官职业学院学报》2021 年第 3 期,第 72 页。

(一)治安调解主体的特定性

治安调解是在公安机关主持下进行的调解,主要是由公安派出所和县级公安机关主持。

(二)治安调解对象的多元性

治安调解的对象具有多元性,包括特定的违反治安管理的行为,即对行为人是否追究违反治安管理责任问题的调解;特定违反治安管理行为造成的损害后果。其中,对行为的调解是核心,只有对行为调解成功了,即受害人不要求追究对方违反治安管理的法律责任,才能进行损害后果和纠纷的调解;对损害后果的调解是关键,损害后果如何解决事关受害人是否要追究行为人的责任和调解协议能否达成,即治安调解能否成功。

(三)治安调解的裁量性

公安机关具有办理治安案件是否进行调解的决定权。对于法定范围内的治安案件,公安机关既可进行调解也可进行治安处罚,是否调解由公安机关裁量,不受当事人意志的限制。

(四)治安调解效力的特殊性

治安调解效力的特殊性主要表现为:第一,经调解达成协议并履行的,公安机关不再处罚;第二,经调解未达成协议或者达成协议后不履行的,应对违反治安管理行为人依法予以处罚;第三,当事人达成的协议不具有强制执行的效力,当事人双方或一方反悔不履行的,公安机关不能强制其履行调解协议。

二、治安调解的适用范围

根据《公安机关办理行政案件程序规定》第一百七十八条的规定,对于因民间纠纷引起的殴打他人、故意伤害、侮辱、诽谤、诬告陷害、故意损毁财物、干扰他人正常生活、侵犯隐私、非法侵入住宅等违反治安管理行为,情节较轻,且具有下列情形之一的,可以调解处理:①亲友、邻里、同事、在校学生之间因琐事发生纠纷引起的;②行为人的侵害行为系由被侵害人事前的过错行为引起的;③其他适用调解处理更易化解矛盾的。对不构成违反治安管理行为的民间纠纷,应当告知当事人向人民法院或者人民调解组织申请处理。

第一百七十九条规定,具有下列情形之一的,不适用调解处理:①雇凶伤害他人的;②结伙斗殴或者其他寻衅滋事的;③多次实施违反治安管理行为的;④当事人明确表示不愿意调解处理的;⑤当事人在治安调解过程中又针对对方实施违反治安管理行为的;⑥调解过程中,违法嫌疑人逃跑的;⑦其他不宜调解处理的。

三、治安调解的基本要求

公安机关调解处理案件,应当依法进行调查询问,收集证据,在查明事实的基础上进行。同时,治安调解应当遵循以下原则:①合法原则。包括两层含义:一是治安调解应当按照法律规定的程序进行,二是双方当事人达成的协议必须符合法律规定。②公正原则。治安调解应当分清责任,实事求是地提出调解意见,不得偏袒一方。③公开原则。治安调解应当公开进行,涉及国家秘密、商业秘密或者个人隐私,以及双方当事人都要求不公开的除外。④自愿原则。治安调解应当在双方当事人自愿的基础上进行。达成协议的内容,必须是双方当事人真实意思表示。⑤及时原则。治安调解应当及时进行,使当事人尽快达成协议,解决纠纷。⑥教育原则。治安调解应当通过查清事实,讲明道理,指出当事人的错误和违法之处,教育当事人自觉守法并通过合法途径解决纠纷。

治安调解由公安机关办案人员主持。对因邻里纠纷引起的治安案件进行调解时,可以邀请当事人居住地的居(村)民委员会的人员或者双方当事人熟悉的人员参加。当事人中有不满十六周岁的未成年人的,调解时应当通知其父母或者其他监护人到场。当事人可以亲自参加治安调解,也可以委托他人参加治安调解。委托他人参加治安调解的,应当向公安机关提交委托书,并注明委托权限。

为避免久调不决,影响案件的及时处理,调解一般为一次,必要时可以增加一次。"必要时"是指纠纷双方都表示愿意接受调解,只是还有部分问题没有完全达成一致意见,或者还有部分事实没有查清,为进一步查清事实,需要再进行一次调解活动。

四、实践中治安调解面临的现实困境

当前我国治安调解制度仍面临诸多的现实困境,需要进一步完善并形成长效机制。

(一)适用范围不清晰

1. 民间纠纷的范围不明确

治安案件适用治安调解的标准之一就是必须因民间纠纷引起,不是因民间纠纷引起的治安案件,则不能适用治安调解。2016年12月1日,公安部公布了《中华人民共和国人民警察法(修订草案稿)》,将"调解处理民间纠纷"作为公安机关的一项法定职责。由此,调解处理民间纠纷成为公安机关日常警务活动中的工作常态。《治安管理处罚法》《公安机关办理行政案件程序规定》并没有具体界定,《人民警察法(修订草案稿)》也没有明确具体的指向范围。2007年,公安部印发

了《公安机关治安调解工作规范》,对民间纠纷的概念作了简单规定,但《公安机关治安调解工作规范》是公安部的内部文件,虽有一定的可操作性,可其性质属于内部适用的指导意见,没有法律意义上的强制约束力,并且规定过于简单,警务实践中存在适用时模糊不清的情况。

2. 群众对公安机关的期待与民警对自身的职能定位存在落差

我国现处于矛盾多发易发的转型期,各种矛盾互相交织。一方面,群众对公安机关有很高的期待和要求。"有困难找警察"已深入民心,群众在遇到各类纠纷无法解决时,往往选择报警找公安机关解决。另外,基于成本、效益等因素的考量,采取诉讼方式需要缴纳诉讼费、律师费,信访途径一时无法得到解决,求助公安机关可能是最便捷的方式。于是,大量的诸如消费纠纷、经济纠纷、劳务纠纷、医患纠纷等非警务警情的民间纠纷大量涌来。此类警情大量占用了有限的警力,一些群众自己可以解决的事情,都不愿意自己解决,将诉求寄托于民警。另一方面,公安民警对自身的职能定位存在不同认识。有的民警认为这些非警务活动,不属于《人民警察法》明确规定的公安机关及其人民警察应当履行的法定职责,遇到这样的报警求助时,就会以不属于公安机关管辖范围为由,将群众拒之门外,推给其他行政机关。即使是受理了这类纠纷,也是敷衍了事。民警对很多非警务活动并不专业,也不具备相应的职权,结果是民警忙得焦头烂额、疲于应对,却得不到社会应有的认可。然而,《人民警察法》在第三章的义务和纪律中,规定了人民警察"对公民提出解决纠纷的要求,应当给予帮助"。参与调解处理各类民间纠纷又是公安机关需要面对的新常态。因此,如何平衡群众对公安机关的期待与民警对自身职能定位之间的落差,是公安机关在调解民间纠纷时面临的实践困境。

(二)治安调解协议缺乏法律效力

治安调解属于诉讼外调解,治安调解的效力与法院调解效力不同。首先,经治安调解达成协议并且履行的,公安机关不再处罚;其次,经治安调解未达成协议或达成调解协议后不履行的,公安机关应对违反治安管理行为人依法给予治安管理处罚;最后,当事人达成的治安调解协议不具有强制执行的效力,当事人一方或双方反悔或不履行的,公安机关不能强制其履行调解协议。实践中,有的违法行为人为了逃避治安处罚,尤其是治安拘留处罚,而将治安调解作为一种缓兵之计,心口不一,表面上与另一方当事人达成了调解协议,但是对协议的履行一拖再拖,有的履行不彻底,只是履行其中很小一部分,剩下的不再履行。到最后另一方当事人不得不再次求助公安机关,公安机关再启动程序对违法行为人进行治安管理处罚,而民事部分只能通过向法院提起民事诉讼解决。原本就十分紧张的警力资源被浪费,基层民警的工作积极性受到影响,对警察执法权威和公安机关在人民群众中的形象都受到影响,长此以往,群众往往形成"调解无用"的思想,再遇到此类治安案件时,往往直接拒绝调解,这样不利于民间纠纷矛盾的化解。

(三)基层民警治安调解的能力弱化

治安调解是在公安机关的主持下进行的,民警在调解中处于中间人的角色。虽然调解协议的达成是双方当事人在自愿的基础上真实意思的表示,但是民警在治安调解中所起的作用不可忽视。民警调解能力的高低往往直接影响着调解能否成功。有的民警认为调解很容易,无非就是把双方当事人召集起来商谈,其实不然,依据事实处罚简单,但做人的思想工作要难得多。实际上,治安调解是一项专业技术性很强的工作,要求民警具有很高的综合素质:一是需要相关的法律知识;二是要有丰富的社会阅历和交流沟通能力,能和社会各阶层的人打交道,了解他们的心理特点,具备心理分析能力;三是掌握调解技巧,熟悉群众工作方法,善于应对各种矛盾纠纷。但是在实践工作中,基层公安机关尤其是处在治安调解第一线的公安派出所,老民警虽然有工作经验,但在调解中往往不愿意放低姿态主动与群众沟通,居高临下,对一些看似鸡毛蒜皮的小案件不想调,将案件交给所里的年轻民警甚至辅警。年轻民警多数是刚从警校或其他大学毕业通过招警考试进入到队伍中来的,他们不缺少专业知识,但缺乏社会经验和调解技巧,不善于和群众打交道,导致在治安案件中不敢调、不能调。

(四)民警在治安调解中的角色定位不准

警察角色,是警察作为一种社会身份,按照法律法规和人民群众的期望及要求,应当采取的行为方式和具备的态度及价值观念。民警在治安调解中所扮演的角色不是单一的,而是多重的。现实社会中多元利益主体维权意识的增强,要求民警要融合多种角色,科学、及时、有效地调解治安案件,化解矛盾纠纷。民警在治安调解中不仅是执法者,还是中立第三方和矛盾化解者。在司法实践中,这三个角色都没有被充分发挥出来。

一是调解适用随意。根据《治安管理处罚法》规定,对于符合治安调解适用条件的治安案件,公安机关可以调解处理,而不是应当调解处理,是否调解的决定权在公安机关,民警有一定的自由裁量权。因此,治安调解在适用中有一定的随意性,调解不调解取决于民警,这样不但达不到理想的处理结果,同时还有可能会让事件进一步恶化,最终引发负面的社会效应,甚至为权力寻租留下空间。

二是强制调解问题突出。治安调解是建立在治安案件双方当事人自愿的基础上,只要有一方当事人不同意调解,公安机关就不能进行调解处理。然而,有的民警图省事,强制组织调解;有的民警以不调解就不查处为由,使当事人不情愿地接受调解。当事人在不自愿的情况下被迫接受调解,难免会对调解过程产生抵触情绪,也难以顺利达成调解协议。即使在一定程度上达成了协议,协议的履行也成问题,在这种情形下,调解也就没有什么意义了,而且导致群众对公安工作不满意,影响警民关系。只有本着自愿原则进行调解,才能真正缓和矛盾纠纷。

三是轻视调查现象突出。查明事实是正确进行调解处理的前提和基础,分清双方当事人的责任是解决纠纷的关键。因此,进行治安调解,首先必须查明事实真相,取得证据,分清是非,划清责任,在此基础上,依法调解处理。有的民警认为适用了调解程序,只要双方达成一致意见,案件就算结了。因此,受案后不及时调查取证,简化办案程序。若是无法达成协议或者虽然达成了协议但是其中一方不履行,公安机关还要重新调查取证,不仅增加了办案难度,还给当事人造成公安机关不依法办事的感觉,并出现当事人投诉民警的行为。

四是治安调解效率低,久调不决。民警调解治安案件,要遵循及时原则,该原则是行政效能原则在治安调解中的体现。治安调解应当及时进行,使当事人尽快达成调解协议,解决纠纷。调解不成的,公安机关应在法定的办案期限内及时作出处罚决定,不得久调不决。在基层公安派出所,存在警力不足,案多人少,案件积压的情况,民警容易忽视法律关于调解期限的限制规定。有的民警接受一方当事人的请托,办人情案,故意压案不办,久调不决。有时民警所提出的调解建议不被双方当事人接受,也导致一些治安纠纷长期搁置。

五、治安调解长效机制的构建

(一)明晰治安调解的适用范围

《治安管理处罚法》概括性地规定了治安调解的情形,但并不具体。《公安机关办理行政案件程序规定》对于治安调解适用情形的规定,相对具体一些,但仍有一定的模糊性。在公安执法实践中,对于民间纠纷哪些能调哪些不能调,有时民警无所适从。《人民警察法》第二十一条,将公民提出解决纠纷的要求给予帮助,作为公安机关人民警察的一项义务。《人民警察法(修订草案稿)》第十二条,将"调解处理民间纠纷"上升为公安机关的法定职责,但仍未明确何为民间纠纷,应当调解处理哪些方面的民间纠纷。

首先,明确适用治安调解的民间纠纷与《人民警察法》第二十一条规定的解决公民纠纷的含义和范围是不一样的,并不是所有的民间纠纷都可以适用治安调解。适用治安调解的前提之一是当事人有违反治安管理行为,并且应当受到治安管理处罚。对于那些不构成治安案件的民间纠纷是不适用治安调解的,不得启动治安调解程序。

其次,细化民间纠纷的概念。实践中,无论是专家学者还是执法民警,对于民间纠纷的理解持有不同意见,加之法律没有给出明确的界定,所以有必要细化民间纠纷的含义,将民间纠纷的范围限制为"调解处理治安性质的民间纠纷",具体可以采用概况式加否定列举的方法。

最后,先确定了民间纠纷的含义,再进一步确定治安调解的范围。有的学者主张采用肯定式列举的方式,有的学者主张采用否定式列举的方式。由于社会发展迅速,千变万化,肯定式列举无穷无尽,难免遗漏。可以考虑采用否定式列举,将不能适用治安调解的案件排除在外,未被否定排除的,都可以进行调解。

(二)赋予治安调解协议书法律约束力

治安调解不同于法院调解。治安调解是行政调解的一种,属于诉讼外调解。法院调解属于诉讼中调解,法院调解所形成的调解协议具有法律效力,对双方当事人具有约束力,一方不履行调解协议的,另一方可以申请法院强制执行。而治安调解所形成的调解协议没有法律强制力,一方不履行,另一方不能请求公安机关或人民法院强制执行。由于强制力的缺乏,当事人可以任意违反调解协议,可以肆意破坏调解结果,尤其对于一些没有达到心理预期的当事人,对调解协议态度消极,如此一来,调解协议就成了一纸空文,这与公安机关应有的权威也是背道而驰的。因此,为了提高民警治安调解的积极性,减少当事人的时间成本,保证公安机关的权威性,有必要完善治安调解制度,赋予治安调解协议法律约束力。《中华人民共和国人民调解法》(简称《人民调解法》)中的"司法确认"制度,可以供治安调解参考借鉴。《人民调解法》第三十三条规定:"经人民调解委员会调解达成调解协议后,双方当事人认为有必要的,可以自调解协议生效之日起三十日内共同向人民法院申请司法确认,人民法院应当及时对调解协议进行审查,依法确认调解协议的效力。人民法院依法确认调解协议有效,一方当事人拒绝履行或者未全部履行的,对方当事人可以向人民法院申请强制执行。"人民调解属于民间调解,所形成的调解协议按理说是没有法律约束力的,但是一经法院司法确认便具有了强制力。所以,在治安调解中可以参考《人民调解法》的规定,确立司法确认制度,赋予当事人申请人民法院对治安调解协议进行司法确认的权利。治安调解协议一经司法确认,便具有了强制力,一方当事人拒绝履行或未全部履行的,对方当事人可以向人民法院申请强制执行。《人民调解法》要求双方当事人共同向法院申请司法确认,治安调解可以进一步优化,任何一方当事人都可以向人民法院申请司法确认。如果要求双方当事人共同申请司法确认,其中一方不配合,另一方也无计可施。对于那些原本就没有打算履行调解协议的当事人来说,很难要求其主动配合申请司法确认。人民法院对治安调解协议进行全面审查,尤其对调解是不是当事人真实意愿要重点审查,依法确认调解协议的效力。

(三)构建矛盾纠纷多元化调解机制

1.创建"警律联调"机制

《司法部关于推进公共法律服务平台建设的意见》(司发〔2017〕9号)指出,到2018年底前在全国范围内基本实现村(居)法律顾问全覆盖。河南省共选配了1.5万余名村(居)法律顾问,专业律师7261人,全省专业律师担任村(居)法律顾问的比例接近50%,实现了村(居)法律顾问全覆盖,形成一村(居)一法律顾问的良好局面。律师以法律顾问的身份为群众提供法律咨询,排忧解难。公安机关可以借此创建律师参与治安调解的工作模式。相比人民警察,律师有更加客观公正的立场、更专业的法律素养、更高超的调解技巧,他们参与治安调解,可以充分发挥法律专业优势。同时利用律师独特的"第三人"的公信力和相对中立的职业特点,增强调解的公正性,让双方当事人更易接受和信服,提高调解成功率。

公安派出所可以与律师事务所签订共建合作协议,由律师事务所在派出所设立纠纷调解室,并安排律师定期进驻派出所值班,协助民警调解纠纷。民间纠纷涉及生活的方方面面,比如宅基地纠纷、医疗事故纠纷、人身损害赔偿纠纷等,这些纠纷专业性较强,民警对有的纠纷可以说完全是门外汉。如果由缺乏专业知识的民警来进行调解,调解效果势必大打折扣。律师事务所作为专业的法律工作机构,拥有擅长处理各类纠纷的专业律师,根据治安调解的纠纷类别,需要哪一方面的律师,就由律师事务所安排这方面的律师来协助调解。

2. 创建治安调解与人民调解联动机制

人民调解是指人民调解委员会通过说服疏导等方法,促使当事人在平等协商的基础上自愿达成调解协议,解决民间纠纷的活动,被称为"东方经验"。乡镇、街道、居民委员会、村民委员会设立人民调解委员会,一些企事业单位内部也设有人民调解委员会。乡镇(街道)司法所具体指导人民调解委员会的工作。在机构设置上,一般每个乡镇(街道)都会设置一个派出所和一个司法所。同为政法系统的一员,派出所与司法所联系比较紧密。因此,派出所和司法所可以联合成立治安纠纷人民调解委员会,由司法所派驻专职人民调解员。这样可以促进非警务类纠纷的合理分流,提高民警执法力量,解放警力,同时利用人民调解员的职业优势,更好地化解民间纠纷。

3. **构建分层级调解机制**

民间纠纷矛盾各异,有的是小矛盾,有的是大矛盾,有的是深层次矛盾,对这些纠纷矛盾的调解难易程度不同。因此,可以将矛盾纠纷划分为简单纠纷、一般纠纷、复杂纠纷,按照调解的难易度分层调解。简单纠纷由村(社区)警务室民警进行调解。目前,各地普遍实行了"一村一警""一村一辅警"制度,这些驻村民警对当地情况比较了解,和村民联系交流比较多,因此简单纠纷由他们进行调解,可以把矛盾纠纷更好地化解在村(社区)。一般纠纷由派出所按照程序进行调解。对于案情复杂、难度较大的纠纷,可能会涉及某些专业领域,派出所可以组织相关部门共同参与,邀请法官、检察官、律师、行业协会人员共同参与调解处置,有力促进矛盾纠纷的化解和平息。

(四)确立治安调解的引导机制

1. 思想引导

群众利益无小事。全心全意为人民服务是我党的根本宗旨,服务人民是民警庄严的入警誓词,做好群众工作是民警的主要任务,做群众工作的能力就体现在调解群众的矛盾纠纷中。在广大民警中广泛开展"执法为民"理念教育,民警要从思想上重视民间纠纷的调解,树立"人人都是调解员"的思想观念。

2. 责任引导

民警要强化责任意识,主动作为,勇于担当。同时,要强化责任追究,可以考虑将治安调解成效纳入民警年终目标考核,以调解率为主要标准,辅以调解回访、当事人满意度等指标,综合评价民警的治安调解工作。对化解矛盾不力、不落实治安调解规定的,要严肃考核问责。

3. 激励引导

激励是引起行为的一种刺激,是引发行为的一种重要手段。由于当前治安调解在实践中面临的种种问题,导致基层民警在办理治安案件调解民间纠纷时产生一些消极悲观情绪。因此,要对基层民警进行激励引导,对治安调解工作突出的民警,适时进行表彰奖励,在职务晋升、荣誉授予、立功受奖、物质支持等方面给予一定的政策倾斜。通过有效的激励措施,更好地调动广大民警对治安调解的工作积极性,引导民警克服畏难情绪、惯性情绪、惰性思想等主观制约。

(五)提升民警治安调解的能力

治安调解是一门语言艺术,不仅要求民警熟悉法学、心理学等专业知识,以及各地传统文化、风俗习惯,还要具备较强的随机应变能力。为了满足新时期社会对治安调解的要求,必须提升新时期民警的调解能力。

1. 加强理论学习

治安调解对民警的专业理论知识有较高的要求,对法学、心理学、社会学等方面的知识均有所涉及。因此,民警要加强理论学习,可以参加职业教育,提升法律专业理论知识,参加全国法律职业资格统一考试、心理咨询师考试等,提升自身的综合素质。社会发展千变万化,民警要树立终身学习意识,不断地给自己充电。

2. 组织调解业务培训

定期组织民警开展治安调解理论及技能培训,以老带新、师傅带徒弟的方式,举行调解工作培训会或经验交流会,让那些有调解经验的民警讲授调解的经验和技巧,使民警的调解技巧时常更新。可以采取"走出去"的方式,依托当地大专院校的师资力量,选派调解一线的民警前去学习;也可以采取"请进来"的形式,邀请调解方面的专家前来授课;还可以在公安机关内建立调解工作交流平台,分享调解经验。

3. 加强公安院校在校生调解知识的学习

随着2015年《人力资源和社会保障部等六部门关于公安院校公安专业人才招录培养制度改革的意见》出台,各地公安院校办学迎来了重大转机,生源质量持续向好,高考录取分数逐年提高,学生素质有了大幅提升,公安院校的毕业生成为公安队伍补充警力的主要渠道。这些毕业生主要充实到公安基层一线岗位,大多数要先在派出所进行岗位历练,需要面对大量民间纠纷的调解工作。因此,公安院校要加大对学生在校期间调解知识和技能的传授,开设专门的调解课程,突出专业性,加强课程建设,提升学生的综合素质。

第二节　治安和解

一、治安和解概述

根据《公安机关办理行政案件程序规定》,对符合治安调解范围的治安案件,当事人申请人民调解或者自行和解,达成协议并履行后,双方当事人书面申请并经公安机关认可的,公安机关不予治安管理处罚,但公安机关已依法作出处理决定的除外。因此,治安和解的适用条件为以下几点。

(1)可以和解的治安案件范围与可以治安调解的治安案件范围相同。

(2)当事人之间申请人民调解或者自行和解,达成协议并履行了协议。

(3)双方当事人以书面的形式向公安机关提出和解的申请。

(4)必须经过公安机关的审查认可。公安机关在接到治安和解的申请后,应当进行案件审查,确认该案件符合治安和解的范围,同时审查当事人签署的协议是否存在违反法律法规的情形,并且已经履行了协议。通过公安机关的审查认可,公安机关对违反治安管理行为人不予处罚。否则,公安机关将继续办理案件,双方的和解无效。

治安和解仅限于公安机关对案件作出处理决定之前,对公安机关已经作出处理决定的案件,当事人的和解无效。

二、治安和解在我国的发展脉络

(一)形成于2006年《治安管理处罚法》

2006年3月1日施行的《治安管理处罚法》第十九条规定了主动消除或者减轻违法后果,并取得被侵害人谅解的,减轻处罚或者不予处罚。不少学者认为,这就是当事人之间的和解。主动消除或者减轻违法后果,说明行为人不仅有主观上的内心悔意,而且有悔过的外在行为表现形式。取得被害人谅解,一般就是因行为人真诚悔过,通过赔偿损失、赔礼道歉或者其他的正当原因,使被害人获得了一定的物质补偿和精神抚慰,被害人发自内心地对违法行为人的侵害行为表示了原谅。因此,这项规定虽然没有在法条中明确指出是治安和解,但却是治安和解的实质性内容。因为取得了被害人谅解,对违反治安管理行为不予追究,对违法行为人不予治安管理处罚。

（二）确定于2013年《公安机关办理行政案件程序规定》

2013年1月1日施行的《公安机关办理行政案件程序规定》第十章专门规定了治安调解，其中第一百六十一条规定，"对符合本规定第一百五十三条规定的治安案件，当事人自行和解并履行和解协议，双方当事人书面申请并经公安机关认可的，公安机关不予治安管理处罚，但公安机关已依法作出处理决定的除外。"这是我国法律条文首次明确治安和解，可以说是治安管理处罚领域的一项创新性制度，给双方当事人解决纠纷提供了一种新的途径，也是公安机关处理因民间纠纷引起的治安案件一种重要的解决方式。这是在处理治安案件的实践中更好地执行《治安管理处罚法》第十九条的规定。

（三）完善于《治安管理处罚法（修订草案）》

2023年8月28日，《治安管理处罚法（修订草案）》提请全国人大常委会审议，将治安案件中一些好的机制和做法通过法律形式予以确认，对治安程序予以优化和完善。该修订草案第九条第二款规定，对符合调解范围的治安案件，公安机关作出处理决定前，当事人自行和解或者经人民调解委员会调解达成协议并履行，书面申请公安机关认可的，不予处罚。该项规定是对《公安机关办理行政案件程序规定》的确认和优化，表述进行了适当的调整，更加规范。对符合治安调解范围的治安案件，不仅当事人可以自行和解，还可以经人民调解委员会调解，丰富了纠纷解决的方式。这是真正意义上法律首次规定治安和解，2013年《公安机关办理行政案件程序规定》就确立了治安和解，但《公安机关办理行政案件程序规定》由公安部制定，属于部门规章性质，在位阶效力上低于全国人大常委会制定的法律。虽然《治安管理处罚法（修订草案）》对治安和解的规定还是相对比较简单，但从人权保障角度来看，这是一大进步，同时必将对实践中治安和解的适用起到极大的促进作用。

三、治安和解存在的主要问题

（一）案件适用范围模糊不清

治安和解的适用范围，也就是哪些违反治安管理行为可以适用治安和解，由当事人自行和解，予以结案。《公安机关办理行政案件程序规定》第一百八十六条规定，对符合第一百七十八条治安调解范围的治安案件，即"对于因民间纠纷引起的殴打他人、故意伤害、侮辱、诽谤、诬告陷害、故意损毁财物、干扰他人正常生活、侵犯隐私、非法侵入住宅等违反治安管理行为，情节较轻的"，可以治安和解。

1. 关于民间纠纷的界定

可以适用治安和解的违反治安管理行为必须是因民间纠纷引起的。然而，何为民间纠纷,《治安管理处罚法》及《公安机关办理行政案件程序规定》并未给出具体明确的指向,影响了对治安和解适用范围的准确理解。2007年由公安部指定的《公安机关治安调解工作规范》第三条第二款指出,民间纠纷是指公民之间、公民和单位之间,在生活、工作、生产经营等活动中产生的纠纷。这算是对民间纠纷的概念作出了简单规定,但是在警务实践中仍存在适用时模糊不清的问题。

2."等"的含义

《公安机关办理行政案件程序规定》明确列举了可以治安和解处理的九种具体违反治安管理行为,即殴打他人、故意伤害、侮辱、诽谤、诬告陷害、故意损毁财物、干扰他人正常生活、侵犯隐私、非法侵入住宅等。除了此九种情形外,其他的违反治安管理行为能否和解处理?在非法侵入住宅后面还有一个"等"字,这个"等"字应如何理解?是"等内"还是"等外"?理论界、实务界存在争议。"等内"一般是指列举后总结,即"等内等",只包括法条中所列举的事项。"等外"一般表示列举未尽,即"等外等",除了法条中所列举的事项还有其他相关未列举的事项。《治安管理处罚法》规定了113种具体的违反治安管理行为,如果作"等内"理解,可以治安和解的案件只有九种,显然范围过窄。

最高人民法院在2004年5月18日印发的《关于审理行政案件适用法律规范问题的座谈会纪要》中谈及:法律规范在列举其适用的典型事项后,又以"等""其他"等词语进行表述的,属于不完全列举的例示性规定。如果按照此纪要,应作"等外"理解。当然,此纪要是由最高人民法院对审判工作中具体应用法律的问题作出解释,能否适用于公安部制定的部门规章,亦有不同意见。此纪要是"关于审理行政案件适用法律规范问题的座谈会纪要",治安案件也属于行政案件,同时结合《公安机关办理行政案件程序规定》的立法本意,针对治安和解的案件范围应不限于殴打他人等九种具体违反治安管理行为。

3. 情节较轻的认定

《公安机关办理行政案件程序规定》明确规定了只有情节较轻的违反治安管理行为,才可以和解处理。何谓情节较轻,法条没有界定,导致在实践中办案民警不容易把握。是否情节较轻,要综合考虑,要结合当事人身份年龄、当事人认错态度,改正的情况、违反治安管理的目的、动机,采用的手段、造成的后果,以及其他因素进行综合考量。在认定过程中,民警的自由裁量权过大。违反治安管理行为虽然具有一定的社会危害性,但是尚不够刑事处罚,也就是说,相较于犯罪行为,违反治安管理行为的社会危害性要小得多。2012年修订的《中华人民共和国刑事诉讼法》专章规定了"当事人和解的公诉案件诉讼程序",即刑事和解程序,对因民间纠纷引起,涉嫌侵犯公民人身权利、财产权利和侵犯财产权利的犯罪案件,可能判处三年有期徒刑以下刑罚的,双方当事人可以和解。以故意殴打他人为例,造成轻微伤害的,构成殴打他人的违反治安管理行为,以治安案件论处;造成轻伤及以上伤害的,则构成故意伤害罪,以刑事案件论处。犯故意伤害罪的,一般处三年以下有期徒刑、拘役或者管制,此种情形下,双方当事人是可以和解的。既然情节较重的刑事犯罪案件当事人都可以和解,那么比刑事犯罪情节轻许多的治安案件理应也可以和解,因此,要求治安和解的案件必须达到情节较轻的标准,是否还有必要强调。

(二)关于治安和解的理论研究欠缺

2023年3月29日,笔者在中国知网进行搜索,以"治安和解"为主题的结果仅有10条,期刊7篇、报纸2篇、博士论文1篇。其中发表于2007—2017年的有9篇,发表于2022年的有1篇,可以说,最近五年,学者对治安和解的研究鲜有理论成果发表。以"治安调解"为主题的结果多达526条,2018年之后最近五年的文章有70篇。对治安调解的理论研究明显多于治安和解。理论是行动的先导,对治安和解的理论研究跟不上实践需要。

媒体上几乎没有"和解"的宣传报道。《人民公安报》《现代世界警察》《中国警察网》等媒体上对治安调解或调解的宣传报道很多,报道的内容各式各样。特别是2009年12月中央政法委布置三项重点工作后,各地公安机关积极化解社会矛盾、进行社会管理创新,尽力做到"案结事了",纠纷调解和治安调解受到前所未有的重视,各种经验层出不穷,宣传报道连篇累牍。反观治安和解,媒体对其重视不够,几乎没有见诸报端,治安和解悄然无声。

第八章

治安管理处罚执行程序

治安管理处罚执行制度是保障公民合法权益、维护社会正义、履行治安管理职责的重要保证。如果处罚的决定不能得到执行或是执行得不及时,就会严重影响公民权利及其对法律的信仰,法治的权威必将遭到极大的损害。因此,执行制度从某种程度上讲,是实现正义、创造社会和谐、构建良好秩序的最重要环节。从现行的《治安管理处罚法》来看,我国治安管理处罚执行制度相对比较完备,它体现出了执行过程中的公正公开原则,加强了对公民基本人权的保护,体现了人本主义的关怀精神。治安管理处罚决定的执行,是治安案件办案和治安管理处罚的最终程序,它标志着治安管理处罚决定的内容已经得以实现,公安机关及其人民警察此次治安案件办案和治安管理处罚的任务已经完成。

同时,《治安管理处罚法》在很多方面已经很难适应这种发展形势,因此,需要从实际出发,总结以往的经验,考察世界警察法治发展的规律,对现行的法律进行修订、补充甚至是创新。

第一节 治安管理处罚执行程序概述

一、治安管理处罚执行程序的概念

治安管理处罚的执行程序,是指公安机关依照《治安管理处罚法》的法定程序,将已发生效力的治安管理处罚决定,按照内容和要求予以实施的法律活动。执行是决定的继续,是治安管理处罚程序的最终阶段。

治安案件处罚决定执行程序在治安管理处罚程序中占有十分重要的地位。

一方面,治安案件处罚决定执行是办理治安案件的最终程序,通过执行,使治安管理处罚及有关处罚决定内容得以实现,使治安案件处罚决定的法律强制力得到体现。另一方面,治安案件处罚决定执行也是处罚决定的实现阶段,是治安管理处罚的最后阶段,没有处罚决定的执行,处罚决定的内容不可能实施。

二、治安管理处罚执行程序的特征

(一)执行依据

治安案件处罚决定的执行依据是已经发生法律效力的治安管理处罚决定书及其他相关的法律文书。执行人员在执行治安管理处罚时必须持有治安管理处罚决定书,否则被执行人有权拒绝接受,由此产生的后果由执行人员负责。

行政行为效力一般可分为公定力、确定力、拘束力和执行力四个方面。行政行为一经作出,其内容必须完全地、实际地得到履行。治安管理处罚决定一经作出,即具有法定的约束力,被处罚人就应当根据决定书上载明的内容和期限认真履行法定义务。否则,便必然面临着强制执行的被动局面。

(二)执行主体

治安管理处罚权是《治安管理处罚法》规定的由公安机关享有的职权,治安案件只能由公安机关进行查处,其他国家机关没有查处治安案件的职权。治安管理处罚的执行由依法享有治安管理处罚权的公安机关负责实施。

(三)执行对象

治安管理处罚的执行对象包括被决定治安管理处罚的人身、财物、行为。被执行人就是被处以治安管理处罚或采取其他法律措施的违反治安管理行为人。执行的实质就是对被执行人的尊严或人身自由、财物的所有权、行为资格等所作出的一定程度的限制和剥夺。

(四)执行措施

治安管理处罚的执行具有强制性,被决定给予治安管理处罚的人应当在行政处罚决定的期限内予以履行,对逾期不履行或者拒绝执行的,可以强制执行。

三、执行的一般步骤和方法

(一)处罚决定书必须依法按时送达当事人

处罚决定内容与当事人的权益息息相关,当事人是否申请复议或者提起诉讼,必须在接到处罚决定书之后才能表明态度。同时,为了更有效、更及时地对当事人或其财物执行处罚决定内容,也要求将治安管理处罚决定书送达当事人本人。

(二)必要时可采取强制措施

一般来讲,治安案件处罚决定的执行不必采取强制措施。当事人接到公安机关的处罚决定书后,应在法定的期限内前往公安机关或其他机关履行处罚决定的内容,即自行执行,在这种情况下不必采取强制措施。但如果当事人拖延、拒绝或逃避执行,影响执行工作的正常进行,则可以对其采取必要的强制措施,以保证执行工作的顺利进行。

(三)追究法律责任

当事人如果逾期不执行或拒绝执行处罚决定,除采取强制措施予以执行外,还应根据情节轻重追究法律责任。

第二节 具体执行方法

一、警告的执行

警告是对被处罚人进行警戒、教育,责令其承认错误并保证改正违法行为的一种治安管理处罚。警告是一种名誉罚,通过对违反治安管理行为人实施精神或者名誉、信誉等方面的惩戒,教育违法行为人,促使其认识错误,提醒其警惕和检点自己的行为,防止和避免再次违法。警告在治安管理处罚种类中是最轻的一种,一般适用于初犯、偶犯、情节较轻的违反治安管理行为人,既可以适用于自然人,也可以适用于单位。警告是公安机关依法对违反治安管理行为人作出的治安管理处罚,是一种单方面的意志表现,具有法律强制力并保障实施,不论被处罚人主观上是否愿意,都必须无条件接受生效的决定。

警告应以书面方式作出。公安机关应制作治安管理处罚决定书,向被处罚人宣布。宣布的同时,执行的人民警察应当讲清事实、说明道理,做到以理服人,使被处罚人真正受到教育。在实践中,有的民警对违反治安管理行为人做"口头警告",而不同时制作或出示治安管理处罚决定书,这种缺少治安管理处罚决定书的"口头警告"实际上是一种没有法律效力的行为。

警告处罚与一般的批评教育有区别。警告处罚虽然对行为人的惩戒作用较轻,但它毕竟是一种行政处罚,必须按照行政处罚的程序作出并执行,被处罚人依法享有获得法律救济的权利。而老师对学生、领导对下级、父母对子女等各种形式的批评教育,均不具有法律上的强制效力。

同时,应注意警告和训诫的区别。在执法实践中,有的基层公安机关将训诫当成警告来使用是不正确的。2006年实施的《治安管理处罚法》取代《治安管理处罚条例》后,取消了有关"训诫"的规定,治安管理处罚种类只包括警告、罚款、行政拘留和吊销公安机关发放的许可证,以及对外国人的限期出境、驱逐出境。虽然警告和训诫都是对行为人名誉、信誉等方面的惩戒,但是《治安管理处罚法》已经没有训诫的相关规定,训诫就不能再作为一种治安管理处罚的法定形式。

二、罚款的执行

罚款属于财产罚、金钱罚,是公安机关责令违反治安管理行为人在一定期限内向国家缴纳一定数额金钱的治安管理处罚。通过给予违法行为人经济上的制裁,迫使其受到财产上的损失,从而达到惩戒并教育违法行为人不得再犯的目的。罚款既适用于公民,也适用于法人。罚款的适用方式较为灵活,既可单处,也可并处。罚款在执法实践中适用最为广泛。

(一)当场缴纳罚款的执行

《公安机关办理行政案件程序规定》要求,公安机关作出的罚款决定有下列情形之一的,公安机关及其办案人民警察可以当场收缴罚款:①对违反治安管理行为人处五十元以下罚款和对违反交通管理的行人、乘车人和非机动车驾驶人处罚款,被处罚人没有异议的;②对违反治安管理、交通管理以外的违法行为当场处以二十元以下罚款的;③在边远、水上、交通不便地区以及旅客列车上或者口岸,被处罚人向指定银行缴纳罚款确有困难,经被处罚人提出的;④被处罚人在当地没有固定住所,不当场收缴事后难以执行的。

人民警察当场收缴罚款的,应当自收缴罚款之日起二日内,交至所属的公安机关。人民警察当场作出行政处罚决定并收缴罚款的,由于其执行公务是以其所属的公安机关的名义作出,相应行为的法律后果应由该公安机关承担,所以当场收缴的罚款应当如数上缴给其所属的公安机关,而不能由办案人民警察侵吞或截留。并且,应当自收缴罚款之日起二日内上缴。

在水上、旅客列车上当场收缴罚款的,应当自抵岸或者到站之日起二日内,交至所属的公安机关。这是对前种情形的补充,体现了立法上充分考虑到水上和旅客列车上执法的特点。办案人民警察在水上、旅客列车上执法,因为其所处的环境,可能几日后方才登岸或返回其所属的公安机关,如果也要求在二日内缴付,则可能导致办案人民警察为了上缴罚款,而无法履行水上或列车上的其他执法任务,同时还加大了执法成本,不符合行政效率原则。

当场收缴罚款并未违反决定与收缴分离的制度。当场收缴罚款的性质属于代收,而且是两次代收,即首先当场收缴罚款的人民警察依法按期如数将收缴的罚款交至所属的公安机关,其次由公安机关再按期如数将罚款缴付指定的银行。

(二)法定期限内缴纳罚款的执行

公安机关作出罚款决定,除依法当场收缴外,被处罚人应当自收到行政处罚决定书之日起十五日内,到指定的银行缴纳罚款。

决定与收缴分离的制度是根据国家法律、法规的规定,要求作出罚款决定的行政机关与收缴罚款机构分离,不得由同一个机构同时担当的制度。罚款与收缴分离制度是《行政处罚法》《治安管理处罚法》等法律规定的一项重要制度。根据这一制度,要求公安机关对违反治安管理行为人作出罚款决定后,除法律另有规定外,不得直接收缴罚款,而应由被处罚的人自行到指定的银行缴纳。通过这种方式,该制度将收缴罚款事务从作出行政处罚决定的公安机关中分离出来,即使公安机关作出罚款决定,也不能直接收缴罚款、截获罚款,此举可有效防止公安机关滥用职权,或将罚款作为一种"创收"的手段而对处罚相对人滥罚款等情形。

(三)逾期缴纳罚款的执行

《公安机关办理行政案件程序规定》第二百一十八条规定,被处罚人未在规定的期限内缴纳罚款的,作出行政处罚决定的公安机关可以采取下列措施。

(1)将依法查封、扣押的被处罚人的财物拍卖或者变卖抵缴罚款。拍卖或者变卖的价款超过罚款数额的,余额部分应当及时退还被处罚人。拍卖财物由公安机关委托拍卖机构依法办理。

(2)不能采取第一项措施的,每日按罚款数额的3%加处罚款,加处罚款总额不得超出罚款数额。若依法加处罚款超过30日,经催告被处罚人仍不履行的,作出行政处罚决定的公安机关可以按照相关规定向所在地有管辖权的人民法院申请强制执行。

(四)暂缓、分期执行

《公安机关办理行政案件程序规定》第二百一十七条规定:"被处罚人确有经济困难,经被处罚人申请和作出处罚决定的公安机关批准,可以暂缓或者分期缴纳罚款。"

罚款的暂缓、分期执行并不是免于执行,而是给予被处罚人一定时间的缓冲期限。被处罚人必须确有经济困难,并且本人向作出罚款决定的公安机关提出暂缓、分期执行申请,经作出处罚决定的公安机关批准后,罚款才能暂缓、分期执行。

三、行政拘留的执行

行政拘留又称治安拘留,是公安机关对违反治安管理行为人实施在短期内剥夺其人身自由的行政处罚,是治安管理处罚体系中最严厉的一种,它属于人身自由罚。行政拘留只适用于自然人,不适用于法人单位。

（一）直接执行

《公安机关办理行政案件程序规定》第二百二十条规定，对被决定行政拘留的人，由作出决定的公安机关送达拘留所执行。对抗拒执行的，可以使用约束性警械。对被决定行政拘留的人，在异地被抓获或者具有其他有必要在异地拘留所执行情形的，经异地拘留所主管公安机关批准，可以在异地执行。第二百二十一条规定，对同时被决定行政拘留和社区戒毒或者强制隔离戒毒的人员，应当先执行行政拘留，由拘留所给予必要的戒毒治疗，强制隔离戒毒期限连续计算。拘留所不具备戒毒治疗条件的，行政拘留决定机关可以直接将被行政拘留人送公安机关管理的强制隔离戒毒所代为执行行政拘留，强制隔离戒毒期限连续计算。

（二）暂缓执行

行政拘留暂缓执行，是指被处罚人不服行政拘留处罚决定，申请行政复议或者提起行政诉讼后，公安机关认为不致发生危险，并在有人担保或者缴纳保证金的情况下，暂时不执行行政拘留处罚的一种特殊执行程序。

我国设立行政拘留暂缓执行制度是为了保证调查、行政复议、行政诉讼和有关决定执行的顺利进行，同时有利于保护当事人的合法权益，贯彻少押政策，提高执法的效益，减少羁押场所的负担，降低国家的执法成本。

1. 行政拘留暂缓执行的适用条件

（1）必须是决定行政拘留处罚。决定罚款或者警告处罚的，不能适用暂缓执行。这是由行政拘留处罚在治安管理处罚中具有严厉性和涉及公民人身权利而具有不可恢复性的特点所决定的。法律规定行政拘留暂缓执行这一特殊程序，更加有利于保障公民的合法权益。

（2）申请行政复议或者提起行政诉讼。一般而言，行政行为具有执行力，在行政复议或者行政诉讼期间不停止执行，但是行政拘留是剥夺人身自由的最严厉的治安管理处罚种类，一旦错误拘留，将给公民带来不可挽回的损失。因此，《治安管理处罚法》设置了行政拘留暂缓执行，待行政复议或者行政诉讼结果出来后再决定是否执行行政拘留。如果被决定行政拘留处罚的人对处罚无异议，没有申请行政复议或者提起行政诉讼，行政拘留处罚便依法正常执行。

（3）被处罚人向公安机关提出暂缓行政拘留的申请。行政拘留暂缓执行是依申请的行为，被处罚人要向作出行政拘留决定的公安机关提出暂缓执行行政拘留的申请。口头提出申请的，公安机关人民警察应当予以记录，并由申请人签名或者捺指印。被行政拘留人在执行期间，提出暂缓执行申请的，拘留所应当立即将申请转交作出行政拘留决定的公安机关。

（4）提供担保人或者缴纳保证金。为了防止被处罚人在行政拘留暂缓期间逃跑、干扰和阻碍证人作证、串供、毁灭证据、伪造证据、再次实施违法犯罪等情形，要求被处罚人要提供担保人或者缴纳保证金，以便对被处罚人有所约束。提供担保人或者缴纳保证金是二选一的关系,并不是同时具备的关系。

(5)公安机关认为暂缓执行行政拘留不致发生社会危险。暂缓执行行政拘留的决定权在公安机关,公安机关要对被处罚人提出暂缓执行行政拘留的申请进行审查,即暂缓执行行政拘留是否会发生社会危险。公安机关在判断暂缓执行是否不致发生社会危险时拥有较大的裁量空间,也就是说被处罚人提出暂缓执行的申请有可能不被批准,即公安机关认为暂缓执行行政拘留会发生社会危险的,公安机关有权决定不批准行政拘留的暂缓执行。这里的"发生社会危险",主要是指被处罚人有可能逃避或者阻碍公安复议机关、人民法院的传唤、复议、审理和执行的。从实践中看,其逃避或者阻碍的具体方式有:在当地躲藏、逃到外地、串供、伪造和毁灭证据、干扰证人证言,特别是有可能实施其他违法犯罪行为,等等。判断被处罚人是否可能发生社会危险,要根据违反治安管理行为的性质、社会危害程度、特别是被处罚人的历来表现、社会交际关系是否复杂等方面,进行实事求是的全面和综合的判断。

我们应当看到,《治安管理处罚法》虽规定了当事人可申请暂缓执行,但暂缓执行的条件却相当严苛,这就导致实践中行政拘留暂缓执行的条款几乎处于"休眠"状态,在更多时候,公安机关在作出拘留决定后就将当事人送往拘留所执行。这就使当事人即使在执行后可要求法院确认拘留决定违法,但权利保护也丧失了时效性。应适当放宽行政拘留暂缓执行的适用,人性化地增加了当事人"参加升学考试、子女出生或者近亲属病危、死亡等情形"作为可申请暂缓执行的前提,但是否暂缓执行仍旧给公安机关留下了较大的裁量空间,这也使行政拘留的权利保障问题并未获得实质推进。

2. **暂缓执行期间被处罚人应当遵守的规定**

(1)未经决定机关批准不得离开所居住的市、县;

(2)住址、工作单位和联系方式发生变动的,在二十四小时以内向决定机关报告;

(3)在行政复议和行政诉讼中不得干扰证人作证、伪造证据或者串供;

(4)不得逃避、拒绝或者阻碍处罚的执行。

在暂缓执行行政拘留期间,公安机关不得妨碍被处罚人依法行使行政复议和行政诉讼权利。

3. **暂缓执行的保证方式**

(1)担保人。担保人应当符合下列条件:一是与本案无牵连,指担保人与被处罚人所涉及的治安案件没有任何利害关系,即担保人既不是同一个治安案件的当事人,也不是该治安案件的证人。二是享有政治权利,人身自由未受到限制,指担保人现实未被判处管制、拘役或者有期徒刑以上的刑事处罚;未被采取拘传、取保候审、监视居住、拘留、逮捕等刑事强制措施;以及未受到行政拘留处罚等。应当指出的是,这里所说的"担保人享有政治权利,人身自由未受到限制"指的是在提供担保期间(现实),而不包括过去。三是在当地有常住户口和固定住所。这里的"当地",是指具体办理治安案件的公安机关所在地。只有担保人在当地有常住户口和固定住所,才便于公安机关与其保持必要的联系,才有利于担保人切实履行担保义务。四是有能力履行担保义务,指担保人必须达到一定年龄并具有民事责任能力;担保人的身体状态要好,能保证其完成监督被处罚人的任务;特别是担保人在被处罚人心目中要有一定的地位,才能真正起到监督的作用,达到监督的目的。

担保人应当履行的义务是:第一,保证被担保人遵守暂缓执行拘留期间的规定;第二,发现被担保人伪造证据、串供或者逃跑的,及时向公安机关报告。担保人不履行担保义务,致使被担保人逃避行政拘留处罚执行的,公安机关可以对担保人处以三千元以下罚款,并对被担保人恢复执行行政拘留。担保人履行了担保义务,但被担保人仍逃避行政拘留处罚执行的,或者被处罚人逃跑后,担保人积极帮助公安机关抓获被处罚人的,可以从轻或者不予行政处罚。

暂缓执行行政拘留的担保人在暂缓执行行政拘留期间,不愿继续担保或者丧失担保条件的,行政拘留的决定机关应当责令被处罚人重新提出担保人或者缴纳保证金。不提出担保人又不缴纳保证金的,行政拘留的决定机关应当将被处罚人送拘留所执行。

(2)保证金。保证金应当由银行代收。在银行非营业时间,公安机关可以先行收取,并在收到保证金后的三日内存入指定的银行账户。公安机关应当指定办案部门以外的财务等部门负责管理保证金。严禁截留、坐支、挪用或者以其他任何形式侵吞保证金。被决定行政拘留的人,同时被并处罚款的,所处罚款不因行政拘留暂缓执行而暂缓执行。

行政拘留处罚被撤销或者开始执行时,公安机关应当将保证金退还缴纳人。被决定行政拘留的人逃避行政拘留处罚执行的,由决定行政拘留的公安机关作出没收或者部分没收保证金的决定,行政拘留的决定机关应当将被处罚人送拘留所执行。

被处罚人对公安机关没收保证金的决定不服的,可以依法申请行政复议或者提起行政诉讼。

四、吊销公安机关发放的许可证的执行

作出吊销公安机关发放的许可证或者执照处罚的,应当在被吊销的许可证或者执照上加盖吊销印章后收缴。被处罚人拒不缴销证件的,公安机关可以公告宣布作废。吊销许可证或者执照的机关不是发证机关的,作出决定的机关应当在处罚决定生效后及时通知发证机关。

五、限制出境、驱逐出境的执行

对违反治安管理的外国人,可以附加适用限制出境或者驱逐出境。

限制出境是指公安机关取消外国人在中国居留的资格,责令其在指定的期限内离开中国的一种处罚措施;驱逐出境是指公安机关强制外国人离开我国国境的处罚措施。

对外国人决定限期出境的,应当规定外国人离境的期限,注销其有效签证或者停留居留证件。限期出境的期限不得超过三十日。

外国人违反治安管理,情节严重,尚不构成犯罪的,承办的公安机关可以层报公安部处以驱逐出境。公安部作出的驱逐出境决定为最终决定,由承办机关宣布并执行。被驱逐出境的外国人,自被驱逐出境之日起十年内不准入境。

对外国人处以罚款或者行政拘留并处限期出境或者驱逐出境的,应当于罚款或者行政拘留执行完毕后执行限期出境或者驱逐出境。

第九章

救济程序

第一节 救济程序概述

在现代法治社会,任何权力的运作必须依法进行,只有依法行使权力,才能保证权力行为的合法性和有效性。从法律对公权力的要求来看,不允许行使权力的主体行为,而不对自己的行为负责,权力与责任是不可分离的。权力的主体在行使权力的过程中,因违法或不当行为给公民、法人或其他组织的合法权益造成损害的,应承担相应的法律后果,并予以必要的补救。从私权利的视角来看,"有权利,必有救济"。"有权利,必有救济"作为现代法治理念,蕴含着权利受到侵害时,应有相应的法律救济手段或措施来保障公民的权益。只有这样,才能从制度上保障公民的合法权益免受不法侵害,即使是受到侵害,也可以通过法律救济手段或措施来恢复和补救。法律救济制度的设立旨在控制权力的行使,保障权力行使的正当性与合法性,以遏制违法或不当行为的发生,防止权力滥用,从而充分、有效地保障公民、法人或其他组织的合法权益。[①]

一、治安处罚救济的概念

治安处罚救济是法律救济的重要组成部分,是指公安机关以及人民警察在行使法律赋予的治安管理处罚权的过程中,因违法或不当行为侵害了公民、法人或其他组织的合法权益,被侵害人依法通过行政复议、行政诉讼、国家赔偿等形式予以

---

① 李元起、师维:《警察法通论》,中国人民大学出版社2013年版,第354页。

补救的制度。

(一)治安处罚救济是一种事后救济措施

治安管理处罚权是行政处罚权,具有先赋性或优益性。公安机关以及人民警察在行使治安管理处罚权的过程中,其行为是否具有正当性和合法性难以判断,只有当行使权力的行为被实施,才能辨明其行为是否侵犯了公民、法人或其他组织的合法权益,公民、法人或其他组织认为自己的合法权益受到了损害,可以通过法律设定的事后救济手段来加以补救。

(二)治安处罚救济的前提

治安处罚救济的前提是公安机关以及人民警察在行使治安管理处罚权的过程中,因违法或不当行为侵害了公民、法人或其他组织的合法权益,造成其人身权或财产权的损害,这是启动治安处罚救济的基础。

(三)治安处罚救济的措施有多种形式

治安处罚救济的措施有行政复议、行政诉讼、国家赔偿等形式。公民、法人或其他组织根据损害的情形依法选择相应的救济措施,以维护自身的合法权益。

二、治安处罚救济的理论基础

(一)人权保障理论

尊重和保障人权是现代法治社会的基本要求,2004年《宪法修正案》将"尊重和保障人权"作为一项原则予以规定,表明了国家十分重视尊重和保障人权的鲜明态度。宪法是一切部门法制定的依据,之后在各个部门法制定和修改的过程中,均将"尊重和保障人权"作为一项原则,在部门法中也得到了确认和体现,尊重和保障人权的理念深入人心,国家采取了相应的措施,通过立法保护、行政保护、司法保护等形式来保障人权的实现,建立了一套较为完善的人权保障法律制度。

《宪法》第四十一条规定:"中华人民共和国公民对于任何国家机关和国家工作人员,有提出批评和建议的权利;对于任何国家机关和国家工作人员的违法失职行为,有向有关国家机关提出申诉、控告或者检举的权利,但是不得捏造或者歪曲事实进行诬告陷害。对于公民的申诉、控告或者检举,有关国家机关必须查清事实,负责处理。任何人不得压制和打击报复。由于国家机关和国家工作人员侵犯公民权利而受到损失的人,有依照法律规定取得赔偿的权利。"《行政复议法》第二条明确规定:"公民、法人或者其他组织认为行政机关的行政行为侵犯其合法权益,向行政复议机关提出行政复议申请,行政复议机关办理行政复议案件,适用本法。"《行政诉讼法》第二条明确规定:"公民、法人或者其他组织认为行政机关和行政机关工作人员的行政行为侵犯其合法权益,有权依照本法向人民法院提起诉讼。"《国家赔偿法》第二条明确规定:"国家机关和国家机关工作人员行使职权,有本法规定的侵犯公民、法人或者其他组织合法权益的情形,造成损害的,受害人有依照本法取得国家赔偿的权利。"《人民警察法》第五十条明确规定:"人民警察在执行职务中,侵犯公民或者组织的合法权益造成损害的,应当依照《国家赔偿法》和其他有关法律、法规的规定给予赔偿。"根据《行政复议法》《行政诉讼法》《国家赔偿法》和《人民警察法》的有关规定,公民、法人或者其他组织认为警察机关所作的具体行政行为侵犯其合法权益,可以通过行政复议、行政诉讼和国家赔偿的途径来维护自身的合法权益。

(二)法治理论

《宪法》第五条明确规定:"中华人民共和国实行依法治国,建设社会主义法治国家。""一切国家机关和武装力量、各政党和各社会团体、各企业事业组织都必须遵守宪法和法律。一切违反宪法和法律的行为,必须予以追究。""任何组织或者个人都不得有超越宪法和法律的特权。"《宪法》第三十三条明确规定:"中华人民共和国公民在法律面前一律平等。"这些规定为建立治安处罚救济制度提供了宪法的依据和保障。它要求公安机关及人民警察严格依法办事,以法律来规范和约束自己的行为,要严格依照实体法和程序法的规定,做到权力来源要有据,权力配置要合理,权力行使要有度,权力运行要有序,权力监督要有力。公安机关及其人民警察是国家的执法机关和执法人员,在行使权力的过程中,因违法或不当行为侵犯公民、法人和其他组织的合法权益并造成损害的,应承担相应的法律后果。设置治安处罚救济制度,既是法治的必然要求,也是公民权利的有力保障。

(三)权力监督理论

一切权力必须受到制约,不受制约的权力必然导致腐败。有权力存在,就有滥用权力的可能。在我国,治安处罚权属于行政权的范畴,询问、检查、扣押、查封、追缴、罚款、行政拘留等,均与公民的人身权和财产权息息相关。如果警察违法行使权力,甚至滥用权力,则可能侵害相对人的合法权益,构成事实上的侵权,应承担相应的法律责任。由于警察权固有的双重性,一方面警察权的行使可以造福百姓,保障人权,维护社会秩序的稳定;另一方面则可能祸害百姓,侵犯人权,使社会稳定缺乏安全性。故如何有效地监督和制约警察权,切实保障警察权的合法、合理行使,限制其过度的自由裁量,遏制警察恣意专横滥用权力,是权力监督理论必须关注的问题,也是建立治安处罚救济制度的理论依据。

三、治安处罚救济的意义

(一)有利于维护行政相对人的合法权益

治安处罚救济有效保障了行政关系相对人合法权益的实现,为受损害的公民、法人或者其他组织保护自己的权利提供了相应的恢复或补救的手段与措施。当公民、法人或者其他组织认为警察的执法行为损害其利益的,可以通过行政复议、行政诉讼、国家赔偿等方式予以恢复与补救。

(二)有利于监督公安机关及其人民警察依法行使职权

我国的警务监督体制是由诸多监督主体、多种监督形式和途径构成的,行政复议、行政诉讼、国家赔偿是重要的监督形式。相关机关通过受理行政复议、行政诉讼、国家赔偿,可以及时发现警察执法过程中存在的问题和不足,便于纠正和改进;通过查处违法或不当的警察行为,可以严明警察纪律,督促警察机关及其警务人员严格依法执行职务,行使职权。

(三)有利于密切警民关系,增强警务人员的服务意识

通过受理行政复议、行政诉讼、国家赔偿,及时纠正违法行政行为,广泛听取群众意见,可以密切警察机关与人民群众的联系,改善警民关系,坚定为人民服务是警察机关及其警务人员的根本宗旨,牢固树立服务意识和公仆意识,使警务活动体现广大人民群众的意志和利益。只有这样,才能得到人民群众的支持,从而保证警察任务的完成。

第二节 治安行政复议

《治安管理处罚法》第一百零二条规定:"被处罚人对治安管理处罚决定不服的,可以依法申请行政复议或者提起行政诉讼。"《行政复议法》第二条规定:"公民、法人或其他组织认为行政机关的行政行为侵犯其合法权益,向行政复议机关提出行政复议申请,行政复议机关办理行政复议案件,适用本法。"

一、治安行政复议的概念

治安行政复议是指公民、法人或者其他组织认为公安机关行使治安管理处罚的具体行政行为侵犯其合法权益,依法提出申请,由受理的相关机关对该具体行政行为进行审查和决定的法律制度。

治安行政复议是行政复议的一种形式,是法律为行政相对人设定的维护自身合法权益的行政救济手段,治安行政复议制度是公安机关解决公安行政争议的重要手段,是沟通公安机关同人民群众联系的纽带,也是公安机关内部进行自我监督的有效途径。实行这一制度,对于监督、促进公安机关及其人民警察依法行使权力,保证公安机关依法行政,维护公民、法人和其他组织的合法权益,具有重要的意义。

治安行政复议具有以下特征。

(一)治安行政复议是因行政相对人不服具体治安行政行为而提起的

提起治安行政复议的前提必须是行政相对人的合法权益受到损害,而且这种损害是由于公安机关或人民警察的违法或不当的具体行政行为所致。相对人是针对具体行政行为提起的复议,比如对于公安机关作出的罚款、行政拘留、吊销暂扣许可证执照等具体行政行为不服,依法提起复议,而不能针对刑事行为或抽象行政行为提起复议。

(二)治安行政复议以上一级行政机关复议为主,本级行政机关复议为辅

行政复议一般实行上一级复议制,即复议机关一般是作出具体行政行为的公安机关的上一级公安机关。上下级行政机关之间是一种领导与被领导的关系,公安行政复议属于内部警务监督形式,是有权的上一级行政机关对下级行政机关的行政行为进行的监督,是能产生法律约束力的监督。对地方各级公安机关作出的具体行政行为不服的,向其上一级公安机关提出行政复议。公安部是全国公安工作的领导机关,是中央公安机关。对公安部作出的具体行政行为不服的,仍然向公安部提起行政复议申请,仍由公安部作为行政复议机关。

(三)治安行政复议是依申请的行政行为

治安行政复议是行政机关依相对人的申请而作出的一种具体行政行为。一般而言,如果没有行政相对人的申请,则不可能进行复议活动,也不能作出复议决定。治安行政复议同时也是上级公安机关监督下级公安机关的重要监督形式,是依法行使监督审查权的活动。上级通过复议对违法的警察行为予以撤销,对不当的警察行为予以变更,可以责令履行法定职责。

(四)治安行政复议是对行政相对人合法权益给予救济的活动

通过治安行政复议,可以纠正、撤销下级不当或违法的警察行为,使其不再影响行政相对人的合法权益,从而达到保护行政相对人合法权益的目的。

(五)治安行政复议是依照法定程序进行的活动

《行政复议法》对复议程序作了规定,从复议的申请、受理,到复议的审理、决定、执行等有关程序规范,是开展治安行政复议活动所必须遵循的,如果违反法定程序,复议决定则是无效的。

二、治安行政复议的范围

治安行政复议的范围是指复议机关受理争议案件的范围,或者说行政相对人依法可以就哪些具体的警察行政行为提起行政复议。根据《行政复议法》第十一条的规定,公民、法人或其他组织对以下具体警察行政行为不服可以申请复议。

(1)对公安机关作出的治安管理处罚决定不服;
(2)对公安机关作出的行政强制措施、行政强制执行决定不服;
(3)申请行政许可,公安机关拒绝或者在法定期限内不予答复,或者对公安机关作出的有关行政许可的其他决定不服;
(4)对公安机关作出的赔偿决定或者不予赔偿决定不服;
(5)认为公安机关侵犯其经营自主权;
(6)认为公安机关滥用行政权力排除或者限制竞争;
(7)认为公安机关违法集资、摊派费用或者违法要求履行其他义务;
(8)申请公安机关履行保护人身权利、财产权利等合法权益的法定职责,公安机关拒绝履行、未依法履行或者不予答复;
(9)认为公安机关在政府信息公开工作中侵犯其合法权益;
(10)认为公安机关的其他行政行为侵犯其合法权益。

三、治安行政复议的排除范围

根据《行政复议法》第十二条,下列事项不属于治安行政复议范围。
(1)国防、外交等国家行为;
(2)行政法规、规章或者行政机关制定、发布的具有普遍约束力的决定、命令等规范性文件;
(3)公安关对所属人民警察的奖惩、任免等决定;
(4)公安机关对民事纠纷作出的调解。

四、行政复议申请的程序

(一)受理与立案
复议机关接到复议申请书后,首先应按法律规定,对其行政复议申请资格、行政复议申请时效、行政复议管辖和受案范围进行审查。对符合上述条件的,予以立案;对不符合条件的,及时讲明不予立案的理由,并认真履行法律程序。

(二)调阅处罚材料
立案后,复议机关应及时调阅原作出治安管理处罚机关形成的有关材料,并要详细阅读,同时要制作阅卷笔录。

(三)调查取证
根据行政复议申请理由和阅卷中发现的疑点和矛盾点有重点地进行调查取证。

(四)治安询问

根据"一决"形成的材料和"二决"掌握的证据材料,进一步通过被处罚人进行询问核实。

(五)研究审定

(1)具体行政行为认定事实清楚,证据确凿,适用依据正确,程序合法,内容适当的,决定维持。

(2)被申请人不履行法定职责的,决定其在一定期限内履行。

(3)具体行政行为有下列情形之一的,决定撤销、变更或者确认该具体行政行为违法;决定撤销或者确认该具体行政行为违法的,可以责令被申请人在一定期限内重新作出具体行政行为:①主要事实不清、证据不足的,在查清事实或补充证据后,维持、变更或者撤销原决定。对再次查证仍然事实不清或证据不足,甚至不具有违反治安管理行为事实的,撤销原决定。②适用依据错误的,进一步确认法律适用的条、款、项(类、项、种),变更原决定。③违反法定程序的,进一步确认和履行法定程序,维持或者变更原决定。④超越或者滥用职权的,撤销原决定,并依法进行妥善处理。⑤具体行政行为明显不当的,依法变更原决定。

(六)制作、送达决定书

复议机关作出复议决定,应当制作复议决定书,并在法定时限内将决定书送达原决定机关。原决定机关要及时向行政复议申请人宣布复议决定书,同时,要制作宣决记录,注明宣决时间,行政复议申请人签字或者盖章。

第三节　治安行政诉讼

《行政诉讼法》第二条规定:"公民、法人或者其他组织认为行政机关和行政机关工作人员的行政行为侵犯其合法权益,有权依照本法向人民法院提起诉讼。"《治安管理处罚法》第一百零二条规定:"被处罚人对治安管理处罚决定不服的,可以依法申请行政复议或者提起行政诉讼。"

一、治安行政诉讼的概念

在我国,诉讼主要包括以下三种:一是刑事诉讼,即请求法院对被告人定罪判刑;二是民事诉讼,既请求法院解决民事纠纷;三是行政诉讼,即请求法院解决行政争议。

行政诉讼制度,又通俗地称为"民告官制度",是指人民法院通过依法行使行政审判权对行政机关(包括公安机关)具体行政行为的合法性进行审查并作出裁决,以促使行政机关依法行政,保护公民、法人和其他组织合法权益的法律制度。

治安行政诉讼是行政诉讼的一种形式,是法律为行政相对人设定的维护自身合法权益的重要司法救济手段。它通过人民法院对具体行政行为的合法性进行审查,从而裁判公安机关与行政相对人之间发生的行政争议,体现了审判权对警察权的监督。治安行政诉讼是指公民、法人或者其他组织认为公安机关及其人民警察在治安管理处罚过程中作出的具体行政行为侵犯其合法权益,依法向人民法院提起诉讼,由人民法院对该具体行政行为的合法性进行审查并依法作出裁判的诉讼制度。它具有以下特征。

第一,治安行政诉讼的主要目的是防止公安机关违法、越权和滥用权力,保护行政管理相对人的合法权益。

第二,治安行政诉讼的内容是解决行政争议,即解决公安机关在进行治安管理活动中与管理相对人之间因不服具体行政行为(包括作为和不作为)而引起的争议。

第三,治安行政诉讼的双方当事人是特定的,具有平等的法律地位。原告只能是行政管理相对人,被告只能是公安机关,它们的诉讼地位不能互换。

第四,主管审理治安行政诉讼的机关是人民法院,提起和审理行政诉讼必须符合法定的受案条件和程序。

第五,治安行政诉讼的结果是对具体行政行为的合法性作出裁判。对于合法的行政行为,判决予以维持;对于违法的行政行为,判决予以撤销;对于显失公正的不当行政行为,判决予以变更。

第六,行政诉讼期间不停止该具体行政行为的执行,不适用调解和反诉。

二、治安行政诉讼的受案范围

治安行政诉讼的范围是指公民、法人和其他组织对哪些治安管理行政争议,即对哪些具体警察行政行为可以向人民法院提起诉讼。治安行政诉讼旨在解决治安管理行政相对人因不服公安机关的具体行政行为而引起的治安行政争议。

我国行政诉讼制度在确定受案范围采取的是混合式的规定,即除了对属于行政诉讼受案范围的行政案件作逐个列举规定外,同时又对一些难以列举全面的,采取概括规定的方式加以补充,使行政诉讼受理的案件既有列举的规定,又有概括的规定。与此相适应,治安行政诉讼范围的确定,亦采取混合式的规定。

根据《行政诉讼法》的规定,人民法院受理公民、法人和其他组织对行政机关下列具体行政行为不服而提起的诉讼。

(1)对公安机关作出的警告、罚款、拘留、吊销许可证和执照、限期出境、驱逐出境等治安管理处罚不服的;

(2)对公安机关采取限制人身自由或者对财产的查封、扣押、冻结等行政强制

措施不服的;

(3)认为公安机关侵犯法律规定的经营自主权的;

(4)认为符合法定条件申请公安机关颁发许可证和执照,公安机关拒绝颁发或者不予答复的;

(5)申请公安机关履行保护人身权、财产权的法定职责,公安机关拒绝履行或者不予答复的;

(6)认为警察机关违法要求履行义务的;

(7)认为公安机关侵犯其他人身权、财产权的;

(8)法律、法规规定可以提起诉讼的其他治安行政案件。

《行政诉讼法》在对受案范围作出肯定式列举的同时,又对受案范围进行了否定式列举,即人民法院不受理公民、法人或者其他组织对下列事项提起的行政诉讼:一是国防、外交等国家行为;二是行政法规、规章或者行政机关制定、发布的具有普遍约束力的决定、命令;三是行政机关对行政机关工作人员的奖惩、任免等决定;四是法律规定由行政机关最终裁决的具体行政行为。

三、治安行政诉讼的程序

(一)接收法定材料

公安机关在接收法定材料时,应由有关工作人员在送达回证上签名或盖章,注意签收时间,并及时报送有关领导审阅。这是治安管理处罚应诉的第一道程序,亦即治安管理处罚应诉的受理。经有关领导审阅,对不符合公安机关应诉条件的,应拒绝应诉,并将理由及时提交有关人民法院。

(二)提交法定材料

1. 证据材料和规范性材料

具体应提交以下三类材料:①作出具体行政行为的法律文书,即治安管理处罚决定书或复议决定书以及采取强制措施的决定书或通知书等。②作出具体行政行为的证据材料,其中包括书证、物证、视听资料、鉴定结论、勘验笔录等。③作出具体行政行为所依据的规范性文件,包括法律、行政法规、地方性法规、自治或单行条例等。

2. 答辩状

所谓答辩状,是指在诉讼中被告针对原告的起诉提出的答复和辩驳。把答复和辩驳写成书面的诉状就是答辩状。向法院提交答辩状,是法律赋予被告的一项重要诉讼权利。书写答辩状,首先要认真审查原告的起诉状副本。审查时必须认真细致,进行逐句逐段推敲。审查的主要方面:一是起诉人的基本情况。二是诉讼请求和所依据的事实。这是审查的重点。三是原告提供的证据及其来源,证人姓名和住址。四是原告诉讼代理人情况,包括姓名、职业、住址、代理权限等。

3. 授权委托书

根据《行政诉讼法》第三十一条规定:"当事人、法定代理人,可以委托一至二人代为诉讼。下列人员可以被委托为诉讼代理人:(一)律师、基层法律服务工作者;(二)当事人的近亲属或者工作人员;(三)当事人所在社区、单位以及有关社会团体推荐的公民。"公安机关的法定代表人不能参加诉讼时,可以委托诉讼代理人参加诉讼。委托诉讼代理人既可以是公安机关的工作人员,也可以是律师。但均应向法院提交"授权委托书",而且要详细说明委托事项和权限,特别对代理权限,一定要规定得明确、具体,不得笼统写"部分代理"或"全权代理"等。然后由委托人亲笔签名或盖章。

(三)进行法庭辩论

进行法庭辩论,是辩明治安管理处罚事实和法律适用是非的关键环节。公安机关作为被告应当掌握以下基本做法。

1. 要有准备的进行系统答辩

所谓系统答辩,是指针对起诉状和原告首先发言的内容加以归纳,然后重点逐一加以答复和辩驳。系统答辩的主要内容:一是阐明自己的基本观点和意见;二是用掌握的真实事实和证据反驳原告的诉讼请求和理由不成立;三是通过准确引用法律法规,反驳原告引用法律法规的错误或不足。

2. 必须紧紧围绕辩论任务进行

所谓辩论任务,是指公安机关作为被告,在法庭辩论中,用事实和法律证明治安管理处罚决定的正确性。根据辩论任务,决定其辩论的重要内容是围绕事实、证据、法律适用和法律程序这四个方面进行。要坚决防止空话连篇、离题太远违背辩论任务的辩论。

3. 要讲究辩论的技巧

公安机关作为被告,既要正确对待自己,也要正确对待法庭和原告,对治安管理处罚决定必须始终坚持实事求是的精神。如果发现自己的具体行政行为是违法的,就应当及时主动地承担法律责任。同时,对合法的具体行政行为必须站在维护法律权威的高度据理力争。在法庭辩论中,首先要善于倾听和归纳原告每一轮发言的中心意思,如事实、举证和法律适用等,然后有针对性且主次分明地进行系统反驳。此外,对与此案有关的枝节末梢也应作适度的答辩,并以此烘托案件主要事实的客观存在及处罚的恰当性。总之,要做到有理、有利、有节。

(四)执行法庭裁判

人民法院经过审理,根据不同情况,分别作出"维持""撤销或部分撤销""变更"以及重新作出具体行政行为等判决。公安机关如果对法院上述判决没有异议,就应当按照法院判决认真执行。对法院判决维持原裁决而当事人在法定期限内不提起诉讼又不履行的,公安机关无须申请人民法院便可以依法强制执行。对人民法院判决重新作出具体行政行为的,公安机关不得以同一的事实和理由作出与原裁决基本相同的具体行政行为。

第四节　治安行政赔偿

《治安管理处罚法》第一百一十七条规定:"公安机关及其人民警察违法行使职权,侵犯公民、法人和其他组织合法权益的,应当赔礼道歉;造成损害的,应当依法承担赔偿责任。"

一、治安行政赔偿的概念

根据《国家赔偿法》的规定,依据国家机关行使的行政职权还是刑事职权,国家赔偿包括行政赔偿和刑事赔偿两类。治安行政赔偿属于国家行政赔偿,治安管理权属于行政职权,公安机关及其人民警察行使治安管理权过程中违法行使职权,侵犯公民、法人和其他组织合法权益的,构成国家行政赔偿。实行治安行政赔偿制度,对于保障公民、法人和其他组织的合法权益,督促公安机关及其人民警察依法行使职权,维护社会稳定,具有重要的意义。

治安行政赔偿是指公安机关及其人民警察在治安管理处罚过程中因违法行使行政职权侵犯公民、法人和其他组织的合法权益并造成损害,由公安机关作为赔偿义务机关对受害人给予赔偿的法律制度。

二、治安行政赔偿的构成要件

治安行政赔偿的构成要件,是指公安机关及其人民警察违法行使职权的行为造成损害后果时,由国家承担赔偿责任所必须具备的条件。明确治安行政赔偿的构成要件,有利于准确判定治安行政赔偿是否成立,是否需由国家承担赔偿责任,从而正确地解决国家赔偿问题。

(一)主体要件

侵权主体必须是公安机关及其人民警察,非公安机关和人民警察的职务行为不能引起治安行政赔偿。

(二)行为要件

侵权行为必须是公安机关及其人民警察违法行使职权。所谓"违法行使职权",是指行为主体行使职权的行为没有法律依据或者违反法律、法规,其中包括行使职权本身违法;行使职权的方法、手段违法;或者超越、滥用职权等。

（三）后果要件

侵权行为必须给公民、法人或其他组织的合法权益造成损害。这是公安机关承担治安行政赔偿责任的前提条件。损害的内容包括:人身损害与财产损害、物质损害与精神损害、直接损害与间接损害等。

（四）因果关系要件

因果关系是联结侵权行为与损害结果的纽带,是侵权主体对受害人承担法律责任的基础和前提。如果没有这种法律关系,侵权主体就没有义务对受害人承担赔偿责任。因此,这也是治安行政赔偿责任的必备条件之一。

三、治安行政赔偿的范围

治安行政赔偿的范围是指国家对公安机关及其人民警察因违法行使行政职权对受害人造成的哪些损害应当赔偿,哪些损害不予赔偿。根据我国《国家赔偿法》的有关规定,治安行政赔偿的范围包括对人身权的赔偿和对财产权的赔偿。

（一）侵犯人身权的违法行政行为

1. 违法拘留

违法拘留有两层意思:一是主体资格违法,即没有拘留权而越权行使;二是职权行为违法,即有拘留权的违法行使。公安机关的违法行政行为主要表现在违法行使拘留权方面,如事实证据不足,没有法律依据,处罚显失公平等。

2. 违法限制人身自由的行政强制措施

我国的行政强制措施主要有限制人身自由的、限制行为的和限制财物的行政强制措施三种。公安机关行使限制人身自由的行政强制措施主要有强制检查治疗、强制戒毒、强制带离等。如果搞错了对象或者违反了法律规定,则必然因造成侵犯公民人身权的损害而承担赔偿责任。

3. 非法拘禁或者以其他方法非法剥夺公民人身自由的行为

治安管理处罚的行政违法行为主要表现在以捆绑、扣留、挟持等方式非法剥夺公民人身自由造成损害而承担赔偿责任。

4. 违法使用武器、警械造成公民身体伤害或者死亡的行为

这里的武器、警械,是指依法配给人民警察的枪支、警棍、警绳、手铐等专门装备。违法使用,是指违反《人民警察使用武器和警械的规定》使用武器、警械,即使用不当致人伤害或者死亡,理应承担赔偿责任。

5. 造成公民身体伤害或者死亡的其他违法行为

此项规定是对上述违法致人伤亡未尽行为的概括。其他违法行为致人伤亡的方式方法具有多样性,如捆绑、吊挂、重压、饥饿、冷冻、电击等。

(二)侵犯财产权的违法行政行为

(1)违法实施罚款、吊销许可证和执照、责令停产停业、没收财物等行政处罚行为;

(2)违法对财物采取查封、扣押、冻结等行政强制措施的行为;

(3)违反国家规定征收财物、摊派费用的行为;

(4)造成财产损害的其他违法行为。

四、治安行政赔偿的程序

(一)请求赔偿的法定途径

1. 向赔偿义务机关先行提出

向赔偿义务机关先行提出是指治安赔偿请求人在申请行政复议或者提起行政诉讼前,先向赔偿义务机关请求赔偿,由赔偿义务机关依法行政先行处理。

2. 在申请治安行政复议时一并提出

复议机关复议后,如果确认该行政行为侵犯了受害人的合法权益,在作出撤销或者变更复议决定的同时,对造成损害的,可以责令该公安机关依法予以赔偿。

3. 在提起治安行政诉讼时一并提出

在提起治安行政诉讼时一并提出赔偿请求,人民法院在审理治安行政案件时,一并解决赔偿问题。

4. 通过治安管理处罚赔偿诉讼解决

治安管理处罚赔偿诉讼是指治安赔偿义务机关逾期不予赔偿,或者赔偿请求人对赔偿数额有异议的,可以自期间届满之日起三个月内向人民法院提起诉讼。

(二)请求赔偿的特殊规定

1. 共同赔偿要求的先予赔偿

共同赔偿要求的先予赔偿是指法律规定赔偿请求人有权向共同赔偿义务机关中的任何一方要求赔偿,被要求的赔偿义务机关不得以任何借口推诿,有义务先予赔偿。

2. 数项赔偿要求的同时提出

数项赔偿要求的同时提出是指为了充分保护受害人的合法权益,并方便其行使赔偿权利,法律规定赔偿请求人可以根据受到的不同损害,同时提出数项赔偿要求,一并解决全部赔偿问题。

(三)追偿程序

《国家赔偿法》第十六条规定:"赔偿义务机关赔偿损失后,应当责令有故意或者重大过失的工作人员或者受委托的组织或者个人承担部分或者全部赔偿费用。"因此,公安机关赔偿损失后,应当责令有故意或者重大过失的人民警察承担部分或者全部赔偿费用。实行追偿制度,有利于促进人民警察勤政、廉政和依法行使职权;将追偿权限限制在"故意或者重大过失"的范围,允许人民警察在一定限度内出现差错而不负任何责任,有利于保护人民警察忠于职责和提高执法水平。

下 编
治安管理处罚的法律适用

治安管理处罚的法律适用,是本书的实践应用部分,其研究的主要内容是治安管理处罚的适用客体:各大类、小类、项、种的违反治安管理行为(对应《治安管理处罚法》的节、条款、项的具体规定)的概念、法律特征和法律适用(包括调查重点和典型案例)的基本理论和基本实践问题。

《治安管理处罚法》规定的违反治安管理行为,共五大类五十三小类一百二十九项一百五十一种。因此,本编从违反治安管理行为侵犯的同类客体入手,对扰乱公共秩序行为与处罚、妨害公共安全行为与处罚、侵犯人身权利行为与处罚、侵犯财产权利行为与处罚和妨害社会管理行为与处罚的概念、法律特征和法律适用,进行理论与实践相结合的分别论述。

第十章

扰乱公共秩序行为与处罚

第一节 扰乱公共秩序案件概念及法律特征

一、扰乱公共秩序案件的概念

公共秩序,很多时候也被称为社会秩序。自人类社会产生以来,就自然演变成了一定的社会秩序。不同的历史时期,保障社会秩序的规则有所不同。当今社会的公共秩序是由法律、行政法规,以及国家机关、企事业单位和社会团体的规章制度,还有社会公共道德等不同的规则所共同确定和保障的,为维护人们社会公共生活所必需的秩序。可以说,良好的公共秩序对一个社会和国家来说,具有极为重要的意义。我国作为社会主义国家,将依法治国作为治理国家的基本方略,并且提出了构建和谐社会的战略目标,这些,都有赖于良好的公共秩序的保障。公共秩序的内涵非常广泛,主要包括社会管理秩序、各单位的生产管理秩序、公共交通秩序、公共空间和公共场所秩序等。

根据上述分析,所谓扰乱公共秩序案件,就是干扰和破坏公共秩序,侵害人们共同生活的良好、稳定的社会秩序的案件。

二、扰乱公共秩序行为的特征

治安管理所说的扰乱公共秩序行为,是指干扰和破坏社会公共秩序,具有社会危害性,但尚未达到刑事处罚程度的违法行为。其具有如下特征。

（1）扰乱公共秩序行为侵犯的客体是社会的公共秩序。这是扰乱公共秩序行为的本质特征。没有对公共秩序这一客体的侵犯，就谈不上扰乱公共秩序。《治安管理处罚法》规定对扰乱公共秩序进行处罚，就是因为这类行为具有一定程度的社会危害性。但是《治安管理处罚法》中规定的扰乱公共秩序的行为，其社会危害性都不太严重，因为具有严重的社会危害性是犯罪行为的本质特征，社会危害性程度是否严重是区分一般违法行为和犯罪行为的基本尺度。

（2）客观上具有扰乱公共秩序的违法行为和危害结果。这是对行为人进行行政处罚的客观依据，也是公安行政执法所应调查的重点与核心要素。应当注意的是，违法行为既包括作为，也包括不作为。

（3）扰乱公共秩序行为的主体是达到法定年龄、具有相应的责任能力中完全责任能力或限制责任能力的自然人。单位只有在法律有明确规定的情况下才能成为违法行为的主体。

（4）扰乱公共秩序行为的主观方面为故意，包括直接故意和间接故意。直接故意即行为人明知自己的行为会发生扰乱公共秩序的危害结果，但希望追求这种结果发生的主观心理态度；间接故意则是行为人明知自己的行为会发生扰乱公共秩序的危害结果，但放任这种结果发生的主观心理态度。在直接故意的情形中，大部分行为人具有特定的目的，如发泄某些不满情绪，或者追求实现某种不合法或不合理的要求或目标。

三、扰乱公共秩序行为的类型

根据《治安管理处罚法》和《公安部关于规范违反治安管理行为名称的意见》的规定，本章所涉及的扰乱公共秩序案件共计以下二十九种。

（1）扰乱单位秩序（本法第二十三条第一款第一项）。
（2）扰乱公共场所秩序（本法第二十三条第一款第二项）。
（3）扰乱公共交通工具上的秩序（本法第二十三条第一款第三项）。
（4）妨碍交通工具正常行驶（本法第二十三条第一款第四项）。
（5）破坏选举秩序（本法第二十三条第一款第五项）。
（6）聚众扰乱单位秩序（本法第二十三条第二款）。
（7）聚众扰乱公共场所秩序（本法第二十三条第二款）。
（8）聚众扰乱公共交通工具上的秩序（本法第二十三条第二款）。
（9）聚众妨碍交通工具正常行驶（本法第二十三条第二款）。
（10）聚众破坏选举秩序（本法第二十三条第二款）。
（11）强行进入大型活动场内（本法第二十四条第一款第一项）。
（12）违规在大型活动场内燃放物品（本法第二十四条第一款第二项）。
（13）在大型活动场内展示侮辱性物品（本法第二十四条第一款第三项）。

(14)围攻大型活动工作人员(本法第二十四条第一款第四项)。
(15)向大型活动场内投掷杂物(本法第二十四条第一款第五项)。
(16)其他扰乱大型活动秩序的行为(本法第二十四条第一款第六项)。
(17)虚构事实扰乱公共秩序(本法第二十五条第一项)。
(18)投放虚假危险物质扰乱公共秩序(本法第二十五条第二项)。
(19)扬言实施放火、爆炸、投放危险物质扰乱公共秩序(本法第二十五条第三项)。
(20)寻衅滋事违法行为(本法第二十六条)。
(21)组织、教唆、胁迫、诱骗、煽动从事邪教、会道门活动(本法第二十七条第一项)。
(22)利用邪教、会道门、迷信活动危害社会(本法第二十七条第一项)。
(23)冒用宗教、气功名义危害社会(本法第二十七条第二项)。
(24)故意干扰无线电业务正常进行(本法第二十八条)。
(25)拒不消除对无线电台(站)的有害干扰(本法第二十八条)。
(26)非法侵入计算机信息系统(本法第二十九条第一项)。
(27)非法改变计算机信息系统功能(本法第二十九条第二项)。
(28)非法改变计算机信息系统数据和应用程序(本法第二十九条第三项)。
(29)故意制作、传播计算机破坏性程序(本法第二十九条第四项)。

第二节 扰乱单位秩序及特定场所秩序案件的认定与查处

法律认定与查处的扰乱单位秩序及特定场所秩序案件主要有以下几种类型。

一、扰乱单位秩序行为的认定与查处

(一)扰乱单位秩序行为的概念与特征

扰乱单位秩序行为,是指扰乱各种机关、团体、企事业单位正常的工作秩序,致使上述单位的生产经营等日常工作活动不能正常进行的各种行为。应当注意的是,扰乱单位秩序行为虽然侵害和扰乱了被侵害单位正常的工作秩序,但是尚未造成严重损失,在造成严重损失的情况下,相关行为人的行为可能涉嫌相应的犯罪,仅仅进行行政处罚可能不足以追究行为人的相关责任。其具有如下特征。

(1)此类行为侵犯客体是单位正常的生产经营等工作秩序。侵害的对象是各种机关、团体、企事业单位。不同的单位具有不同的业务工作范围,如生产、经营、服务、教育、科研、医疗等。

（2）此类行为客观方面表现为实施某些方法扰乱了机关、团体、企事业单位正常的工作秩序,致使上述单位的生产经营等日常工作活动不能正常进行,但尚未对被侵害单位造成严重损失或严重后果。

（3）实施此类行为的主体为一般主体,达到法定的责任年龄、具有相应的责任能力的自然人,均可能实施此类行为从而应承担相应的责任。

（4）此类行为的行为人主观方面均为故意,并具有特定的动机和目的。例如,为了发泄对单位或领导的不满,给单位或领导施加压力以达到自己的某些要求或目的等。目的或动机不影响对此类行为的认定,但对处罚结果可能产生一定的影响。

（二）扰乱单位秩序行为与相关行为的区分

1. 本类行为违法与犯罪的界限

这主要是注意本类行为是否造成严重损失,行为人只要实施了扰乱单位秩序的行为,就必然会对该单位的正常工作、生产、营业、医疗、教学、科研等活动造成一定的影响和损失,对于尚未造成严重损失的,一般按照《治安管理处罚法》规定的扰乱单位秩序行为处理。如果情节严重,符合《刑法》第二百九十条规定情形的,应该认定为聚众扰乱社会秩序罪。

2. 本行为与其他相关违反治安管理行为的界限

（1）本行为与扰乱公共场所秩序行为的界限。扰乱公共场所秩序行为,是指扰乱车站、港口、码头、机场、商场、公园、展览馆或者其他公共场所秩序的行为。扰乱单位秩序行为与扰乱公共场所秩序行为之间的主要区别在于违法行为发生的场所不同,前者的对象为机关、团体、企业、事业单位,后者的对象是车站、港口、码头、机场、商场、公园、展览馆等公共场所。

（2）本行为与寻衅滋事行为的界限。寻衅滋事行为,是指结伙斗殴,追逐、拦截他人,强拿硬要或者任意损毁、占用公私财物以及其他肆意挑衅行为。扰乱单位秩序行为在客观方面也可以表现为追逐、拦截他人或者损毁、占用单位财物的行为,主观方面都可能是在不正当动机的支配下实施违法行为,因此两者有一定的相似之处。但是两者又有明显的区别:一是在客观方面,扰乱单位秩序主要是在特定单位区域内实施扰乱行为,致使正常的单位秩序无法进行,尚未造成严重损失,而寻衅滋事行为则主要表现为对他人人身和财产的肆意挑衅;二是在主观方面,两者区别的关键是动机不同,本行为的动机不限,只要实施扰乱行为致使工作、教学、科研等活动不能正常进行,尚未造成严重后果就可以构成,而寻衅滋事行为则具有寻求精神刺激、耍威风等不正当的流氓动机。

在实践中,一是要把握好扰乱单位秩序行为的认定,一般是造成了一定后果,但尚未造成严重后果,比如致使单位停产停业或造成重大经济损失等;二是要注意划清扰乱单位秩序行为与聚众扰乱社会秩序罪的界限。聚众扰乱社会秩序罪是指聚众扰乱社会秩序,情节严重,致使工作、生产、营业、医疗、教学、科研无法进行,造成严重损失的行为。二者的主要区别在于:①危害程度不同。扰乱单位秩序行为在客观方面造成单位工作不能正常进行,尚未造成"严重损失";聚众扰乱社会罪在客观方面实施的扰乱行为必须达到"情节严重"的程度,致使单位工作、生产、营业、医疗、教学、科研无法进行,造成了严重损失。②行为主体不同。扰乱单位秩序行为的主体还包括所有实施扰乱行为的人;聚众扰乱社会秩序罪的主体是在扰乱社会秩序行为中组织、策划、指挥的首要分子和主动参加扰乱社会秩序活动并在其中起主要作用的积极参加者。

(三)扰乱单位秩序行为的调查重点

(1)侵害对象和侵犯客体。此类行为的侵害对象为机关、团体、企事业等各种单位,侵犯客体为单位正常的生产、经营、服务、教育、科研、医疗等工作秩序。

(2)行为主体的相关情况。行为主体的个人情况会影响到责任的承担,如行为人的年龄、责任能力、精神状态等,这些内容对于案件的调查认定比较关键,且相对容易查清。对于聚众扰乱单位秩序的案件,要查清其中谁是首要分子。此外,还要注意调查行为主体有无前科等情况。

(3)行为客观表现情况。即行为的次数及行为人是否曾因此类行为受到相应处罚。

(4)行为的危害后果。行为的危害后果包括行为的手段和方法,行为发生的时间、地点、情节,对被侵害单位所产生的影响,是否造成财产损失甚至人身伤亡等,综合判断行为的社会危害性,并结合上述提及的《刑法》的有关规定,判断是普通的行政违法行为还是涉嫌犯罪行为。

(四)扰乱单位秩序行为的处罚

根据《治安管理处罚法》第二十三条第一款的规定,对扰乱单位秩序的行为人处警告或者二百元以下罚款;情节较重的,处五日以上十日以下拘留,可以并处五百元以下罚款。对于聚众扰乱单位秩序的,对首要分子处十日以上十五日以下拘留,可以并处一千元以下罚款。

二、扰乱公共场所秩序行为的认定与查处

(一)扰乱公共场所秩序行为的概念与特征

公共场所是指能够为不特定的社会公众提供参与某些活动的空间的地点或区域,如车站、港口、码头、机场、商场、公园、展览馆或者其他公共场所。扰乱公共场所秩序行为即扰乱上述公共场所正常的运营管理秩序、对不特定的社会公众造成不利影响,但情节显著轻微尚不构成犯罪的行为。其具有如下特征。

(1)此类行为侵害对象为车站、港口、码头、机场、商场、公园、展览馆或者其他

公共场所,侵犯客体为上述公共场所的运营管理秩序。

(2)此类行为客观方面表现为一人或聚集多人使用各种方法扰乱上述公共场所的运营管理秩序,对游人、乘客等不特定的社会公众造成不利影响,但尚不构成犯罪的行为。

(3)实施此类行为的主体为一般主体,即达到法定的责任年龄、具有相应的责任能力的自然人。应当注意的是,在扰乱公共场所秩序的情况下对于首要分子要依照规定单独处罚,而对于其他违法分子如积极参加者,以扰乱公共场所行为论处。

(4)此类行为的行为人主观方面均为故意,并具有特定的动机和目的。例如,为了发泄对某些单位、某些领导或个别工作人员的不满,给有关部门或有关人员施加压力以达到自己的某些要求或目的等。目的或动机对此类行为的认定没有影响,但对处罚结果可能产生一定的影响。

(二)扰乱公共场所秩序行为与相关行为的区分

1. 本行为违法与犯罪的界限

本违法行为与聚众扰乱公共场所秩序罪的主要区别在于:一是对参与人数的要求不同。本违法行为不要求参与人数众多,不要求达到聚众的程度。二是对违法情节的具体要求不同。情节轻微、影响不大、损失不大的,构成本违法行为,依法进行治安处罚;情节严重,影响程度大,损失严重,社会危害后果严重的,构成聚众扰乱公共场所秩序罪。三是主体不同。本违法行为人主要包括两类,即单个行为人和共同违法行为人;而聚众扰乱公共场所秩序罪主要针对首要分子。

2. 本行为与扰乱单位秩序行为的界限

两种违法行为在客观表现上具有相似性,都可能有谩骂、攻击、推搡、阻碍、毁坏等行为。两者的主要区别在于:一是违法行为的攻击对象不同。扰乱单位秩序行为攻击对象主要是机关、团体、企业、事业单位;扰乱公共场所秩序的行为攻击对象主要是车站、港口、码头、机场、商场、公园、展览馆或者其他公共场所。二是违法行为的侵害客体不同。扰乱单位秩序行为侵害的客体是特定范围内的社会秩序,是机关、团体、企业、事业单位的正常工作、生产、营业、医疗、教学、科研所需要的社会秩序;扰乱公共场所秩序行为侵害的客体是车站、港口、码头、机场、商场、公园、展览馆或者其他公共场所的正常工作、生产、营业、活动所需要的公共秩序。

3. 本行为与寻衅滋事罪的区别

寻衅滋事罪侵犯的客体属复杂客体,既可能是人身权利,也可能是财产权利,或者是公共秩序。直接对象既可以是人,也可以是物。本违法行为与寻衅滋事罪的主要区别在于:一是本违法行为的情节轻微,没有造成社会秩序严重混乱,不属于犯罪;二是两者主观动机、目的不同,寻衅滋事一般是出于寻求精神刺激的动机,而扰乱公共场所秩序行为一般是为了实现个人某种不合理的政治要求或者经济利益,或者为了达到报复、要挟、敲诈等目的。

(三)扰乱公共场所秩序行为的调查重点

1.侵害对象和侵犯客体

此类行为的侵害对象为车站、港口、码头、机场、商场、公园、展览馆或者其他公共场所,侵犯客体为上述公共场所的运营管理秩序。

2.行为主体的相关情况

行为主体的相关情况包括行为主体的年龄、精神状态等影响到责任承担的因素。对于扰乱公共场所秩序的案件,要查清其中的首要分子。此外,还要注意调查行为主体的前科情况。

3.行为的危害后果

行为的危害后果包括行为的手段和方法,行为发生的时间、地点、情节,对被侵害公共场所所产生的影响,是否造成财产损失甚至人身伤亡,是否有抗拒、阻碍国家治安管理工作人员依法执行职务且情节严重的情形等,综合判断行为的社会危害性,并结合《刑法》的有关规定,判断是普通的行政违法行为还是涉嫌犯罪行为。

(四)扰乱公共场所秩序行为的处罚

根据《治安管理处罚法》第二十三条第二项的规定,对扰乱公共场所秩序的行为人处警告或者二百元以下罚款;情节较重的,处五日以上十日以下拘留,可以并处五百元以下罚款。对于聚众扰乱公共场所秩序的,对首要分子处十日以上十五日以下拘留,可以并处一千元以下罚款。

三、扰乱公共交通工具上的秩序行为的认定与查处

(一)扰乱公共交通工具上的秩序行为的概念与特征

扰乱公共交通工具上的秩序行为,即扰乱公共汽车、电车、火车、船舶、航空器或者其他公共交通工具上的秩序的行为。其具有如下特征。

(1)此类行为侵害对象为公共汽车、电车、火车、船舶、航空器等公共交通工具。侵犯客体为公共交通秩序。

(2)此类行为客观方面表现为一人或多人使用各种方法扰乱公共汽车、电车、火车、船舶、航空器或者其他公共交通工具上的秩序的行为。应当注意的是,扰乱公共交通工具上的秩序的行为对象必须是正在运营中的公共汽车、电车、火车、船舶、航空器等公共交通工具。

(3)实施此类行为的主体为一般主体,即达到法定的责任年龄、具有相应的责任能力的自然人。

(4)此类行为的行为人主观方面均为故意,并具有特定的动机和目的。目的

或动机对此类行为的认定没有影响,但对处罚结果可能产生一定的影响。

(二)扰乱公共交通工具上的秩序行为与相关行为的区分

1. 此类行为违法与犯罪的界限

本行为构成特征的关键是影响公共交通工具上的管理秩序,如果实施了本行为,一般按照《治安管理处罚法》处理。当前由于社会问题的复杂性,多次出现乘客拉扯公共交通工具驾驶员的情况。对于乘客影响公共交通工具驾驶人员的行为,是扰乱公共交通工具上的秩序行为,还是以危险方法危害公共安全罪,容易出现认定困难。如果公共交通工具处于运行状态,殴打驾驶人员会造成公共交通工具车毁人亡的危险,则应定性为以危险方法危害公共安全罪,对殴打驾驶人员的违法行为人进行刑事拘留。如果扰乱交通工具上的秩序的行为是聚众实施且情节严重,符合《刑法》第二百九十一条规定情形,应该认定为聚众扰乱交通秩序罪。

2. 本行为与妨碍交通工具正常行驶行为的界限

两者的主要区别在于:一是违法行为侵害的客体不同。本违法行为侵害的客体是公共交通工具上的秩序,是公共交通运输的管理秩序;妨碍交通工具正常行驶行为侵害的客体是公共交通工具正常行驶所需要的秩序,是交通工具管理运行秩序。二是违法行为侵害的具体对象不同。本违法行为主要是针对公共交通工具;妨碍交通工具正常行驶行为是针对交通工具,包括私人交通工具。三是违法行为表现形式不同。本违法行为主要表现为在公共交通工具上扰乱秩序行为,如不遵守有关公共交通工具管理制度,打闹、肆意喧哗,打乘客或司乘人员;不服从管理,干扰公共交通工具正常运行;在飞机上吸烟;在公共交通工具上携带易燃易爆违禁品。妨碍交通工具正常行驶行为表现为非法拦截或者强登、扒乘机动车、船舶、航空器以及其他交通工具。

(三)扰乱公共交通工具上的秩序行为的调查重点

1. 侵害对象和侵犯客体

此类行为侵害对象为公共汽车、电车、火车、船舶、航空器等公共交通工具。侵犯客体为公共交通秩序。侵害对象为私家车等非公共交通工具,不可能构成扰乱公共交通工具上的秩序行为,但在影响公共交通秩序的情况下可能构成妨碍交通工具正常行驶行为。

2. 行为主体的相关情况

行为主体的相关情况包括行为主体的年龄、责任能力、精神状态等影响到责任承担的因素。对于聚众扰乱公共交通工具上的秩序的案件,要查清其中的首要分子。此外,还要注意调查行为主体的前科情况。

3. 行为的危害后果

行为的危害后果包括行为的手段和方法,行为发生的时间、地点、情节,对公共交通工具上的秩序所产生的影响,是否造成财产损失甚至人身伤亡,是否有抗拒、阻碍国家治安管理工作人员依法执行职务且情节严重的情形等,综合判断行为的社会危害性,并结合《刑法》的有关规定,判断是普通的行政违法行为还是涉嫌犯罪行为。

（四）扰乱公共交通工具上的秩序行为的处罚

根据《治安管理处罚法》第二十三条第三项的规定,对扰乱公共交通工具上的秩序的行为人处警告或者二百元以下罚款;情节较重的,处五日以上十日以下拘留,可以并处五百元以下罚款。对于聚众扰乱公共交通秩序的,对首要分子处十日以上十五日以下拘留,可以并处一千元以下罚款。

四、妨碍交通工具正常行驶行为的认定与查处

（一）妨碍交通工具正常行驶行为的概念与特征

妨碍交通工具正常行驶的行为,即非法拦截或者强登、扒乘机动车、船舶、航空器以及其他交通工具,影响交通工具正常行驶的行为。其具有如下构成特征。

（1）此类行为侵害对象既包括公共汽车、电车、火车、船舶、航空器等公共交通工具,也包括机动车等非公共交通工具。侵犯客体为公共交通秩序。

（2）此类行为客观方面表现为一人或多人通过非法拦截或强登、扒乘机动车、船舶、航空器以及其他交通工具等方法,影响交通工具正常行驶的行为。应当注意的是,妨碍交通工具正常行驶的行为侵害对象除了公共交通工具外,还包括非公共交通工具的机动车等其他在公共交通领域通行的交通工具。

（3）实施此类行为的主体为一般主体,即达到法定的责任年龄、具有相应的责任能力的自然人。

（4）此类行为的行为人主观方面均为故意,并具有特定的动机和目的。目的或动机对此类行为的认定没有影响,但对处罚结果可能产生一定的影响。

（二）妨碍交通工具正常行驶行为与相关行为的区分

1. 此类行为违法与犯罪的界限

本行为构成特征的关键是影响交通工具的正常行驶,如果实施了本行为客观方面的拦截、强登、扒乘,只是影响交通工具的正常行驶,没有造成交通事故或者人身伤害或财产损失的,则构成本行为。如果发生了交通事故或者对交通安全造成严重后果的,则按照相关刑事案件处理。

2. 本行为与以危险方法危害公共安全罪的界限

本违法行为属于治安违法行为,以危险方法危害公共安全行为属于犯罪,一般情况下较为容易区别。特殊情况下,非法拦截或者强登、扒乘机动车、船舶、航空器

以及其他交通工具可能会造成交通工具出现交通事故,影响公共安全。例如,为了拦截交通工具而在道路上设置障碍,可能造成交通工具倾覆,因此,准确识别两者的不同属性,对于准确定性具有重要意义。识别两者的核心在于非法拦截或者强登、扒乘机动车、船舶、航空器以及其他交通工具是否足以对公共安全产生危险,如果该违法行为对公共安全产生危险,或者已经造成不特定人的人身伤害或财产损失,则构成以危险方法危害公共安全罪。如果仅仅是影响交通工具的正常行驶,不足以造成公共安全危险,则定性为妨碍交通工具正常行驶行为。

3.本行为与其他相关违反治安管理行为的界限

(1)本行为与强行进入航空器驾驶舱行为的界限。非法拦截、强登、扒乘交通工具行为客观方面也包括强行登入航空器行为,这就与《治安管理处罚法》第三十四条规定的强行进入航空器驾驶舱行为有相似之处。两者的区别主要有两个方面:一是侵犯的客体不同。本行为侵犯的是交通工具管理运行秩序,而后者侵犯的客体则是公共安全,即不特定多数人的人身和财产安全。如果强登航空器行为仅仅是对正常的交通秩序的妨碍和破坏,而不会危及公共安全,则认定为本行为;如果强登行为已经或者可能对航空器的人身财产安全造成损害,则认定为强行进入航空器驾驶舱行为。二是侵犯的对象不完全相同。本行为侵犯对象包括机动车、船舶、航空器以及其他交通工具,而后者侵犯对象只能是航空器。

(2)本行为与偷开他人机动车、航空器、机动船舶行为的界限。《治安管理处罚法》第六十四条规定的偷开他人机动车、航空器、机动船舶行为与本行为也有相似之处,两者的区别主要表现为两个方面:第一,两者侵犯的客体不同,本行为主要侵犯交通管理秩序,后者侵犯的是机动车、航空器、机动船舶的管理秩序;第二,两者侵犯的对象不同,本行为的侵犯对象仅仅局限于行驶中的交通工具,而后者的侵犯对象则不限于行驶中的交通工具,尚未运行或者刚刚运行的交通工具,也可能是后者的侵犯对象。

(三)妨碍交通工具正常行驶行为的调查重点

1.侵害对象和侵犯客体

此类行为侵害对象既包括公共汽车、电车、火车、船舶、航空器等公共交通工具,也包括机动车等非公共交通工具。侵犯客体为公共交通秩序。侵害对象为私家车等非公共交通工具,在影响公共交通秩序的情况下可能构成妨碍交通工具正常行驶行为。如果是侵害对象为特定的私家车,但对公共交通秩序没有影响的,不能构成此类行为,可能构成其他违法或犯罪行为。

2.行为主体的相关情况

行为主体的相关情况包括行为主体的年龄、责任能力、精神状态等影响到责任承担的因素。对于妨碍交通工具正常行驶的行为,要查清其中的首要分子和积极参与者。此外,还要注意调查行为主体有无前科情况。

3.行为的危害后果

行为的危害后果包括行为的手段和方法,行为发生的时间、地点、情节,对公共交通秩序所产生的影响,是否造成财产损失甚至人身伤亡,是否有抗拒、阻碍国家治安管理工作人员依法执行职务且情节严重的情形等,综合判断行为的社会危害性,并结合《刑法》的有关规定,判断是普通的行政违法行为还是涉嫌犯罪行为。

(四)妨碍交通工具正常行驶行为的处罚

根据《治安管理处罚法》第二十三条第四项的规定,对妨碍交通工具正常行驶的行为人处警告或者二百元以下罚款;情节较重的,处五日以上十日以下拘留,可以并处五百元以下罚款。对于聚众扰乱公共交通秩序的,对首要分子处十日以上十五日以下拘留,可以并处一千元以下罚款。

五、破坏选举秩序行为的认定与查处

(一)破坏选举秩序行为的概念与特征

破坏选举秩序行为,即运用各种手段,妨碍依法进行的选举,破坏正常的选举秩序、尚不构成犯罪的行为。其具有如下特征。

(1)此类行为侵害的对象为选举工作人员或选民、参选代表等,侵犯的客体为依法进行的正常的选举秩序。

(2)此类行为客观方面表现为一人或多人聚集,使用各种方法妨碍依法进行的选举,破坏正常的选举秩序且尚不构成犯罪的行为。"依法"进行的选举是指法律规定的选举活动,主要有依照《中华人民共和国全国人民代表大会和地方各级人民代表大会选举法》选举人民代表的活动,依照《中华人民共和国全国人民代表大会组织法》《中华人民共和国国务院组织法》《中华人民共和国地方各级人民代表大会和地方各级人民政府组织法》《中华人民共和国人民法院组织法》和《中华人民共和国人民检察院组织法》选举或决定任命国家机关领导人员和公职人员的活动,根据《中华人民共和国村民委员会组织法》《中华人民共和国城市居民委员会组织法》选举村委会、居委会成员的活动,根据《中华人民共和国工会法》选举工会代表和工会委员会成员的活动。以选举人民代表为例,选举包括选民登记、提出候选人、投票选举、补选、罢免等环节在内的整个选举活动过程,不包括单位、组织内部根据工作需要按照单位决定进行的选举。行为人妨碍选举、破坏选举秩序的手段多种多样,如通过贿赂、威胁、欺骗、伪造选举文件、在选举票数上弄虚作假等非法手段,对选举工作人员或选民、参选代表进行收买、拉拢或压制等,妨害选民或竞选代表依法享有的选举权和被选举权,导致依法进行的选举秩序受到破坏。

(3)实施此类行为的主体为一般主体,即达到法定的责任年龄、具有相应的责任能力的自然人。

(4)此类行为的行为人主观方面均为故意,并具有特定的动机和目的。例如,收买或操纵选票、打压竞选对手等。

(二)破坏选举秩序行为与相关行为的界限

正确认定破坏选举秩序的行为,应注意区别此类行为与破坏选举罪的界限。二者既具有密切联系,又具有明显的区别。二者在侵害的对象、行为主体和主观方面都基本一致,主要区别在于其侵犯客体和社会危害性的程度不同。《刑法》第二百五十六条规定:"在选举各级人民代表大会代表和国家机关领导人员时,以暴力、威胁、欺骗、贿赂、伪造选举文件、虚报选举票数等手段破坏选举或者妨害选民和代表自由行使选举权和被选举权,情节严重的,处三年以下有期徒刑、拘役或者剥夺政治权利。"根据该规定,破坏选举行为是否构成犯罪主要有以下界限:①只有破坏各级人大代表和国家机关领导人员的选举才构成犯罪。对于破坏其他依法进行的选举的,依照《治安管理处罚法》处罚。②破坏各级人大代表和国家机关领导人员的选举,情节严重的才构成犯罪。这里的"情节严重"主要是指致使选举不能进行、造成恶劣的政治影响、手段恶劣等。

(三)破坏选举秩序行为的调查重点

1. 侵害对象和侵犯客体

此类行为侵害对象为选举工作人员或选民、参选代表等,侵犯客体为依法进行的正常的选举秩序。

2. 行为主体的相关情况

行为主体的相关情况包括行为主体的年龄、精神状态等影响到责任承担的因素。此外,还要注意调查行为主体的前科情况。

3. 行为的危害后果

行为的危害后果包括行为的手段和方法,行为发生的时间、地点、情节,对被侵害对象、选举程序和选举结果所产生的影响等,从上述因素综合判断行为的社会危害性,并结合《刑法》的有关规定,判断是普通的行政违法行为还是涉嫌犯罪行为。

(四)破坏选举秩序行为的处罚

根据《治安管理处罚法》第二十三条第一款第五项的规定,对破坏选举秩序的行为人处警告或者二百元以下罚款;情节较重的,处五日以上十日以下拘留,可以并处五百元以下罚款。对于聚众破坏选举秩序行为的,对首要分子处十日以上十五日以下拘留,可以并处一千元以下罚款。

第三节 扰乱大型群众性活动秩序案件的认定与查处

法律认定与查处的扰乱大型群众性活动秩序案件有以下几种类型。

一、强行进入大型活动场内行为的认定与查处

（一）强行进入大型活动场内行为的概念与特征

强行进入大型活动场内行为，即未经许可而强行进入大型活动场内、扰乱大型群众性活动秩序、尚不构成犯罪的行为。其具有如下特征。

（1）此类行为侵害对象为文化、体育赛事等大型群众性活动，侵犯客体为上述大型活动的秩序。

（2）此类行为客观方面表现为强行进入大型活动场内，扰乱大型活动秩序且尚不构成犯罪的行为。

（3）实施此类行为的主体为一般主体，即达到法定的责任年龄、具有相应的责任能力的自然人。

（4）此类行为的行为人主观方面均为故意。目的或动机对此类行为的认定没有影响。

（二）强行进入大型活动场内行为与相关行为的区分

正确认定扰乱大型群众性活动秩序的行为，应注意此类行为在发生严重后果时与相关犯罪的界限。《刑法》第二百九十一条规定，聚众扰乱车站、码头、民用航空站、商场、公园、影剧院、展览会、运动场或者其他公共场所秩序，聚众堵塞交通或者破坏交通秩序，抗拒、阻碍国家治安管理工作人员依法执行职务，情节严重的，对首要分子，处五年以下有期徒刑、拘役或者管制。据此，聚众强行进入大型活动场内，并抗拒、阻碍国家治安管理工作人员依法执行职务，情节严重的，其首要分子构成聚众扰乱公共场所秩序罪。

此外，如果行为人在强行进入大型活动场内的过程中造成了财产损失或人身伤亡，则可能涉嫌相应的财产犯罪或侵犯人身权利犯罪。

（三）强行进入大型活动场内行为的调查重点

1. 侵害对象和侵犯客体

此类行为的侵害对象为文化、体育赛事等大型群众性活动，侵犯客体为上述大型活动的秩序。

2. 行为主体的相关情况

行为主体的相关情况包括行为主体的年龄、精神状态等影响到责任承担的因

素。此外,还要注意调查行为主体的前科情况。

3.行为的危害后果

行为的危害后果包括行为人的人数、行为的手段和方法、行为发生的时间、地点、情节,对文化、体育赛事等大型群众性活动所产生的影响,是否造成财产损失甚至人身伤亡等,综合判断行为的社会危害性,并结合《刑法》的有关规定,判断是普通的行政违法行为还是涉嫌犯罪行为。

(四)强行进入大型活动场内行为的处罚

根据《治安管理处罚法》第二十四条第一项的规定,对强行进入大型活动场内的行为人处警告或者二百元以下罚款;情节严重的,处五日以上十日以下拘留,可以并处五百元以下罚款。因扰乱体育比赛秩序被处以拘留处罚的,可以同时责令其十二个月内不得进入体育场馆观看同类比赛;违反规定进入体育场馆的,强行带离现场。

二、违规在大型活动场内燃放物品行为的认定与查处

(一)违规在大型活动场内燃放物品行为的概念与特征

违规在大型活动场内燃放物品行为,即违规在大型活动场内燃放烟花爆竹或投放其他危险物品,扰乱文化、体育等大型群众性活动秩序,尚不构成犯罪的行为。其具有如下特征。

(1)此类行为侵害对象为文化、体育赛事等大型群众性活动,侵犯客体为上述大型活动的秩序。

(2)此类行为客观方面表现为违规在大型活动场内燃放烟花爆竹或其他物品、扰乱大型群众性活动秩序但尚不构成犯罪的行为。

(3)实施此类行为的主体为一般主体,即达到法定的责任年龄、具有相应的责任能力的自然人。

(4)此类行为的行为人主观方面均为故意。目的或动机对此类行为的认定没有影响。

(二)违规在大型活动场内燃放物品行为与相关行为的区分

正确认定违规在大型活动场内燃放物品的行为,应注意此类行为在发生严重后果时与相关犯罪的界限。《刑法》第二百九十一条规定,聚众扰乱车站、码头、民用航空站、商场、公园、影剧院、展览会、运动场或者其他公共场所秩序,聚众堵塞交通或者破坏交通秩序,抗拒、阻碍国家治管理工作人员依法执行职务,情节严重的,对首要分子,处五年以下有期徒刑、拘役或者管制。据此,聚众违规在大型活动场内燃放物品,并抗拒、阻碍国家治安管理工作人员依法执行职务,情节严重的,其首要分子构成聚众扰乱公共场所秩序罪。

此外,如果违规在大型活动场内燃放物品的行为造成了财产损失或人身伤亡的后果,还可能涉嫌相应的财产犯罪或侵犯人身权利犯罪甚至危害公共安全犯罪。

(三)违规在大型活动场内燃放物品行为的调查重点

1. 侵害对象和侵犯客体

此类行为的侵害对象为文化、体育赛事等大型群众性活动,侵犯客体为上述大型活动的秩序。

2. 行为主体的相关情况

行为主体的相关情况包括行为主体的年龄、责任能力、精神状态等影响到责任承担的因素。此外,还要注意调查行为主体的前科情况。

3. 行为的危害后果

行为的危害后果包括行为人的人数,行为的手段和方法,行为发生的时间、地点、情节,对文化、体育赛事等大型群众性活动所产生的影响,是否造成财产损失甚至人身伤亡等,综合判断行为的社会危害性,并结合《刑法》的有关规定,判断是普通的行政违法行为还是涉嫌犯罪行为。

(四)违规在大型活动场内燃放物品行为的处罚

根据《治安管理处罚法》第二十四条第二项的规定,对违规在大型活动场内燃放物品的行为人处警告或者二百元以下罚款;情节严重的,处五日以上十日以下拘留,可以并处五百元以下罚款。因扰乱体育比赛秩序被处以拘留处罚的,可以同时责令其十二个月内不得进入体育场馆观看同类比赛。

三、在大型活动场内展示侮辱性物品行为的认定与查处

(一)在大型活动场内展示侮辱性物品行为的概念与特征

在大型活动场内展示侮辱性物品行为,即在大型活动场内展示侮辱性标语、条幅等物品、尚不构成犯罪的行为。其具有如下特征。

(1)此类行为侵害对象为文化、体育赛事等大型群众性活动,侵犯客体为上述大型活动的秩序。

(2)此类行为客观方面表现为在大型活动场内展示侮辱性标语、条幅等物品,扰乱大型群众性活动秩序但尚不构成犯罪的行为。

(3)实施此类行为的主体为一般主体,即达到法定的责任年龄、具有相应的责任能力的自然人。

(4)此类行为的行为人主观方面均为故意。目的或动机对此类行为的认定没有影响。

(二)在大型活动场内展示侮辱性物品行为与相关行为的区分

正确认定在大型活动场内展示侮辱性物品的行为,应注意此类行为与相关犯

罪的界限。《刑法》第二百九十一条规定,聚众扰乱车站、码头、民用航空站、商场、公园、影剧院、展览会、运动场或者其他公共场所秩序,聚众堵塞交通或者破坏交通秩序,抗拒、阻碍国家治安管理工作人员依法执行职务,情节严重的,对首要分子,处五年以下有期徒刑、拘役或者管制。据此,聚众在大型活动场内展示侮辱性物品,并抗拒、阻碍国家治安管理工作人员依法执行职务,情节严重的,其首要分子构成聚众扰乱公共场所秩序罪。

(三)在大型活动场内展示侮辱性物品行为的调查重点

1. 侵害对象和侵犯客体

此类行为的侵害对象为文化、体育赛事等大型群众性活动,侵犯客体为上述大型活动的秩序。

2. 行为主体的相关情况

行为主体的相关情况包括行为主体的年龄、责任能力、精神状态等影响到责任承担的因素。此外,还要注意调查行为主体的前科情况。

3. 行为的危害后果

行为的危害后果包括行为人的人数,行为的手段和方法,行为发生的时间、地点、情节,对文化、体育赛事等大型群众性活动所产生的影响等,综合判断行为的社会危害性,并结合《刑法》的有关规定,判断是普通的行政违法行为还是涉嫌犯罪行为。

(四)在大型活动场内展示侮辱性物品行为的处罚

根据《治安管理处罚法》第二十四条第三项的规定,对在大型活动场内展示侮辱性物品的行为人处警告或者二百元以下罚款;情节严重的,处五日以上十日以下拘留,可以并处五百元以下罚款。因扰乱体育比赛秩序被处以拘留处罚的,可以同时责令其十二个月内不得进入体育场馆观看同类比赛。

四、围攻大型活动工作人员行为的认定与查处

(一)围攻大型活动工作人员行为的概念与特征

围攻大型活动工作人员行为,即围攻大型活动裁判员、运动员或者其他工作人员,扰乱文化、体育赛事等大型群众性活动秩序但尚不构成犯罪的行为。其具有如下特征。

(1)此类行为侵害对象包括文化、体育赛事等大型群众性活动的裁判员、运动员,也包括此类活动的组织、服务、管理等工作人员及赛事参与人员等,侵犯客体为上述大型活动的秩序及相关人员的人身权益。

(2)此类行为客观方面表现为围攻大型活动裁判员、运动员或者其他工作人

员,扰乱文化、体育赛事等大型群众性活动秩序但尚不构成犯罪。

(3)实施此类行为的主体为一般主体,即达到法定的责任年龄、具有相应的责任能力的自然人。

(4)此类行为的行为人主观方面均为故意。目的或动机对此类行为的认定没有影响。

(二)围攻大型活动工作人员行为与相关行为的区分

正确认定围攻大型活动工作人员的行为,应注意此类行为在发生严重后果时与相关犯罪的界限。围攻大型活动裁判员、运动员或者其他工作人员并造成被害人受轻伤以上的结果时,根据《刑法》第二百三十四条的相关规定,行为人的行为构成故意伤害罪。

此外,根据《刑法》第二百九十一条的规定,聚众围攻大型活动裁判员、运动员或者其他工作人员,并抗拒、阻碍国家治安管理工作人员依法执行职务,情节严重的,其首要分子构成聚众扰乱公共场所秩序罪。

(三)围攻大型活动工作人员行为的调查重点

1. 侵害对象和侵犯客体

此类行为的侵害对象既包括文化、体育赛事等大型群众性活动的裁判员、运动员,也包括此类活动的组织、服务、管理等工作人员及赛事参与人员等,侵犯客体为上述大型活动的秩序及相关工作人员的人身权益。

2. 行为主体的相关情况

行为主体的相关情况包括行为主体的年龄、责任能力、精神状态等影响到责任承担的因素。此外,还要注意调查行为主体的前科情况。

3. 行为的危害后果

行为的危害后果包括行为人的人数,行为的手段和方法,行为发生的时间、地点、情节,对文化、体育赛事等大型群众性活动所产生的影响,是否造成财产损失甚至人身伤亡等,综合判断行为的社会危害性,并结合上述提及的《刑法》的有关规定,判断是普通的行政违法行为还是涉嫌犯罪行为。

(四)围攻大型活动工作人员行为的处罚

根据《治安管理处罚法》第二十四条第四项的规定,对围攻大型活动工作人员的行为人处警告或者二百元以下罚款;情节严重的,处五日以上十日以下拘留,可以并处五百元以下罚款。因扰乱体育比赛秩序被处以拘留处罚的,可以同时责令其十二个月内不得进入体育场馆观看同类比赛。

五、向大型活动场内投掷杂物行为的认定与查处

(一)向大型活动场内投掷杂物行为的概念与特征

向大型活动场内投掷杂物行为,即向大型活动场内投掷杂物不听制止,扰乱文化、体育赛事等大型群众性活动秩序但尚不构成犯罪的行为。其具有如下特征。

(1)此类行为侵害对象为文化、体育赛事等大型群众性活动,侵犯客体为上述大型活动的秩序。

(2)此类行为客观方面表现为向大型活动场内投掷杂物不听制止,扰乱文化、体育赛事等大型群众性活动秩序但尚不构成犯罪。

(3)实施此类行为的主体为一般主体,即达到法定的责任年龄、具有相应的责任能力的自然人。

(4)此类行为的行为人主观方面均为故意。目的或动机对此类行为的认定没有影响。

(二)向大型活动场内投掷杂物行为与相关行为的区分

正确认定向大型活动场内投掷杂物的行为,应注意此类行为在发生严重后果时与相关犯罪的界限。在向裁判员、运动员或其他工作人员等投掷杂物不听制止并造成被害人受轻伤以上的结果时,根据《刑法》第二百三十四条的相关规定,行为人的行为构成故意伤害罪。

此外,根据《刑法》第二百九十一条的规定,聚众向大型活动场内投掷杂物,并抗拒、阻碍国家治安管理工作人员依法执行职务,情节严重的,其首要分子构成聚众扰乱公共场所秩序罪。

(三)向大型活动场内投掷杂物行为的调查重点

1.侵害对象和侵犯客体

此类行为的侵害对象为文化、体育赛事等大型群众性活动,侵犯客体为上述大型活动的秩序。

2.行为主体的相关情况

行为主体的相关情况包括行为主体的年龄、责任能力、精神状态等影响到责任承担的因素。此外,还要注意调查行为主体的前科情况。

3.行为的危害后果

行为的危害后果包括行为人的人数,投掷杂物的种类和数量,行为发生的时间、地点、情节,对文化、体育赛事等大型群众性活动所产生的影响,是否造成财产损失甚至人身伤亡等,综合判断行为的社会危害性,并结合《刑法》的有关规定,判断是普通的行政违法行为还是涉嫌犯罪行为。

（四）向大型活动场内投掷杂物行为的处罚

根据《治安管理处罚法》第二十四条第五项的规定，对向大型活动场内投掷杂物的行为人处警告或者二百元以下罚款；情节严重的，处五日以上十日以下拘留，可以并处五百元以下罚款。因扰乱体育比赛秩序被处以拘留处罚的，可以同时责令其十二个月内不得进入体育场馆观看同类比赛。

六、其他

除了上述特定的五种扰乱大型群众性活动秩序的行为之外，还有其他扰乱大型活动秩序的行为，因其侵害客体、行为手段、危害后果的相似性，处罚结果也和上述扰乱大型群众性活动秩序的行为相当。

第四节 虚假内容与寻衅滋事扰乱公共秩序案件的认定与查处

法律认定与查处的虚假内容与寻衅滋事扰乱公共秩序案件有以下几种类型。

一、虚构事实扰乱公共秩序行为的认定与查处

（一）虚构事实扰乱公共秩序行为的概念与特征

虚构事实扰乱公共秩序行为，就是通过散布谣言，谎报险情、疫情、警情或者以其他方法故意扰乱公共秩序的行为。此类行为涉及的险情、疫情、警情均为虚假的信息，并且要求行为人将此类虚假信息予以散布，在一定范围内为社会公众所知悉并引起恐慌，从而导致扰乱公共秩序的后果。其具有如下特征。

（1）此类行为侵害对象为一定范围内的社会公众，侵犯客体为一定范围内的公共秩序。

（2）此类行为客观方面表现为编造、传播、散布虚假的险情、疫情、警情等谣言，使知悉此虚假信息的社会公众陷入恐慌，从而导致扰乱公共秩序的危害后果。

（3）实施此类行为的主体为一般主体，即达到法定的责任年龄、具有相应的责任能力的自然人。

（4）此类行为的行为人主观方面为故意，过失不构成此类行为。也就是说，对于不明真相的群众，客观上对谣言的传播、散布予以助力的，不能作为此类违法行为处理。

（二）虚构事实扰乱公共秩序行为与相关行为的区分

实践中主要区分与相关犯罪行为的区别。根据《刑法》第二百九十一条的规定，投放虚假的爆炸性、毒害性、放射性、传染病病原体等物质，严重扰乱社会秩序的，构成投放虚假危险物质罪；编造爆炸威胁、生化威胁、放射威胁等恐怖信息，或者明知是编造的恐怖信息而故意传播，严重扰乱社会秩序的，构成编造、故意传播虚假恐怖信息罪；编造虚假的险情、疫情、灾情、警情，在信息网络或者其他媒体上传播，或者明知是上述虚假信息，故意在信息网络或者其他媒体上传播，严重扰乱社会秩序的，构成编造、故意传播虚假信息罪。

（三）虚构事实扰乱公共秩序行为的调查重点

1. 侵害对象和侵犯客体

此类行为的侵害对象为一定范围内的社会公众，如果侵害对象为特定的个体或特定少数人，则不构成此类行为。侵犯客体为一定范围内的社会公共秩序。

2. 行为主体的相关情况

行为主体的相关情况包括行为主体的年龄、精神状态等影响到责任承担的因素。此外，还要注意调查行为主体的前科情况。

3. 行为的危害后果

行为的危害后果包括行为的手段和方法，虚构的内容，行为发生的时间、地点、情节，对被侵害对象和公共秩序造成的影响，是否造成财产损失甚至人身伤亡等。

（四）虚构事实扰乱公共秩序行为的处罚

根据《治安管理处罚法》第二十五条第一项的规定，对虚构事实扰乱公共秩序的行为人处五日以上十日以下拘留，可以并处五百元以下罚款；情节较轻的，处五日以下拘留或者五百元以下罚款。

二、投放虚假危险物质扰乱公共秩序行为的认定与查处

（一）投放虚假危险物质扰乱公共秩序行为的概念与特征

投放虚假危险物质扰乱公共秩序行为，即投放虚假的爆炸性、毒害性、放射性、腐蚀性物质或者传染病病原体等危险物质扰乱公共秩序的行为。其具有如下特征。

（1）此类行为侵害对象为一定范围内的社会公众，侵犯客体为一定范围内的公共秩序。

（2）此类行为客观方面表现为投放虚假的爆炸性、毒害性、放射性、腐蚀性物质或者传染病病原体等危险物质，在一定范围内导致公众的恐慌，从而扰乱了公共秩序，但又不构成犯罪。

(3)实施此类行为的主体为一般主体,即达到法定的责任年龄、具有相应的责任能力的自然人。

(4)此类行为的行为人主观方面为故意,并且明知其投放的爆炸性、毒害性、放射性、腐蚀性物质或者传染病病原体等危险物质为虚假的。如果将虚假的危险物质误以为是真的而予以投放,则根据刑法规定,可能构成犯罪,而不是普通的行政违法行为。

(二)投放虚假危险物质扰乱公共秩序行为与相关行为的区分

正确认定投放虚假危险物质扰乱公共秩序的行为,应注意区别此类行为与投放虚假危险物质罪的界限。二者既有密切联系,又有区别。二者在侵害的对象和客体、行为主体和主观方面都基本一致,主要区别在于客观方面的社会危害性程度不同。

根据《刑法》第二百九十一条之一的规定,投放虚假的爆炸性、毒害性、放射性、传染病病原体等物质,严重扰乱社会秩序的行为,构成投放虚假危险物质罪。由此可见,投放虚假危险物质扰乱公共秩序的行为,在严重扰乱社会秩序的情况下,已经构成《刑法》规定的投放虚假危险物质罪,这是普通违法行为到犯罪行为的质变过程。

(三)投放虚假危险物质扰乱公共秩序行为的调查重点

1. 侵害对象和侵犯客体

此类行为侵害对象为一定范围内的社会公众,如果侵害对象是特定的少数人,则不构成此类行为。侵犯客体为一定范围内的公共秩序。行为人的行为对公共秩序没有影响的,也不构成此类行为。

2. 行为主体的相关情况

行为主体的相关情况包括行为主体的年龄、精神状态等影响到责任承担的因素。此外,还要注意调查行为主体的前科情况。

3. 行为的危害后果

行为的危害后果包括行为的手段和方法,行为发生的时间、地点、情节,对被侵害对象和公共秩序造成的影响,是否造成财产损失甚至人身伤亡,等等。根据上述因素综合判断行为的社会危害性,并结合《刑法》的有关规定,判断是普通的行政违法行为还是涉嫌犯罪行为。是否严重扰乱了社会秩序,这是区分投放虚假危险物质扰乱公共秩序的行为与投放虚假危险物质罪的关键所在。

(四)投放虚假危险物质扰乱公共秩序行为的处罚

根据《治安管理处罚法》第二十五条第二项的规定,对投放虚假危险物质扰乱公共秩序的行为人处五日以上十日以下拘留,可以并处五百元以下罚款;情节较轻的,处五日以下拘留或者五百元以下罚款。

三、扬言以危险方法扰乱公共秩序行为的认定与查处

(一)扬言以危险方法扰乱公共秩序行为的概念与特征

扬言以危险方式扰乱公共秩序行为,即在一定范围内,向不特定范围的社会公众扬言要实施放火、爆炸、投放危险物质等行为,从而扰乱一定区域内的公共秩序,但尚未构成犯罪的行为。其具有如下特征。

(1)此类行为侵害的对象为一定范围内的社会公众。侵犯客体为一定区域内的公共秩序。

(2)此类行为客观方面表现为在一定范围内,向不特定的社会公众扬言要实施放火、爆炸、投放危险物质等行为,从而扰乱一定区域内的公共秩序,但尚未构成犯罪的行为。

(3)实施此类行为的主体为一般主体,即达到法定的责任年龄,具有相应的责任能力的自然人。

(4)此类行为的行为人主观方面为故意,并具有特定的动机和目的。例如,为了发泄对某些领导或个别工作人员的不满,给有关部门或有关人员施加压力以达到自己的某些要求或目的等。目的或动机对此类行为的认定没有影响,但对处罚结果可能产生一定的影响。

(二)扬言以危险方法扰乱公共秩序行为与相关行为的区分

1. 此类行为违法与犯罪的界限

根据《刑法》第二百九十一条之一的规定,扬言实施放火、爆炸、投放危险物质扰乱公共秩序的行为,在符合"编造爆炸威胁、生化威胁、放射威胁等恐怖信息""严重扰乱社会秩序"的要件时,可构成犯罪。对此,需要把握的主要界限是该行为是否严重扰乱了社会秩序。"严重扰乱社会秩序",主要是指对社会秩序的扰乱达到了严重的程度。比如造成工厂停产、商场停业、学校停课、车站关闭,公众产生心理恐慌,感觉自身的安全处于恐怖威胁之中,无法进行正常的生活和工作等。

2. 本行为与投放虚假危险物质扰乱公共秩序行为的界限

投放虚假危险物质扰乱公共秩序行为与向有关部门或者人员宣称将要以危险方法扰乱公共场所秩序的行为有一定的相似之处。两者区别在于行为对象不同,以危险方法扰乱公共秩序行为是将爆炸性、毒害性、放射性、腐蚀性物质或者传染病病原体等物质投放公共场所,而投放虚假危险物质扰乱公共秩序行为对象则是虚假的危险物质。

(三）扬言以危险方法扰乱公共秩序行为的调查重点

1. 侵害对象和侵犯客体

此类行为侵害对象为一定范围内的社会公众，如果侵害对象是特定的少数人，则不构成此类行为。侵犯客体为一定范围内的公共秩序。行为人的行为对公共秩序没有影响的，也不构成此类行为。

2. 行为主体的相关情况

行为主体的相关情况包括行为主体的年龄、责任能力、精神状态等影响到责任承担的因素。此外，还要注意调查行为主体的前科情况。

3. 行为的危害后果

行为的危害后果包括行为的手段和方法，行为发生的时间、地点、情节，对被侵害对象和社会公共秩序所产生的影响等，综合判断行为的社会危害性，并结合《刑法》的有关规定，判断是普通的行政违法行为还是涉嫌犯罪行为。

（四）扬言以危险方法扰乱公共秩序行为的处罚

根据《治安管理处罚法》第二十五条第三项的规定，对扬言实施放火、爆炸、投放危险物质扰乱公共秩序的行为人处五日以上十日以下拘留，可以并处五百元以下罚款；情节较轻的，处五日以下拘留或者五百元以下罚款。

四、寻衅滋事行为的认定与查处

（一）寻衅滋事行为的概念与特征

寻衅滋事行为是日常生活中常见的违法行为，是结伙斗殴，追逐、拦截他人，强拿硬要或者任意损毁、占用公私财物，以及其他寻衅滋事等扰乱公共秩序、尚不构成犯罪的行为的总称。其具有如下特征。

（1）此类行为侵害对象包括不特定人的人身、财产安全及公私财物等。侵犯客体为公共秩序。

（2）此类行为客观方面表现为在公共场所结伙斗殴，追逐、拦截他人，强拿硬要或者任意损毁、占用公私财物，以及其他寻衅滋事等扰乱公共秩序、尚不构成犯罪的行为。

（3）实施此类行为的主体为一般主体，即达到法定的责任年龄、具有相应的责任能力的自然人。

（4）此类行为的行为人主观方面均为故意，并具有特定的动机和目的。例如，有些行为人为了追求刺激、显示威风而强拿硬要公私财物等。

(二)寻衅滋事行为与相关行为的区分

1. 此类行为违法与犯罪的界限

根据《治安管理处罚法》,寻衅滋事违法行为一般是指情节显著轻微,危害不大,但是又造成一定程度的公共秩序混乱,引起群众一定程度公愤的行为。如果寻衅滋事行为情节恶劣、情节严重或者造成社会秩序严重混乱后果的,则构成寻衅滋事罪。

2. 本行为与其他相关违反治安管理行为的界限

(1)本行为与结伙殴打他人行为、故意伤害行为的界限。此类行为方式之一是结伙斗殴或者追逐、拦截他人,这与《治安管理处罚法》第四十三条规定的结伙殴打、伤害他人有相似之处,都表现为对他人人身进行攻击。两类违反治安管理处罚行为的主要区别有两个。

一是在主观方面,本行为一般是在寻求精神刺激等不正当动机支配下实施的结伙斗殴、伤害行为;而结伙殴打、伤害他人行为则无此动机和目的。

二是在客观方面,寻衅滋事案件的行为人结伙斗殴的起因大都是为满足一些精神刺激或者是耍威风等不正当动机的需要,往往没有明确的行为对象和行为目的,即一种无事生非的"挑衅"心态;而结伙殴打、伤害他人行为一般从手段、对象、起因上看具有较明确的目的性和针对性。

(2)本行为与强行乞讨、哄抢、抢夺、故意损毁公私财物行为的界限。寻衅滋事案件第二、三种行为方式,即追逐、拦截他人,强拿硬要或者任意损毁、占用公私财物行为与《治安管理处罚法》规定的强行乞讨、哄抢、抢夺、故意损毁公私财物行为有一定的相似之处,两类案件的区别在于:本行为必须具有特定的不正当动机以及通过实施寻衅滋事行为要达到的目的,主要目的不是获取财物,而强行乞讨、哄抢、抢夺、故意损毁公私财物的目的则与此不同。

(三)寻衅滋事行为的调查重点

1. 侵害对象和侵犯客体

此类行为侵害对象包括不特定人的人身、财产安全及公私财物等。应当特别注意的是,侵犯公私财产时一般涉及的财产数额较小,侵犯人身权利的情况下也是情节较轻,否则可能涉嫌相应犯罪。侵犯客体为公共秩序。

2. 行为主体的相关情况

行为主体的相关情况包括行为主体的年龄、责任能力、精神状态等影响到责任承担的因素。此外,还要注意调查行为主体的前科情况。

3. 行为的危害后果

行为的危害后果包括行为的手段和方法,行为发生的时间、地点、情节,对被侵害对象所产生的影响,是否造成财产损失甚至人身伤亡等,综合判断行为的社会危害性,并结合《刑法》的有关规定,判断是普通的行政违法行为还是涉嫌犯罪行为。

(四)寻衅滋事扰乱公共秩序行为的处罚

根据《治安管理处罚法》第二十六条的规定,对寻衅滋事扰乱公共秩序的行为人处五日以上十日以下拘留,可以并处五百元以下罚款;情节较重的,处十日以上十五日以下拘留,可以并处一千元以下罚款。

第五节 邪教、会道门、迷信活动扰乱公共秩序案件的认定与查处

邪教、会道门、迷信活动扰乱公共秩序案件主要有两种类型,下面将围绕法律规定的相关行为的认定与查处对此类案件的处理作出全面阐释。

一、组织、教唆、胁迫、诱骗、煽动从事邪教、会道门活动行为的认定与查处

(一)组织、教唆、胁迫、诱骗、煽动从事邪教、会道门活动行为的概念与特征

所谓组织、教唆、胁迫、诱骗、煽动从事邪教、会道门活动,是指组织、教唆、胁迫、诱骗、煽动他人从事邪教、会道门相关活动,扰乱社会管理秩序但尚未构成犯罪的行为。其具有如下特征。

(1)此类行为侵害对象为不特定的人民群众,侵犯客体为社会管理秩序。

(2)此类行为客观方面表现为组织、教唆、胁迫、诱骗、煽动他人从事邪教、会道门相关活动,扰乱社会管理秩序但尚未构成犯罪的行为。

(3)实施此类行为的主体为一般主体,即达到法定的责任年龄、具有相应的责任能力的自然人。

(4)此类行为的行为人主观方面均为故意。目的或动机对此类行为的认定没有影响。

(二)组织、教唆、胁迫、诱骗、煽动从事邪教、会道门活动行为与相关行为的区分

根据《治安管理处罚法》,从事邪教或者会道门活动行为一般是指情节显著轻微,危害不大,扰乱社会秩序、损害他人身体健康的行为。如果已演变成组织、利用会道门、邪教组织或者利用迷信破坏国家法律、行政法规实施的行为,或者组织、利用会道门、邪教组织或者利用迷信蒙骗他人,致人重伤、死亡的,则根据《刑法》第三百条的规定构成组织、利用会道门、邪教组织、利用迷信破坏法律实施罪或组织、

利用会道门、邪教组织、利用迷信致人重伤、死亡罪。

(三)组织、教唆、胁迫、诱骗、煽动从事邪教、会道门活动行为的调查重点

1. 侵害对象和侵犯客体

此类行为侵害对象为不特定的人民群众,侵犯客体为社会管理秩序。

2. 行为主体的相关情况

行为主体的相关情况包括行为主体的年龄、责任能力、精神状态等影响责任承担的因素。此外,还要注意调查行为主体的前科情况。

3. 行为的危害后果

对于组织、教唆、胁迫、诱骗、煽动从事邪教、会道门活动的,要查明有无破坏国家法律、行政法规实施的情节,若有则构成组织、利用会道门、邪教组织、利用迷信破坏法律实施罪;对于组织和利用会道门、邪教组织或者利用迷信蒙骗他人,还要查明有无致人重伤、死亡、奸淫妇女、诈骗财物等相应情节和危害后果,综合评定行为的社会危害性。

(四)组织、教唆、胁迫、诱骗、煽动从事邪教、会道门活动行为的处罚

根据《治安管理处罚法》第二十七条第一项的规定,对组织、教唆、胁迫、诱骗、煽动他人从事邪教、会道门活动的行为人,处十日以上十五日以下拘留,可以并处一千元以下罚款;情节较轻的,处五日以上十日以下拘留,可以并处五百元以下罚款。

二、利用邪教、会道门、迷信活动危害社会行为的认定与查处

(一)利用邪教、会道门、迷信活动危害社会行为的概念与特征

利用邪教、会道门、迷信活动危害社会行为,是指利用邪教、会道门、迷信活动危害社会,扰乱社会管理秩序、损害他人身体安全但尚未构成犯罪的行为。其具有如下特征。

(1)此类行为侵害对象为不特定的人民群众,侵犯客体为社会管理秩序和他人身体健康。

(2)此类行为客观方面表现为利用邪教、会道门、迷信活动危害社会,扰乱社会管理秩序、损害他人身体健康但尚未构成犯罪的行为。

(3)实施此类行为的主体为一般主体,即达到法定的责任年龄、具有相应的责任能力的自然人。

(4)此类行为的行为人主观方面均为故意。目的或动机对此类行为的认定没有影响。

(二)利用邪教、会道门、迷信活动危害社会行为与相关行为的界限

正确认定利用邪教、会道门、迷信活动危害社会的行为,应注意此类行为与相关犯罪的界限。

根据《刑法》第三百条的有关规定,对于组织、教唆、胁迫、诱骗、煽动从事邪教、会道门活动和利用邪教、会道门、迷信活动破坏国家法律、行政法规实施的,构成组织、利用会道门、邪教组织或者利用迷信破坏法律实施罪;组织和利用会道门、邪教组织或者利用迷信蒙骗他人,致人死亡的,构成组织、利用会道门、邪教组织或者利用迷信致人死亡罪;组织和利用会道门、邪教组织或者利用迷信奸淫妇女、诈骗财物的,分别构成强奸罪和诈骗罪。此外,对于指使、利用邪教、会道门、迷信活动参与成员杀害他人或故意伤害他人的,根据《刑法》第二百三十二条和第二百三十四条的有关规定,行为人构成故意杀人罪或故意伤害罪。

(三)利用邪教、会道门、迷信活动危害社会行为的调查重点

1.侵害对象和侵犯客体

此类行为侵害对象为不特定的人民群众,侵犯客体为社会管理秩序和他人身体健康。

2.行为主体的相关情况

行为主体的相关情况包括行为主体的年龄、责任能力、精神状态等影响到责任承担的因素。此外,还要注意调查行为主体的前科情况。

3.行为的危害后果

对于利用邪教、会道门、迷信活动危害社会的,要查明有无破坏国家法律、行政法规实施的情节,若有则构成组织、利用会道门、邪教组织或者利用迷信破坏法律实施罪;对于组织和利用会道门、邪教组织或者利用迷信蒙骗他人,还要查明有无致人死亡、奸淫妇女、诈骗财物等相应情节和危害后果,综合评定行为的社会危害性。

(四)利用邪教、会道门、迷信活动危害社会行为的处罚

根据《治安管理处罚法》第二十七条第二项的规定,对利用邪教、会道门、迷信活动危害社会的行为人,处十日以上十五日以下拘留,可以并处一千元以下罚款;情节较轻的,处五日以上十日以下拘留,可以并处五百元以下罚款。

第六节 其他扰乱公共秩序案件的认定与查处

其他扰乱公共秩序案件,主要包括干扰、破坏计算机系统等相关领域的违法案件。本节将围绕相关的行为类型对其他扰乱公共秩序案件的认定与查处进行探讨。

一、危害计算机信息系统安全行为的认定与查处

（一）危害计算机信息系统安全行为的概念与特征

危害计算机信息系统安全行为，是非法侵入计算机信息系统，非法改变计算机信息系统功能，非法改变计算机信息系统数据和应用程序，故意制作、传播计算机破坏性程序等所有危害计算机信息系统安全但尚未构成犯罪的行为的总称。其具有如下特征。

（1）此类行为侵害对象为计算机信息系统，包括系统数据和应用程序，侵犯客体为计算机信息系统的安全。

（2）此类行为客观方面表现为非法侵入计算机信息系统，非法改变计算机信息系统功能，非法改变计算机信息系统数据和应用程序，故意制作、传播计算机破坏性程序等所有危害计算机信息系统安全但尚未构成犯罪的行为。

（3）实施此类行为的主体为一般主体，即达到法定的责任年龄、具有相应的责任能力的自然人。

（4）此类行为的行为人主观方面均为故意。目的或动机对此类行为的认定没有影响。

（二）危害计算机信息系统安全行为与相关行为的区分

行为人只要实施了危害计算机信息系统的行为，就必然对计算机信息系统功能造成损害，因此，判断此类行为违法与犯罪的界限在于后果是否严重。所谓后果严重，主要是指国家重要计算机信息系统的功能受到破坏，如国家事务、国防建设等计算机信息系统功能遭到破坏，给国家、集体、组织或者个人造成重大经济损失，影响正常的工作和生活，造成恶劣社会影响。如果行为人危害计算机信息系统的行为造成了严重后果，则根据《刑法》第二百八十六条构成破坏计算机信息系统罪。

（三）危害计算机信息系统安全行为的调查重点

1. 侵害对象和侵犯客体

此类行为侵害对象为计算机信息系统，包括系统数据和应用程序，侵犯客体为计算机信息系统的安全。

2. 行为主体的相关情况

行为主体的相关情况包括行为主体的年龄、责任能力、精神状态等影响责任承担的因素。此外，还要注意调查行为主体的前科情况。

3. 行为的危害后果

行为的危害后果包括侵入计算机系统的性质是否为国家事务、国防建设、尖端

科学技术领域的计算机信息系统,如果是,则构成非法侵入计算机信息系统罪。其他相关行为的危害后果需要达到情节严重的程度才能构成相应犯罪。

(四)危害计算机信息系统安全行为的处罚

根据《治安管理处罚法》第二十九条的规定,对危害计算机信息系统安全的行为人处五日以下拘留;情节较重的,处五日以上十日以下拘留。

二、其他扰乱公共秩序行为的认定与查处

除了上述不同种类的扰乱公共秩序行为之外,还有其他一些扰乱公共秩序的行为,包括冒用宗教、气功名义危害社会行为,故意干扰无线电业务正常进行行为,拒不消除对无线电台(站)的有害干扰行为等。

冒用宗教、气功等名义危害社会行为,即冒用宗教、气功名义进行扰乱社会秩序、损害他人身体健康活动,尚不构成犯罪的行为。

故意干扰无线电业务正常进行行为,即故意干扰无线电业务正常进行、破坏无线电运营秩序,尚不构成犯罪的行为。

拒不消除对无线电台(站)的有害干扰行为,即已经造成对无线电台(站)的有害干扰但拒不消除该有害干扰、破坏无线电运营秩序,尚不构成犯罪的行为。此类行为在日常生活中并不常见,对于拒不消除对无线电台(站)的有害干扰行为,行为人的主观方面包括直接故意和间接故意。

第十一章

妨害公共安全行为与处罚

第一节　妨害公共安全案件概述

一、妨害公共安全案件的概念

妨害公共安全案件是指由公安机关依法受理、调查的各种妨害公共安全行为构成的治安案件的总称,其核心是妨害公共安全行为。

二、妨害公共安全行为的概念与特征

(一)妨害公共安全行为的概念

妨害公共安全行为是指故意或者过失地实施妨害或者可能妨害不特定多数人的生命、健康和公私财产以及社会生产、工作和公共生活的行为。其行为方式多种多样,如非法制造、买卖、储存、运输、邮寄、携带、使用、提供、处置各种危险物质,非法携带枪支、弹药、管制器具,盗窃、损毁各种与公共安全有关的公共设施,安装、使用电网不符合法律、法规的要求而危及公共安全,违反规定举办大型活动致使存在发生安全事故的危险,等等。

(二)妨害公共安全行为的特征

(1)此类行为侵犯的客体是社会公共安全。所谓公共安全,是指不特定多数人的生命、健康和公私财产以及社会生产、工作和公共生活的安全。妨害公共安全行为的危害,往往表现为对人身的伤害或财产的损害,有时二者兼而有之,但这种危害具有"不特定"性,从而根本区别于侵犯人身权、财产权行为。所谓"不特定",意在表明这类行为的危害性不是限定在特定的人身或财产,其可能侵犯的对象具有不确定性,其侵犯的范围和程度具有广泛性,其可能造成的结果具有难以预料、难以控制性。例如,携带爆炸物品乘车乘船,一旦发生事故,将会造成众多的人员伤亡,或使公私财产遭受重大损失;又如,在铁路线上放置障碍物,轻则可能致列车延误,重则可能致列车倾覆,车毁人亡,对不特定多数人的生命、健康、财产安全造成极大的威胁。

(2)此类行为的客观方面表现为实施了各种妨害公共安全行为。妨害公共安全行为既可以是作为,也可以是不作为,但以作为方式表现的是多数,个别的行为以不作为表现。例如,道路施工不设置安全防护设施行为,行为的表现方式即是不作为。妨害公共安全行为,一般只要行为人实施了法律法规规定的各种妨害公共安全的行为即可构成,不要求造成实际的危害后果。实际上,为达到维护公共安全之目的,相关法律法规规定了若干可能妨害公共安全的行为,行为人只要实施了法律法规禁止的行为,则行为对公共安全造成实际危害结果的可能性随之产生,即任何一种妨害公共安全行为都存在对公共安全造成实际危害的潜在可能性。如果这种可能性达到足以对公共安全构成重大现实危险的程度或者已经对公共安全造成一定的实际危害后果,则行为可能构成犯罪。

(3)实施此类行为的主体既包括自然人,也包括单位,大多是一般主体,个别行为须由特殊主体构成。例如,违反规定举办大型活动行为,其主体必须是大型活动的举办者,不具有"举办者"这种特殊身份的人,不能成为这种行为的主体。又如,公共场所经营管理人员违反安全规定行为,只有经营公共场所的管理人员,才能成为该种行为的主体。

(4)此类行为的行为人主观方面既可以由故意构成,也可以由过失构成,但有些行为必须由故意构成。例如,非法携带枪支、弹药、管制器具,道路施工不设置安全防护设施等行为均属于既可以由故意,也可以由过失构成的行为。而有一些行为,如危险物质被盗、被抢、丢失后故意隐瞒不报,盗窃公共设施、航空设施、铁路设施,故意向列车投掷物品,强行进入航空器驾驶舱等行为只能由故意构成。

三、妨害公共安全行为的类型

根据《治安管理处罚法》和《公安部关于规范违反治安管理行为名称的意见》的规定,本章所涉及的妨害公共安全行为共计二十四种,分别是以下内容。

(1)非法制造、买卖、储存、运输、邮寄、携带、使用、提供、处置危险物质(本法第三十条)。

(2)危险物质被盗、被抢、丢失后不按规定报告(本法第三十一条)。

(3)非法携带枪支、弹药、管制器具(本法第三十二条)。

(4)盗窃、损毁公共设施(本法第三十三条第一项)。

(5)移动、损毁边境、领土、领海标志设施(本法第三十三条第二项)。

(6)非法进行影响国(边)界线走向的活动(本法第三十三条第三项)。

(7)非法修建有碍国(边)境管理的设施(本法第三十三条第三项)。

(8)盗窃、损坏、擅自移动航空设施(本法第三十四条第一款)。

(9)强行进入航空器驾驶舱(本法第三十四条第一款)。

(10)在航空器上非法使用器具、工具(本法第三十四条第二款)。

(11)盗窃、损毁、擅自移动铁路设施、设备、机车车辆配件、安全标志(本法第三十五条第一项)。

(12)在铁路线上放置障碍物(本法第三十五条第二项)。

(13)故意向列车投掷物品(本法第三十五条第二项)。

(14)在铁路沿线非法挖掘坑穴、采石取沙(本法第三十五条第三项)。

(15)在铁路线路上私设道口、平交过道(本法第三十五条第四项)。

(16)擅自进入铁路防护网(本法第三十六条)。

(17)违法在铁路线上行走坐卧、抢越铁路(本法第三十六条)。

(18)擅自安装、使用电网(本法第三十七条第一项)。

(19)安装、使用电网不符合安全规定(本法第三十七条第一项)。

(20)道路施工不设置安全防护设施(本法第三十七条第二项)。

(21)故意损毁、移动道路施工安全防护设施(本法第三十七条第二项)。

(22)盗窃、损毁路面公共设施(本法第三十七条第三项)。

(23)违反规定举办大型活动(本法第三十八条)。

(24)公共场所经营管理人员违反安全规定(本法第三十九条)。

第二节 危险物质妨害公共安全案件的认定与查处

一、非法制造、买卖、储存、运输、邮寄、携带、使用、提供、处置危险物质行为的认定与查处

(一)非法制造、买卖、储存、运输、邮寄、携带、使用、提供、处置危险物质行为的概念与特征

非法制造、买卖、储存、运输、邮寄、携带、使用、提供、处置危险物质行为,是指违反国家规定,制造、买卖、储存、运输、邮寄、携带、使用、提供、处置爆炸性、毒害性、放射性、腐蚀性物质或者传染病病原体等危险物质且尚不够刑事处罚的行为。其具有如下特征:

（1）此类行为侵犯的客体是公共安全和国家有关危险物质的管理制度。行为的对象是危险物质,具体包括爆炸性、毒害性、放射性、腐蚀性物质或者传染病病原体等物质,其本身具有爆炸、毒害、腐蚀、放射、传染等特性,在非法制造、买卖、储存、运输、邮寄、携带、使用、提供、处置过程中,容易引起爆炸、毒害、火灾、辐射、传染等致人身伤亡和财产损失的事故发生,对公共安全造成极大威胁或严重损失。

（2）此类行为客观方面表现为违反国家规定,制造、买卖、储存、运输、邮寄、携带、使用、提供、处置爆炸性、毒害性、放射性、腐蚀性物质或者传染病病原体等危险物质的行为。

所谓"违反国家规定",是指违反国家有关爆炸性、毒害性、放射性、腐蚀性物质或者传染病病原体等危险物质管理的法律、行政法规、部门规章。这些规定主要有《民用爆炸物品安全管理条例》《烟花爆竹安全管理条例》《危险化学品安全管理条例》《剧毒化学品购买和公路运输许可证件管理办法》《放射性污染防治法》《放射性同位素与射线装置安全和防护条例》《中华人民共和国传染病防治法》《中华人民共和国固体废物污染环境防治法》《医疗废物管理条例》等。

所谓"非法制造",是指违反国家规定,私自以各种方法生产的行为。"非法买卖",是指违反国家规定,私自购买、销售的行为。"非法储存",是指违反国家规定,保留、存放的行为。"非法运输",是指违反国家规定,通过交通工具由一地运送至他地的行为。"非法邮寄",是指违反国家规定,通过邮电部门以邮件形式发送至他地的行为。"非法携带",是指违反国家规定,随身从一地带到他地的行为。"非法使用",是指违反国家规定,擅自使用的行为。"非法提供",是指违反国家规定,出借或赠予的行为。"非法处置",是指违反国家规定,采用掩埋、丢弃等方法进行处理的行为。

构成本行为必须是行为人实施了非法制造、买卖、储存、运输、邮寄、携带、使用、提供、处置危险物质的行为,妨害或者可能妨害公共安全,但尚不够刑事处罚,即行为的方式、情节和后果没有达到构成犯罪的严重程度。如果行为情节严重或者造成严重后果,则可能构成有关的犯罪行为。

（3）实施此类行为的主体既可以是个人,也可以是单位。

（4）此类行为的行为人主观方面既可以是故意,也可以是过失。这种故意或过失,是指行为人对于违反危险物质管理规定这一客观事实的主观心理态度,而行为人对其制造、买卖、储存、运输、邮寄、携带、使用、提供、处置的物质属于危险物质必须是明知。

此外,关于该规定中相关违法行为名称的确定,也是需要注意的问题。从《治安管理处罚法》第三十条的规定看,该条规定的行为包括非法制造、买卖、储存、运输、邮寄、携带、使用、提供、处置九种方式,而行为的对象则包括爆炸性、毒害性、放射性、腐蚀性物质或者传染病病原体等危险物质。这是一种选择性的行为名称,即行为方式及其对象均有多种,在认定某一具体行为时,应根据实际案情具体确定其行为名称。根据《公安部关于规范违反治安管理行为名称的意见》，该条行为的名称为非法制造、买卖、储存、运输、邮寄、携带、使用、提供、处置危险物质行为，即行为名称采用的是"具体行为方式+概括性对象"的方式。行为人只要有非法制造、买卖、储存、运输、邮寄、携带、使用、提供、处置危险物质行为的任何一种方式，即可构成该违反治安管理行为。具体到某一行为定性时，则不管行为的对象是爆炸性、毒害性、放射性、腐蚀性物质或者传染病病原体等危险物质中的哪一种，均称为"危险物质"；而对行为方式，则根据行为人具体实施的行为方式确定为某一种或列举多种。例如，行为人非法制造炸药，则其行为定为"非法制造危险物质行为"；如果行为人非法制造炸药，同时又非法储存、使用了炸药，则其行为应定为"非法制造、储存、使用危险物质行为"一种行为，不能对这些行为进行数罪并罚。

（二）非法制造、买卖、储存、运输、邮寄、携带、使用、提供、处置危险物质行为与相关行为的区分

1. 非法制造、买卖、储存、运输、邮寄危险物质行为与非法制造、买卖、运输、邮寄、储存枪支、弹药、爆炸物罪的界限

《刑法》第一百二十五条第一款规定了非法制造、买卖、运输、邮寄、储存枪支、弹药、爆炸物罪。根据《最高人民法院关于审理非法制造、买卖、运输枪支、弹药、爆炸物等刑事案件具体应用法律若干问题的解释》（法释〔2009〕18号）第一条的规定，个人或者单位非法制造、买卖、运输、邮寄、储存爆炸物，具有下列情形之一的，以非法制造、买卖、运输、邮寄、储存枪支、弹药、爆炸物罪定罪处罚：①非法制造、买卖、运输、邮寄、储存军用枪支一支以上的；②非法制造、买卖、运输、邮寄、储存以火药为动力发射枪弹的非军用枪支一支以上或者以压缩气体等为动力的其他非军用枪支二支以上的；③非法制造、买卖、运输、邮寄、储存军用子弹十发以上、气枪铅弹五百发以上或者其他非军用子弹一百发以上的；④非法制造、买卖、运输、邮寄、储存手榴弹一枚以上的；⑤非法制造、买卖、运输、邮寄、储存爆炸装置的；⑥非法制造、买卖、运输、邮寄、储存炸药、发射药、黑火药一千克以上或者烟火药三千克以上、雷管三十枚以上或者导火索、导爆索三十米以上的；⑦具有生产爆炸物品资格的单位不按照规定的品种制造，或者具有销售、使用爆炸物品资格的单位超过限额买卖炸药、发射药、黑火药十千克以上或者烟火药三十千克以上、雷管三百枚以上或者导火索、导爆索三百米以上的；⑧多次非法制造、买卖、运输、邮寄、储存弹药、爆炸物的；⑨虽未达到上述最低数量标准，但具有造成严重后果等其他恶劣情节的。因此，非法制造、买卖、运输、邮寄、储存枪支、弹药、爆炸物，未达到上述九种情形程度的，则构成违反治安管理行为，以非法制造、买卖、运输、邮寄、储存危险物质行为论处。

2. 非法制造、买卖、储存、运输危险物质行为与非法制造、买卖、运输、储存危险物质罪的界限

《刑法》第一百二十五条第二款规定了非法制造、买卖、运输、储存危险物质

罪。参照《最高人民检察院、公安部关于公安机关管辖的刑事案件立案追诉标准的规定(一)》(公通字〔2008〕36号)第二条的规定,非法制造、买卖、运输、储存毒害性、放射性、传染病病原体等物质,危害公共安全,涉嫌下列情形之一的,应予立案追诉:①造成人员重伤或者死亡的;②造成直接经济损失十万元以上的;③非法制造、买卖、运输、储存毒鼠强、氟乙酰胺、氟乙酰钠、毒鼠硅、甘氟原粉、原液、制剂五十克以上,或者饵料二千克以上的;④造成急性中毒、放射性疾病或者造成传染病流行、暴发的;⑤造成严重环境污染的;⑥造成毒害性、放射性、传染病病原体等危险物质丢失、被盗、被抢或者被他人利用进行违法犯罪活动的;⑦其他危害公共安全的情形。因此,非法制造、买卖、储存、运输毒害性、放射性、传染病病原体等物质,未达到上述七种情形程度的,则构成违反治安管理行为,以非法制造、买卖、储存、运输危险物质行为论处。

3. 非法携带危险物质行为与非法携带危险物品危及公共安全罪的界限

《刑法》第一百三十条规定了非法携带危险物品危及公共安全罪。该罪是指非法携带爆炸性、易燃性、放射性、毒害性、腐蚀性物品,进入公共场所或者公共交通工具,危及公共安全,情节严重的行为。对该条中"情节严重"的认定,《最高人民法院关于审理非法制造、买卖、运输枪支、弹药、爆炸物等刑事案件具体应用法律若干问题的解释》(法释〔2009〕18号)第六条第一款规定,具有下列情形之一的,属于"情节严重":①携带枪支或者手榴弹的;②携带爆炸装置的;③携带炸药、发射药、黑火药五百克以上或烟火药一千克以上,雷管二十枚以上或者导火索、导爆索二十米以上的;④携带的弹药、爆炸物在公共场所或者公共交通工具上爆炸或燃烧,尚未造成严重后果的;⑤具有其他严重情节的。第六条第二款规定,行为人非法携带本条第一款第(三)项规定的爆炸物进入公共场所或者公共交通工具,虽未达到上述数量标准,但拒不交出的,依照《刑法》第一百三十条的规定定罪处罚;携带的数量达到最低数量标准,能够主动、全部交出的,可不以犯罪论处。从以上规定看,该罪的对象仅是爆炸性、易燃性、放射性、毒害性、腐蚀性物品,其行为表现方式是携带这些危险物品进入公共场所或者公共交通工具,且行为必须情节严重的,才构成犯罪。而非法携带危险物质行为在对象、行为的情节上与之有区别。

4. 非法制造、储存、运输、使用危险物质行为与危险物品肇事罪的区别

《刑法》第一百三十六条规定了危险物品肇事罪。该罪是指违反爆炸性、易燃性、放射性、毒害性、腐蚀性物品的管理规定,在生产、储存、运输、使用中发生重大事故,造成严重后果的行为。

《最高人民检察院、公安部关于公安机关管辖的刑事案件立案追诉标准的规定(一)》(公通字〔2008〕36号)第十二条规定,违反爆炸性、易燃性、放射性、毒害性、腐蚀性物品的管理规定,在生产、储存、运输、使用中发生重大事故,涉嫌下列

情形之一的,应予立案追诉:①造成死亡一人以上,或者重伤三人以上的;②造成直接经济损失五十万元以上的;③其他造成严重后果的情形。

(三)非法制造、买卖、储存、运输、邮寄、携带、使用、提供、处置危险物质行为的调查重点

(1)行为人实施了何种具体的行为,所涉危险物质的种类、数量,违反国家规定的具体情形。

(2)实施行为的动机、目的、方法,是否造成实际的危害后果,造成何种危害后果及其危害程度如何。

(3)行为人是否具有从事危险物质相关活动的资质,属于单位行为的,查清直接负责的主管人员和其他直接责任人员的责任。

(四)非法制造、买卖、储存、运输、邮寄、携带、使用、提供、处置危险物质行为的处罚

根据《治安管理处罚法》第三十条的规定,对非法制造、买卖、储存、运输、邮寄、携带、使用、提供、处置危险物质行为,处十日以上十五日以下拘留;情节较轻的,处五日以上十日以下拘留。

二、危险物质被盗、被抢、丢失后不按规定报告行为的认定与查处

(一)危险物质被盗、被抢、丢失后不按规定报告行为的概念与特征

危险物质被盗、被抢、丢失后不按规定报告行为,是指爆炸性、毒害性、放射性、腐蚀性物质或者传染病病原体等危险物质被盗、被抢或者丢失,未按规定报告,尚不够刑事处罚的行为。其具有如下特征。

(1)此类行为侵犯的客体是公共安全和国家对毒害性、放射性、腐蚀性物质或者传染病病原体等危险物质的管理制度。行为的对象是毒害性、放射性、腐蚀性物质或者传染病病原体等危险物质。

(2)此类行为客观方面表现为在发现危险物质被盗、被抢或者丢失后,未按规定报告有关部门的行为。

所谓"未按规定报告",是指未按照有关法律、法规、规章以及各级人民政府和政府工作部门颁布的规范性文件规定的时间、方式、部门报告。例如,《民用爆炸物品安全管理条例》第四十一条第四项规定,民用爆炸物品丢失、被盗、被抢,应当立即报告当地公安机关。《危险化学品安全管理条例》第二十三条第一款规定,生产、储存剧毒化学品或者国务院公安部门规定的可用于制造爆炸物品的危险化学品的单位,发现剧毒化学品、易制爆危险化学品丢失或者被盗的,应当立即向当地公安机关报告;第五十一条规定,剧毒化学品、易制爆危险化学品在道路运输途中丢失、被盗、被抢或者出现流散、泄漏等情况的,驾驶人员、押运人员应当立即采取

相应的警示措施和安全措施,并向当地公安机关报告。

《治安管理处罚法》规定了不按规定报告加重处罚的情形,即"故意隐瞒不报"。所谓"故意隐瞒不报",是指发生危险物质被盗、被抢或者丢失后,有意隐瞒实际情况而不如实报告,这种行为具有更大的危害性。

(3)实施此类行为的主体是特殊主体,即依法管理危险物质的个人或单位,实践中以单位为主。

(4)此类行为的行为人主观方面,既可以为故意,也可以为过失。

(二)危险物质被盗、被抢、丢失后不按规定报告行为与相关行为的区分

根据《治安管理处罚法》的规定,行为人只要发现危险物质被盗、被抢或者丢失后未按规定报告即可构成本行为,并不要求造成实际的危害公共安全的结果。若危险物质被盗、被抢或者丢失后未按规定报告并造成严重后果的,则构成危险物品肇事罪。实际上,构成危险物质被盗、被抢或者丢失后未按规定报告的行为有两种情形:一是仅有未按规定报告行为,未造成实际的危害结果;二是不但有未按规定报告行为,并且造成一定的危害后果,但未致"严重后果"。

(三)危险物质被盗、被抢、丢失后不按规定报告行为的调查重点

(1)被盗、被抢、丢失的危险物质的种类、数量。

(2)行为人是否明知危险物质被盗、被抢或丢失不报,认定其"未按规定报告"的相关法律、法规及其具体规定。

(3)行为是否属于故意隐瞒不报。

(4)属于单位行为的,查清直接负责的主管人员和其他直接责任人员的责任。

(四)危险物质被盗、被抢、丢失后不按规定报告行为的处罚

根据《治安管理处罚法》第三十一条的规定,对危险物质被盗、被抢、丢失后不按规定报告行为,处五日以下拘留;故意隐瞒不报的,处五日以上十日以下拘留。

第三节 非法携带枪支、弹药、管制器具案件的认定与查处

一、非法携带枪支、弹药、管制器具行为的概念与特征

非法携带枪支、弹药、管制器具行为,是指携带枪支、弹药或者弩、匕首等国家规定的管制器具,且尚不够刑事处罚的行为。其具有如下特征。

(1)此类行为侵犯的客体是公共安全和国家对枪支、弹药或者管制器具的管理制度。行为对象是枪支、弹药和管制器具。

所谓枪支、弹药,指《中华人民共和国枪支管理法》规定的各类枪支及其专用弹药。枪支,是指以火药或者压缩气体等为动力,利用管状器具发射金属弹丸或者其他物质,足以致人伤亡或者丧失知觉的各种枪支。弹药,是指枪支发射专用的足以致人伤亡或者丧失知觉的金属弹丸或者其他物质。管制器具,是指弩、管制刀具等国家实施强制管理的器具。弩,是一种利用弹簧装置发箭头、钢球的器具,攻击性、杀伤力都很强。管制刀具,是指匕首、三棱刀、带有自锁装置的弹簧刀(跳刀)以及其他相类似的单刃、双刃、三棱尖刀。

(2)此类行为客观上表现为非法携带枪支、弹药或者弩、匕首等管制器具的行为。

所谓"携带",一般指随身携带,也包括置于身边,使之置于行为人现实的支配之下。所谓"非法",是指违反国家有关法律、法规、规章及相关规范性文件的规定。《中华人民共和国枪支管理法》规定,配备公务用枪,配置、配购民用枪支时,必须由公安机关审核,发给相应持枪证件。营业性射击场、狩猎场配置的民用枪支不得携带出营业性射击场、狩猎场。猎民、牧民配置的猎枪不得携带出猎区、牧区。携带枪支必须同时携带持枪证件;不得在禁止携带枪支的区域、场所携带枪支。违反这些规定携带枪支的就是非法携带枪支行为。《公安部对部分刀具实行管制的暂行规定》规定,军警、专业狩猎人员和地质、勘探等野外作业人员因职业需要可以持有匕首,但佩带匕首人员不再从事原来的职业,应将匕首交还配发单位。机械加工用的三棱刀,只限工作人员在工作场所使用。严禁非法携带管制刀具进入车站、码头、机场、公园、商场、影剧院、展览馆或其他公共场所,和乘坐火车、汽车、轮船、飞机。《公安部、国家工商行政管理局关于加强弩管理的通知》规定,携带弩须持有营业执照副本和省级公安厅、局开具的携运证明。违反上述规定携带管制器具就是非法的。

《治安管理处罚法》规定了非法携带加重处罚的情形,即非法携带以上器具进入公共场所或者公共交通工具的行为加重处罚。

(3)实施此类行为的主体是达到法定责任年龄,具有责任能力的自然人,既包括依法具有佩带枪支弹药、管制器具资格的特殊主体,也包括不具有佩带资格的一般主体。

(4)此类行为的行为人主观方面既可以为故意,也可以为过失。

二、非法携带枪支、弹药、管制器具行为与相关行为的区分

(一)非法携带枪支、弹药、管制器具行为与非法持有、私藏枪支、弹药罪的界限

《刑法》第一百二十八条第一款规定的非法持有、私藏枪支弹药罪,是指违反枪支管理规定,非法持有、私藏枪支弹药的行为。非法持有,是指根据枪支管理规

定,不具有配枪资格的人非法持有枪支。所谓私藏,是指对依法应上缴的物品不予交出而予以藏匿的行为。根据《最高人民法院关于审理非法制造、买卖、运输枪支、弹药、爆炸物等刑事案件具体应用法律若干问题的解释》(法释〔2009〕18号)第五条第一款的规定,具有下列情形之一的,以非法持有、私藏枪支、弹药罪定罪处罚:①非法持有、私藏军用枪支一支的;②非法持有、私藏以火药为动力发射枪弹的非军用枪支一支或者以压缩气体等为动力的其他非军用枪支二支以上的;③非法持有、私藏军用子弹二十发以上,气枪铅弹一千发以上或者其他非军用子弹二百发以上的;④非法持有、私藏手榴弹一枚以上的;⑤非法持有、私藏的弹药造成人员伤亡、财产损失的。

因此二者的区别主要在于行为主体身份的不同和情节的轻重。从主体看,非法携带枪支、弹药、管制器具行为的主体既包括有合法持枪资格者,也包括无合法持枪资格者;而构成犯罪的主体必须是无资格拥有枪支、弹药的人。从情节看,虽然《刑法》第一百二十八条并未规定具有较为严重的情节才构成犯罪,但从以上司法解释看,显然情节较重的才构成犯罪,否则构成违法行为。

(二)非法携带枪支、弹药、管制器具行为与非法携带枪支、弹药、管制刀具、危险物品危及公共安全罪的界限

根据《刑法》第一百三十条的规定,非法携带枪支、弹药、管制刀具、危险物品危及公共安全罪是指非法携带枪支、弹药、管制刀具、危险物品进入公共场所或者公共交通工具,危及公共安全,情节严重的行为。根据《最高人民法院关于审理非法制造、买卖、运输枪支、弹药、爆炸物等刑事案件具体应用法律若干问题的解释》(法释〔2009〕18号)第六条的规定,非法携带枪支、弹药、爆炸物进入公共场所或者公共交通工具,危及公共安全,具有下列情形之一的,属于《刑法》第一百三十条规定的"情节严重":①携带枪支或者手榴弹的;②携带爆炸装置的;③携带炸药、发射药、黑火药五百克以上或者烟火药一千克以上、雷管二十枚以上或者导火索、导爆索二十米以上的;④携带的弹药、爆炸物在公共场所或者公共交通工具上发生爆炸或者燃烧,尚未造成严重后果的;⑤具有其他严重情节的。而《最高人民检察院、公安部关于公安机关管辖的刑事案件立案追诉标准的规定(一)》(公通字〔2008〕36号)第七条第五项规定,非法携带管制刀具,进入公共场所或者公共交通工具,危及公共安全,涉嫌下列情形的,应予立案追诉:携带管制刀具二十把以上,或者虽未达到上述数量标准,但拒不交出,或者用于违法活动尚未构成其他犯罪的。

二者的区别主要在于以下两点。

(1)主观方面不同。故意和过失均可构成非法携带枪支、弹药、管制器具行为;但非法携带枪支、弹药、管制刀具、危险物品危及公共安全罪只能由故意构成。

(2)情节不同。非法携带枪支、弹药、管制刀具进入公共场所或者公共交通工具,危及公共安全,情节严重的,构成犯罪;反之,构成违反治安管理行为。

三、非法携带枪支、弹药、管制器具行为的调查重点

(1)行为人是否有携带枪支、弹药、管制器具的相关法律文书或相关资质。

(2)非法携带枪支、弹药、管制器具的具体种类、数量。

(3)非法携带行为发生的地点、次数,是否造成危害后果,造成何种后果,其危害程度如何。

四、对非法携带枪支、弹药、管制器具行为的处罚

根据《治安管理处罚法》第三十二条第一款的规定,对非法携带枪支、弹药、管制器具行为,处五日以下拘留,可以并处五百元以下罚款;情节较轻的,处警告或者二百元以下罚款。该条第二款规定,非法携带枪支、弹药或者弩、匕首等国家规定的管制器具进入公共场所或者公共交通工具的,处五日以上十日以下拘留,可以并处五百元以下罚款。

第四节 盗窃、损毁公共设施和道路安全防护设施类案件的认定与查处

一、盗窃、损毁公共设施行为的认定与查处

(一)盗窃、损毁公共设施行为的概念与特征

盗窃、损毁公共设施行为,是指盗窃、损毁油气管道设施、电力电信设施、广播电视设施、水利防汛工程设施或者水文监测、测量、气象测报、环境监测、地质监测、地震监测等公共设施,尚不够刑事处罚的行为。其具有如下特征。

(1)此类行为侵犯的客体是公共安全和国家对公共设施的管理。本行为的对象是正在使用中的公共设施。公共设施,是指正在使用中的服务于社会公众的各种设施。本条规定的公共设施包括:油气管道设施,电力电信设施,广播电视设施,水利防汛工程设施或者水文监测、测量,气象测报,环境监测,地质监测,地震监测等公共设施。根据《石油天然气管道保护条例》的规定,"油气管道设施"包括输送石油、天然气(含煤气)的管道;管道防腐保护设施等。根据《电力设施保护条例》的规定,"电力设施"包括发电设施、变电设施和电力线路设施。根据《电信管理条例》的规定,"电信设施"是指公用电信网、专用电信网、广播电视传输网的设施,包括所有有线、无线、电信管道和卫星等设施。根据《广播电视设施保护条例》

的规定,"广播电视设施"包括广播电视台、站和广播电视传输网的设施(广播电视信号发射设施、广播电视信号专用传输设施、广播电视信号监测设施)。根据《中华人民共和国防洪法》及相关法规的规定,"防汛工程设施"主要包括挡水、泄水建筑物、水闸、泵站、涵洞、防护林带等防洪工程设施。"水文监测、测量设施",是指水利、电力、气象、海洋、农林等部门用于测算水位、流量等数据的水文站、雨量站等设施。"气象测报设施",是指气象探测设施,气象专用传输设施,大型气象专用技术装备等气象仪器、设施、标志。"环境监测设施",是指用于监控和测量环境资源的质量、污染程度等各项指标的设施、设备。"地震监测设施",是指地震监测台网的监测设施、设备、仪器和其他依照国务院地震行政主管部门的规定设立的地震监测设施、设备、仪器。应当注意的是,本行为所涉及的公共设施不包括路面井盖、照明等公共设施。

所谓正在使用中,是指正在运行中,也包括已交付使用。只有盗窃、损毁正在使用中的公共设施,才可能对公共安全产生影响。

(2)此类行为客观方面表现为盗窃、损毁正在使用中的公共设施的行为。"盗窃",是指以非法占有为目的,秘密窃取公共设施。"损毁",是指损坏或毁坏公共设施,使其使用价值或功能部分丧失或完全丧失。行为人只要实施了盗窃、损毁公共设施行为之一,就构成违反治安管理行为。

(3)实施此类行为的主体是达到责任年龄且具有责任能力的自然人。

(4)此类行为的行为人主观方面为故意。

(二)盗窃、损毁公共设施行为与相关行为的区分

1. 盗窃、损毁公共设施行为与破坏电力设备罪、破坏易燃易爆设施罪的界限

《刑法》第一百一十八条规定了破坏电力设备罪和破坏易燃易爆设施罪。破坏电力设备罪,是指故意破坏电力设备,足以造成或者已经造成严重后果,危害公共安全的行为。破坏易燃易爆设施罪,是指故意破坏燃气或者其他易燃易爆设备,足以造成或者已经造成严重后果,危害公共安全的行为。盗窃、损毁公共设施行为与这两种犯罪的主要区别在于是否足以造成严重后果,危害公共安全。足以造成严重后果,危害公共安全的构成犯罪,否则构成违反治安管理行为。

2. 盗窃、损毁公共设施行为与破坏广播电视设施、破坏公用电信设施罪的界限

《刑法》第一百二十四条规定的破坏广播电视设施、破坏公用电信设施罪,是指故意破坏广播电视设施、公用电信设施,危害公共安全的行为。《最高人民法院关于审理破坏广播电视设施等刑事案件具体应用法律若干问题的解释》(法释〔2011〕13号)第一条规定,破坏正在使用的广播电视设施,具有下列情形之一的,以破坏广播电视设施罪论处:①造成救灾、抢险、防汛和灾害预警等重大公共信息无法发布的;②造成县级、地市(设区的市)级广播电视台中直接关系节目播出的设施无法使用,信号无法播出的;③造成省级以上广播电视传输网内的设施无法

使用,地市(设区的市)级广播电视传输网内的设施无法使用三小时以上,县级广播电视传输网内的设施无法使用十二小时以上,信号无法传输的;④其他危害公共安全的情形。而根据《最高人民法院关于审理破坏公用电信设施刑事案件具体应用法律若干问题的解释》(法释〔2004〕21号)第一条规定,故意破坏正在使用的公用电信设施,具有下列情形之一的,以破坏公用电信设施罪论处:①造成火警、匪警、医疗急救、交通事故报警、救灾、抢险、防汛等通信中断或者严重障碍,并因此贻误救助、救治、救灾、抢险等,致使人员死亡一人、重伤三人以上或者造成财产损失三十万元以上的;②造成二千以上不满一万用户通信中断一小时以上,或者一万以上用户通信中断不满一小时的;③在一个本地网范围内,网间通信全阻、关口局至某一局向全部中断或网间某一业务全部中断不满二小时或者直接影响范围不满五万(用户×小时)的;④造成网间通信严重障碍,一日内累计二小时以上不满十二小时的;⑤其他危害公共安全的情形。因此,实施盗窃、损毁广播电视设施、公用电信设施行为,不具有上述情形的,构成违反治安管理行为。

3. 盗窃、损毁公共设施行为与盗窃和故意损毁财物行为的界限

《治安管理处罚法》第四十九条规定了盗窃行为和故意损毁财物行为。二者侵犯的客体不同,对象不同。前者的客体是公共安全,对象是正在使用中的公共设施;后者的客体是公私财物所有权,其对象是一般的财物。实际上,公共设施属于公私财产,区别二者的关键是公共设施是否"正在使用中的"。

(三)盗窃、损毁公共设施行为的调查重点

(1)行为人实施了何种具体的行为,行为对象是何种公共设施,其数量及价值如何。

(2)实施行为的动机、目的、时间、方法,是否造成了实际的危害后果,造成何种危害后果及其危害程度如何。

(四)盗窃、损毁公共设施行为的处罚

《治安管理处罚法》第三十三条第一项规定:构成盗窃、损毁公共设施行为的,处十日以上十五日以下拘留。

二、盗窃、损毁路面公共设施行为的认定与查处

(一)盗窃、损毁路面公共设施行为的概念与特征

盗窃、损毁路面公共设施行为,是指盗窃、损毁路面井盖、照明等公共设施,尚不够刑事处罚的行为。其具有如下特征。

(1)此类行为侵犯的客体是公共安全。行为侵害的对象是正在使用中的路面井盖、照明等公共设施。行为人盗窃、损毁不在使用中的路面井盖、照明等公共设施,如已经废弃不用的、存放在仓库中的等,不会危及公共安全,不应以本行为论处。

(2)此类行为客观方面表现为盗窃、损毁路面井盖、照明等公共设施,尚不够刑事处罚的行为。"盗窃",是指以非法占有为目的,秘密窃取公私财物的行为。"损毁",是指破坏物品、设施的完整性,使其失去正常的使用价值或功能的行为。"路面井盖"包括自来水、热力、排污等管道的井盖。"照明等公共设施"包括路灯、广场照明、装饰灯具等公共设施。这里所指的公共设施,主要指路面井盖、照明灯两类公共设施,此外,还应包括其他类似的与公共安全有关的公共设施。

(3)实施此类行为的主体是达到责任年龄,具有责任能力的自然人。

(4)此类行为的行为人主观方面为故意。

(二)盗窃、损毁路面公共设施行为与相关行为的区分

1. 盗窃、损毁路面公共设施行为与破坏交通设施罪的界限

破坏交通设施罪,是指破坏轨道、桥梁、隧道、公路、机场、航道、灯塔、标志或者进行其他破坏活动,足以使火车、汽车、电车、船只、航空器发生倾覆、毁坏危险,尚未造成严重后果或者已经造成严重后果的行为。二者的区别主要在于行为所造成的危害程度不同。破坏路面设施,必须达到"足以使汽车发生倾覆、毁坏危险"的危害程度才构成犯罪;而盗窃、损毁路面井盖、照明等公共设施行为仅仅对汽车、电车的行驶安全产生影响,其危害程度不足以致车辆发生倾覆、毁坏危险。

2. 盗窃、损毁路面公共设施行为与盗窃、故意损毁公私财物行为的界限

盗窃、损毁路面公共设施行为与盗窃、故意损毁公私财物行为,其区别主要在于:前者的客体是公共安全,对象是正在使用中的路面井盖、照明等公共设施;后者的客体是公私财物所有权,其对象是一般的财物。实际上,前者的公共设施属于公私财产,是正在使用中的特定的财物。

(三)盗窃、损毁路面公共设施行为的调查重点

(1)行为人实施了何种具体的行为,行为对象是不是路面公共设施,其数量及价值如何。

(2)实施行为的动机、目的、时间、方法,是否造成了实际的危害后果,造成何种危害后果及其危害程度如何。

(四)盗窃、损毁路面公共设施行为的处罚

根据《治安管理处罚法》第三十七条第三项的规定,对盗窃、损毁路面公共设施行为,处五日以下拘留或者五百元以下罚款;情节严重的,处五日以上十日以下拘留,可以并处五百元以下罚款。

三、道路施工不设置安全防护设施行为的认定与查处

(一)道路施工不设置安全防护设施行为的概念与特征

道路施工不设置安全防护设施行为,是指在车辆、行人通行的地方施工,对

沟井坎穴不设覆盖物、防围和警示标志,尚不够刑事处罚的行为。其具有如下特征。

(1)此类行为侵犯的客体是公共安全。

(2)此类行为客观方面表现为在车辆、行人通行的地方施工,对沟井坎穴不设覆盖物、防围和警示标志的行为。这里的"覆盖物、防围",是指在道路施工中用于遮拦开凿挖掘的沟井坎穴所用的铁板、帆布、毡布、护栏、塑料布等。"警示标志",是指警示灯、旗帜、标志杆、警告牌等。在车辆、行人通行的地方施工,《中华人民共和国道路交通安全法》及《道路交通安全实施条例》对施工的安全规范都作了明确的规定。施工单位应当事先征得道路主管部门同意,影响交通安全的,还应当征得公安机关交通管理部门的同意。施工单位在施工时应当设置规范的警示标志和安全防护设施。本行为是以不作为形式表现出来的,具有设置警示标志、防护设施法定义务的施工单位未履行相应义务。其危害性表现在对公共安全造成威胁,可能致使车辆、行人陷入或者跌入沟井坑穴。构成本行为,仅要求行为人有在车辆、行人通行的地方施工,对沟井坎穴不设覆盖物、防围和警示标志的行为,不要求实际造成危害后果。

(3)实施此类行为的主体包括单位和个人。

(4)此类行为的行为人主观方面包括故意和过失。

(二)道路施工不设置安全防护设施行为与相关行为的区分

应注意区分其与重大劳动安全事故罪的界限。《刑法》第一百三十五条第一款规定了重大劳动安全事故罪。该罪是指安全生产设施或者安全生产条件不符合国家规定,因而发生重大伤亡事故或者造成其他严重后果的行为。《最高人民检察院、公安部关于公安机关管辖的刑事案件立案追诉标准的规定(一)》(公通字〔2008〕36号)第十条规定,安全生产设施或者安全生产条件不符合国家规定,涉嫌下列情形之一的,应予立案追诉:①造成死亡一人以上,或者重伤三人以上的;②造成直接经济损失五十万元以上的;③发生矿山生产安全事故,造成直接经济损失一百万元以上的;④其他造成严重后果的情形。因此,道路施工不设置安全防护设施,不具有上述情形的,属于违反治安管理行为。

(三)道路施工不设置安全防护设施行为的调查重点

(1)行为人实施了何种具体的行为,行为发生的时间、地点。

(2)实施行为的动机、目的,是否造成了实际的危害后果,造成何种危害后果及其危害程度如何。

(3)行为人施工是否具有道路施工的许可。

(4)属于单位行为的,查清直接负责的主管人员和其他直接责任人员的责任。

(四)道路施工不设置安全防护设施行为的处罚

根据《治安管理处罚法》第三十七条第二项的规定,对道路施工不设置安全防护设施行为,处五日以下拘留或者五百元以下罚款;情节严重的,处五日以上十日以下拘留,可以并处五百元以下罚款。

四、故意损毁、移动道路施工安全防护设施行为的认定与查处

（一）故意损毁、移动道路施工安全防护设施行为的概念与特征

故意损毁、移动道路施工安全防护设施行为,是指故意损毁、移动在车辆、行人通行的地方设置的覆盖物、防围和警示标志,尚不够刑事处罚的行为。其具有如下特征。

（1）此类行为侵犯的客体是公共安全。侵害的对象是在车辆、行人通行的地方设置的覆盖物、防围和警示标志。

（2）此类行为客观方面表现为故意损毁、移动在车辆、行人通行的地方设置的覆盖物、防围和警示标志的行为。构成本行为,仅要求行为人实施了故意损毁、移动在车辆、行人通行的地方设置的覆盖物、防围和警示标志的行为,不要求实际造成危害后果。

（3）实施此类行为的主体是个人。

（4）此类行为的行为人主观方面只能出于故意。

（二）故意损毁、移动道路施工安全防护设施行为与相关行为的区分

应注意区分其与破坏交通设施罪的界限。二者的区别主要在于行为所造成的危害程度不同。如果故意损毁、移动覆盖物、防围和警示标志足以使汽车发生倾覆、毁坏危险或已经造成严重后果,则构成破坏交通设施罪,否则,以故意损毁、移动道路施工安全防护设施的违反治安管理行为论处。

（三）故意损毁、移动道路施工安全防护设施行为的调查重点

（1）行为人实施了何种具体的行为,行为的对象及价值,行为发生的时间、地点。

（2）实施行为的动机、目的,是否造成了实际的危害后果,造成何种危害后果及其危害程度如何。

（四）故意损毁、移动道路施工安全防护设施行为的处罚

根据《治安管理处罚法》第三十七条第二项的规定,对故意损毁、移动道路施工安全防护设施行为,处五日以下拘留或者五百元以下罚款;情节严重的,处五日以上十日以下拘留,可以并处五百元以下罚款。

第五节　公共活动妨害安全案件的认定与查处

一、违反规定举办大型活动行为的认定与查处

(一)违反规定举办大型活动行为的概念与特征

违反规定举办大型活动行为是指在举办文化、体育等大型群众性活动时,违反有关规定,存在安全事故危险的行为。其具有如下特征。

(1)此类行为侵犯的客体是公共安全和国家对大型群众性活动的安全管理制度。行为的对象是文化、体育等大型群众性活动。根据国务院《大型群众性活动安全管理条例》的规定,大型群众性活动,是指法人或者其他组织面向社会公众举办的每场次预计参加人数达到一千人以上的下列活动:①体育比赛活动;②演唱会、音乐会等文艺演出活动;③展览、展销等活动;④游园、灯会、庙会、花会、焰火晚会等活动;⑤人才招聘会、现场开奖的彩票销售等活动。

(2)此类行为客观方面表现为举办文化、体育等大型群众性活动,违反有关规定,有发生安全事故危险的行为。需把握以下两个要素。

第一,违反有关规定,即违反关于大型活动的安全规定,主要包括《中华人民共和国消防法》《大型群众性活动安全管理条例》等法律、法规。《大型群众性活动安全管理条例》规定,举办大型群众性活动,必须经过县级以上公安机关许可。同时明确了大型群众性活动的承办者及场所管理者的安全责任。现实中违反安全规定的行为发生于以下两个层面:一是未经许可,擅自举办大型群众性活动。二是经过许可的大型群众性活动,在举办过程中违反安全规定,主要表现为:擅自变更大型活动时间、地点、内容、举办规模;不落实安全工作方案;临时搭建的设施、建筑物存在安全隐患;活动场所、设施不符合国家安全标准和安全规定;未按要求配备必要的安全检查设备及对参加大型群众性活动的人员进行安全检查;未按照核准的活动场所容纳人员数量、划定的区域发放或者出售门票;未配备与大型群众性活动安全工作需要相适应的专业保安人员以及其他安全工作人员等。

第二,有发生安全事故危险。此种危险是一种潜在的危险,即发生危险的可能性。这种要素是对"违反安全规定"要素对公共安全影响程度上的限定。

(3)实施此类行为的主体是特殊主体,必须是大型活动的组织者,既可以是个人,也可以是单位。

(4)此类行为的行为人主观方面既可以是故意,也可以是过失。

(二)违反规定举办大型活动行为与相关行为的区分

正确认定违反规定举办大型活动行为应注意区分其与大型群众性活动重大安

全事故罪、消防责任事故罪的界限。

《刑法》第一百三十五条第二款规定了大型群众性活动重大安全事故罪。该罪是指举办大型群众性活动违反安全管理规定,因而发生重大伤亡事故或者造成其他严重后果的行为。《刑法》第一百三十九条规定了消防责任事故罪。该罪是指违反消防管理法规,经消防监督机构通知采取改正措施而拒绝执行,造成严重后果的行为。参照最高人民检察院、公安部《关于公安机关管辖的刑事案件立案追诉标准的规定(一)》(公通字〔2008〕36号)第十一条、第十五条的规定,二罪立案追诉的标准如下。

(1)造成死亡一人以上,或者重伤三人以上。

(2)造成直接经济损失五十万元以上的。

(3)其他造成严重后果的情形。

因此,举办大型活动,违反有关规定,有发生安全事故危险,但不具有上述情形的,则属于违反治安管理行为。

(三)违反规定举办大型活动行为的调查重点

(1)行为人举办大型群众性活动的种类、规模。

(2)行为人举办大型群众性活动违反有关规定的具体情况,违反了何种规定,存在何种安全事故危险。

(3)实施行为的动机、目的,是否造成了实际的危害后果,造成的危害后果及危害程度如何。

(4)属于单位行为的,查清直接负责的主管人员和其他直接责任人员的责任。

(四)违反规定举办大型活动行为的处罚

根据《治安管理处罚法》第三十八条的规定,对违反规定举办大型活动行为,责令停止活动,立即疏散;对组织者处五日以上十日以下拘留,并处二百元以上五百元以下罚款;情节较轻的,处五日以下拘留或者五百元以下罚款。

二、公共场所经营管理人员违反安全规定行为的认定与查处

(一)公共场所经营管理人员违反安全规定行为的概念与特征

公共场所经营管理人员违反安全规定行为,是指旅馆、饭店、影剧院、娱乐场、运动场、展览馆或者其他供社会公众活动的场所的经营管理人员,违反安全规定,致使该场所存在发生安全事故危险,经公安机关责令改正,拒不改正,尚不够刑事处罚的行为。其具有如下特征。

(1)此类行为侵犯的客体是公共安全。本行为的客体是旅馆、饭店、影剧院、娱乐场、运动场、展览馆或者其他供社会公众活动的场所的公共安全。本行为的对象,必须是供社会公众活动的场所,主要包括《治安管理处罚法》所列举的旅馆、饭

店、影剧院、运动场、展览馆等,也包括其他供社会公众活动的场所。"其他供社会公众活动的场所",是指歌舞厅、桑拿按摩场所、茶吧、网吧、酒吧等场所。

(2)此类行为客观方面表现为旅馆、饭店、影剧院、娱乐场、运动场、展览馆或者其他供社会公众活动的场所的经营管理人员,违反安全规定,致使该场所存在发生安全事故危险,经公安机关责令改正,拒不改正的行为。该行为在客观方面必须同时具备三个要素:①经营公共场所时,违反了有关安全管理规定。这里的"安全管理规定",是指国家和各级政府及其主管部门为加强特定公共场所的安全管理所制定的各种法律规范,其主要内容是有关房屋建筑、消防安全、严禁超员、便于疏散等方面的安全规定,如《中华人民共和国消防法》《旅馆业治安管理办法》《公共娱乐场所消防安全管理规定》《游乐园管理规定》《互联网上网服务营业场所管理条例》等中有关安全的规定。②有发生安全事故危险。这种危险是由于违反安全规定所致,如在上述场所安装固定的封闭门窗栅栏的;营业期间封堵或者锁闭门窗、安全疏散通道或者安全出口的等情形,均有发生安全事故的危险。③经公安机关责令改正,经营者拒不改正。这里的"经公安机关责令改正"需要公安机关以书面的形式告知经营者"违反安全规定,致使该场所有发生安全事故危险"的事实,并责令其改正。只有经责令改正但拒不改正的,才构成本行为。如果致使该场所有发生安全事故危险,但经公安机关责令改正,经营者予以改正的,不构成本行为。

(3)实施此类行为的主体是特殊主体,即从事公共场所经营管理的经营管理人员,一般指对场所有直接管理责任的管理人员。

(4)此类行为的行为人主观方面为故意。

(二)公共场所经营管理人员违反安全规定行为与相关行为的区分

正确认定公共场所经营管理人员违反安全规定行为,应注意区分其与消防责任事故罪、重大劳动安全事故罪的界限。

(三)公共场所经营管理人员违反安全规定行为的调查重点

(1)行为人是否为经营管理人员。

(2)公共场所经营管理人员是否违反有关规定,违反有关规定的具体细节。

(3)行为是否有发生安全事故的危险,是否造成实际的危害后果。

(4)公安机关是否责令公共场所经营管理人员改正,公共场所经营管理人员是否予以改正,改正的程度如何。

(四)公共场所经营管理人员违反安全规定行为的处罚

根据《治安管理处罚法》第三十九条的规定,旅馆、饭店、影剧院、娱乐场、运动场、展览馆或者其他社会公众活动的场所的经营管理人员,违反安全规定,致使该场所有发生安全事故危险、经公安机关责令改正、拒不改正的,处五日以下拘留。

第六节　其他妨害公共安全案件的认定与查处

一、盗窃、损坏、擅自移动航空设施行为的认定与查处

（一）盗窃、损坏、擅自移动航空设施行为的概念与特征

盗窃、损坏、擅自移动航空设施行为，是指违反国家规定，盗窃、损坏、擅自移动使用中的航空设施，尚不够刑事处罚的行为。其具有如下特征。

（1）此类行为侵犯的客体是航空器的飞行安全，侵犯的对象是正在使用中的航空设施。"航空设施"，是指用来保证航空器安全飞行的设施设备，如机坪、航道、灯塔、标志、机场监控装备等与飞行安全有关的各类设施。可以成为本行为侵害对象的航空设施只能是正在使用中的航空设施，既包括正在运营中的航空设施，也包括已经交付使用，随时可以执行任务的航空设施。如果该航空设施已经废弃或尚未投入使用，则不属于本行为所说的航空设施。值得注意的是，这里的航空设施不包括军用的航空设施，军用的航空设施由国防军事法律、法规来规范，相应的违法案件由军队保卫部门查处。

（2）此类行为客观方面表现为违反国家规定，盗窃、损坏、擅自移动使用中的航空设施的行为。"盗窃"，是指行为人以非法占有为目的，秘密窃取航空设施的行为。"损坏"，是指行为人出于过错，实施不当的行为，从而致使有关航空设施的使用价值和功能部分失去的行为。"擅自移动"，是指行为人未经允许，而依自己的意愿改变有关航空设施的位置、方向的行为。行为人只要实施了"盗窃""损坏"或"擅自移动"三种行为中的一种，即可构成本行为。

（3）实施此类行为的主体既可以是单位，也可以是个人。

（4）此类行为的行为人主观方面为故意。

（二）盗窃、损坏、擅自移动航空设施行为与相关行为的区分

这里应注意区分与破坏交通设施罪的界限。二者的区别主要在于行为所造成的危害程度不同。破坏航空设施，必须达到"足以使航空器发生倾覆、毁坏危险"的危害程度才构成犯罪；而盗窃、损坏、擅自移动航空设施行为仅仅对航空器的飞行安全产生影响，其危害程度不足以致航空器发生坠毁、毁坏危险。

（三）盗窃、损坏、擅自移动航空设施行为的处罚

根据《治安管理处罚法》第三十四条第一款的规定，对盗窃、损坏、擅自移动航空设施行为，处十日以上十五日以下拘留。

二、强行进入航空器驾驶舱行为的认定与查处

（一）强行进入航空器驾驶舱行为的概念与特征

强行进入航空器驾驶舱行为，是指违反国家规定，强行进入航空器驾驶舱，尚不够刑事处罚的行为。其具有如下特征。

（1）此类行为侵犯的客体是航空器的飞行安全。侵犯的对象是航空器驾驶舱。

（2）此类行为客观方面表现为违反国家规定，强行进入航空器驾驶舱的行为。驾驶舱是航空器的要害部位，禁止非工作人员进入。所谓"强行进入"，是指非机组人员不听从他人制止，执意进入航空器驾驶舱的行为。值得注意的是，这里的航空器，是指正在使用中的航空器，即正处于运营状态的航空器，即航空器正在起飞、爬升、空中飞行、下降、着陆状态中等。

（3）实施此类行为的主体是达到责任年龄，具有责任能力的自然人。

（4）此类行为的行为人主观方面为故意。

（二）强行进入航空器驾驶舱行为与相关行为的区分

这里应注意区分其与暴力危及飞行安全罪的界限。暴力危及飞行安全罪，是指对飞行中的航空器上的人员使用暴力，危及飞行安全的行为。二者的区别在于：一是行为所发生的空间状态不同。前者的行为发生于"正在使用中"的航空器上，而后者的行为必须是发生于"飞行中"的航空器上，在航空器还没有装载完毕时，或者在航空器降落后打开机舱门前对航空器上的人员使用暴力的，不构成此罪。二是行为的情节有所不同。前者表现为"强行进入"，一般没有使用暴力；后者必须有"暴力"情节。三是行为的危害程度不同。前者的危害程度轻，仅对飞行安全产生一定的影响；而后者的危害程度较为严重，已经危及飞行安全。

（三）强行进入航空器驾驶舱行为的处罚

根据《治安管理处罚法》第三十四条第一款的规定，构成强行进入航空器驾驶舱行为的，处十日以上十五日以下拘留。

三、在航空器上非法使用器具、工具行为的认定与查处

（一）在航空器上非法使用器具、工具行为的概念与特征

在航空器上非法使用器具、工具行为，是指违反国家规定，在使用中的航空器上使用器具、工具，不听劝阻，尚不够刑事处罚的行为。其具有如下特征。

（1）此类行为侵犯的客体是航空器的飞行安全，其侵害的对象是航空器的导航系统。

（2）此类行为客观方面表现为违反国家规定,在使用中的航空器上使用可能影响导航系统功能正常运行的器具、工具,不听劝阻的行为。这里的"器具、工具",是指能够产生无线电干扰的便携式电子设备,包括手机、收音机、对讲机、手提电脑、遥控玩具等。"不听劝阻",是指不接受空乘人员停止使用相关器具的劝说,仍执意使用或者经劝阻停止使用后又再次使用的情况。如果听取了劝阻的,不构成本行为。

（3）实施此类行为的主体是达到责任年龄,具有责任能力的自然人。

（4）此类行为的行为人主观方面为故意。

（二）在航空器上非法使用器具、工具行为的处罚

根据《治安管理处罚法》第三十四条第二款的规定,构成在航空器上非法使用器具、工具行为的,处五日以下拘留或者五百元以下罚款。

四、盗窃、损毁、擅自移动铁路设施、设备、机车车辆配件、安全标志行为的认定与查处

（一）盗窃、损毁、擅自移动铁路设施、设备、机车车辆配件、安全标志行为的概念与特征

盗窃、损毁、擅自移动铁路设施、设备、机车车辆配件、安全标志行为,是指违反国家规定,盗窃、损毁、擅自移动铁路设施、设备、机车车辆配件、安全标志,尚不够刑事处罚的行为。其具有如下特征。

（1）此类行为侵犯的客体是铁路行车安全,侵犯的对象是铁路设施、设备、机车车辆配件、安全标志,包括铁路轨道上的钢轨、夹板、扣件、垫板、道夹板、螺栓、螺帽,机车的安全阀、电缆、闸瓦钎、拉杆等,信号灯、信号及变压器等与铁路正常工作有关的一切设施设备。

（2）此类行为客观方面表现为盗窃、损毁、擅自移动正在使用中的铁路设施、设备、机车车辆配件、安全标志的行为。"盗窃",是指以非法占有为目的,秘密窃取铁路设施、设备、机车车辆配件、安全标志。"损毁",是指损坏或毁坏铁路设施、设备、机车车辆配件、安全标志,使其使用价值或功能部分丧失或完全丧失。"擅自移动",是指行为人未经允许,按照自己的意愿改变铁路设施、设备、机车车辆配件、安全标志本来的位置或方向。另外,这些设施、设备必须是正在使用中的,如果盗窃、损毁尚未投入使用或者已经废弃不用的设施、设备,不构成本行为。

（3）实施此类行为的主体是达到责任年龄,具有责任能力的自然人。

（4）此类行为的行为人主观方面为故意。

(二)盗窃、损毁、擅自移动铁路设施、设备、机车车辆配件、安全标志行为的处罚

根据《治安管理处罚法》第三十五条第一项的规定,对盗窃、损毁、擅自移动铁路设施、设备、机车车辆配件、安全标志行为,处五日以上十日以下拘留,可以并处五百元以下罚款;情节较轻的,处五日以下拘留或者五百元以下罚款。

五、在铁路线上放置障碍物行为的认定与查处

(一)在铁路线上放置障碍物行为的概念与特征

在铁路线上放置障碍物行为,是指违反国家规定,在铁路线上放置障碍物,尚不够刑事处罚的行为。其具有如下特征。

(1)此类行为侵犯的客体是铁路运行安全。

(2)此类行为客观方面表现为违反国家规定,在铁路线上放置障碍物的行为。这里所说的"障碍物",是指影响火车正常行驶的有形物体,如石块、木块、废旧建筑材料等。而放置障碍物的铁路线,是指正在使用的铁路线路。行为人在铁路线上放置了能够影响列车正常行驶的障碍物,不足以构成现实危险或者尚未造成严重后果的构成本行为。如果放置的障碍物足以使列车发生倾覆、毁坏危险,或造成严重后果的,则构成犯罪。

(3)实施此类行为的主体是达到责任年龄,具有责任能力的自然人。

(4)此类行为的行为人主观方面为故意。

(二)在铁路线上放置障碍物行为的处罚

根据《治安管理处罚法》第三十五条第二项的规定,对在铁路线上放置障碍物行为,处五日以上十日以下拘留,可以并处五百元以下罚款;情节较轻的,处五日以下拘留或者五百元以下罚款。

六、故意向列车投掷物品行为的认定与查处

(一)故意向列车投掷物品行为的概念与特征

故意向列车投掷物品行为,是指违反国家规定,故意向列车投掷物品,且尚不够刑事处罚的行为。其具有如下特征。

(1)此类行为侵犯的客体是铁路行车安全和乘客的人身安全。

(2)此类行为客观方面表现为故意向列车投掷物品的行为。这里的"列车",是指正在行驶中的列车,也包括在车站停靠或在他处临时停留的列车。只要行为人实施了故意向列车投掷物品的行为,就构成本行为,并不以造成乘客伤害、列车损坏为要件。如果行为造成了严重的后果,则应追究其相应的刑事责任。

(3)实施此类主体是达到责任年龄且具有责任能力的自然人。

(4)此类行为的行为人主观方面为故意。

(二)故意向列车投掷物品行为的处罚

根据《治安管理处罚法》第三十五条第二项的规定,对故意向列车投掷物品行为,处五日以上十日以下拘留,可以并处五百元以下罚款;情节较轻的,处五日以下拘留或者五百元以下罚款。

七、擅自进入铁路防护网行为的认定与查处

(一)擅自进入铁路防护网行为的概念与特征

擅自进入铁路防护网行为,是指违反国家规定,擅自进入铁路防护网,影响铁路行车安全,尚不够刑事处罚的行为。其具有如下特征。

(1)此类行为侵犯的客体是铁路行车安全。

(2)此类行为客观方面表现为违反国家规定,擅自进入铁路防护网,影响铁路行车安全的行为。铁路防护网是铁路运输企业为了保障铁路运输安全,保护人身安全、财产安全,防止行人、牲畜、车辆等进入铁路防护网而设置的防护设施。《铁路运输安全保护条例》规定,铁路线路两侧应当设立铁路线路安全保护区。铁路运输企业应当在铁路线路安全保护区边界设立标桩,并根据需要设置围墙、栅栏等防护设施。任何单位和个人不得实施翻越、损毁、移动铁路线路两侧防护围墙、栅栏或者其他防护设施和标桩等危害铁路运输安全的行为。"擅自进入铁路防护网",是指未经允许,自行进入铁路防护网。构成本行为必须具备两个要素:一是实施了擅自进入铁路防护网的行为;二是影响行车安全。

(3)实施此类行为的主体是达到责任年龄,具有责任能力的自然人。

(4)此类行为的行为人主观方面为故意。

(二)擅自进入铁路防护网行为的处罚

根据《治安管理处罚法》第三十六条的规定,对擅自进入铁路防护网行为,处警告或者二百元以下罚款。

八、违法在铁路线上行走坐卧、抢越铁路行为的认定与查处

(一)违法在铁路线上行走坐卧、抢越铁路行为的概念与特征

违法在铁路线上行走坐卧、抢越铁路行为,是指违反国家规定,在火车来临时,在铁路线上行走坐卧或者抢越铁路,影响行车安全,尚不够刑事处罚的行为。其具有如下特征。

(1)此类行为侵犯的客体是铁路行车安全。

(2)此类行为客观方面表现为在火车来临时,在铁路线上行走坐卧或者抢越铁路,影响行车安全,尚不够刑事处罚的行为。这里的铁路线,是指正在使用中的铁路线。本行为的行为方式为行走坐卧和抢越铁路两类。本行为必须发生于"火车来临时",不在此时间条件下,不构成本行为。

(3)实施此类行为的主体是达到责任年龄,具有责任能力的自然人。

(4)此类行为的行为人主观方面既有故意,又有过失。行为人的动机多种多样,有的是图方便、走捷径,有的是为了寻求刺激,有的是试图自杀,等等。

(二)违法在铁路线上行走坐卧、抢越铁路行为的处罚

根据《治安管理处罚法》第三十六条的规定,对违法在铁路线上行走坐卧、抢越铁路行为,处警告或者二百元以下罚款。

九、擅自安装、使用电网行为的认定与查处

(一)擅自安装、使用电网行为的概念与特征

擅自安装、使用电网行为,是指未经批准,安装、使用电网,尚不够刑事处罚的行为。其具有如下特征。

(1)此类行为侵犯的客体是公共安全。行为的对象是电网。

(2)此类行为客观方面表现为未经批准,安装、使用电网的行为。电网是一种安全措施,但如果设置、使用不当,也可能危及公共安全,对不特定多数人的人身安全和财产安全构成威胁。根据有关规定,凡安装电网者,必须将安装地点、理由,以及使用电压等级和采取的预防误触电措施等有关资料,向所在地县(市)公安局申报,经审查批准,方可安装。严禁私人安装电网,严禁用电网捕鱼、狩猎、捕鼠或灭害等。行为人只要未经批准安装、使用电网,即构成本行为。

(3)实施此类行为的主体包括单位和自然人。

(4)此类行为的行为人主观方面为故意。

(二)擅自安装、使用电网行为与相关行为的区分

这里应注意区分其与以危险方法危害公共安全罪的界限。《刑法》第一百一十四条规定了基本法定刑的以危险方法危害公共安全罪,该罪在客观上的表现为使用危险方法危害公共安全,尚未造成严重后果的。"严重后果",是指致人重伤、死亡或者使公私财产遭受重大损失。"尚未造成严重后果"既包括危险状态,也包括不严重后果。区分罪与非罪的关键在于危害程度,"足以危害公共安全或已经危害公共安全,造成一定后果的"构成犯罪,否则构成违反治安管理行为。

(三)擅自安装、使用电网行为的处罚

根据《治安管理处罚法》第三十七条第一项的规定,构成擅自安装、使用电网

行为的,处五日以下拘留或者五百元以下罚款;情节严重的,处五日以上十日以下拘留,可以并处五百元以下罚款。

十、安装、使用电网不符合安全规定行为的认定与查处

(一)安装、使用电网不符合安全规定行为的概念与特征

安装、使用电网不符合安全规定行为,是指安装、使用电网不符合安全规定,危及公共安全的行为。其具有如下特征。

(1)此类行为侵犯的客体是公共安全。

(2)此类行为客观方面表现为安装、使用电网不符合安全规定,危及公共安全。

使用电网,一般是一些特殊单位,如重要军事设施、重要厂矿、监狱等,因工作需要,经许可安装、使用。安装、使用电网不符合安全规定,是指经许可安装、使用电网的行为人在安装、使用时,违反国家对电网安装、使用的安全规定,如地网须安设内、外刺线护网,其高度不能低于一米五,与电网距离应根据电压高低决定远近,但不能少于一米;墙网的墙高必须在两米五以上。不论高低压电网,均须以适当电压瓷瓶架设于支柱上;电网四周明显处,应设置白底红字警示牌,支柱上隔适当距离,安装红色警灯等。

(3)实施此类行为的主体包括单位和个人。

(4)此类行为的行为人主观方面为故意。

(二)安装、使用电网不符合安全规定行为的处罚

根据《治安管理处罚法》第三十七条第一项的规定,对安装、使用电网不符合安全规定行为,处五日以下拘留或者五百元以下罚款;情节严重的,处五日以上十日以下拘留,可以并处五百元以下罚款。

第十二章

侵犯人身权利行为与处罚

第一节 侵犯人身权利案件概述

一、侵犯人身权利案件的概念

侵犯人身权利案件,是指故意侵犯他人身体健康、人身自由以及与人身权利相关的其他权利并造成一定的危害结果,情节轻微,尚不够刑事处罚,依法应当给予治安管理处罚的案件。在实践中,这类案件属于多发性的治安案件,一直以来都是公安机关查处的重点。

二、侵犯人身权利行为的概念与特征

侵犯人身权利行为是侵犯人身权利案件认定与查处的重点内容,是指故意侵犯他人身体健康、人身自由以及与人身权利相关的其他权利并造成一定的危害结果,情节轻微,尚不够刑事处罚的行为。其具有如下特征。

(1)侵犯的客体是公民的人身权利以及与公民人身权利相关的其他权利。具体内容比较复杂,大致包括以下五个方面:①公民的自由权,包括人身自由权、性自由权等;②健康权,包括人身健康权、人身安全权等;③正常生活权利,如住宅权、正常生活权、公平交易权等;④隐私、名誉权,主要包括个人隐私权和名誉权两方面;⑤民族平等、民族尊严等权利。

(2)行为的客观方面表现为以各种方法实施了侵犯公民人身权利以及与公民

人身相关的其他权利,情节轻微尚不够刑事处罚。在行为方式上,诸如殴打、故意伤害、非法侵入住宅等,既能以作为的方式实施,也能以不作为的方式实施;多数行为如猥亵、诬告陷害等,则只能以作为的方式实施。行为所造成的危害结果,有的表现为物质性的危害结果,如殴打、故意伤害等行为会直接造成受害人的身体损害,也有些行为的危害结果可能表现为非物质性的危害结果,如侮辱行为、诽谤行为、诬告陷害行为、发送信息干扰正常生活行为等。

（3）行为主体大多是一般主体,部分行为的行为主体是特殊主体,如虐待家庭成员行为、遗弃被抚养人行为和在出版物、计算机信息网络中刊载民族歧视、侮辱内容行为等,只能由特殊主体构成。

（4）行为人在主观方面均必须由故意构成。行为人的动机可以多种多样,有的行为人可能是为了打击报复;有的可能是为了逞强好胜;有的可能是为了牟取非法利益;有的可能是为了满足不正当的欲望;等等。但不论行为人的动机和目的如何,其主观方面都是出于故意,过失不能构成侵犯人身权利行为。

三、侵犯人身权利行为的类型

根据《治安管理处罚法》和《公安部关于规范违反治安管理行为名称的意见》的规定,本章所涉及的侵犯人身权利行为共计以下二十四种。

（1）组织、胁迫、诱骗进行恐怖、残忍表演（本法第四十条第一项）。

（2）强迫劳动（本法第四十条第二项）。

（3）非法限制人身自由（本法第四十条第三项）。

（4）非法侵入住宅（本法第四十条第三项）。

（5）非法搜查身体（本法第四十条第三项）。

（6）胁迫、诱骗、利用他人乞讨（本法第四十一条第一款）。

（7）以滋扰他人的方式乞讨（本法第四十一条第二款）。

（8）威胁人身安全（本法第四十二条第一项）。

（9）侮辱（本法第四十二条第二项）。

（10）诽谤（本法第四十二条第二项）。

（11）诬告陷害（本法第四十二条第三项）。

（12）威胁、侮辱、殴打、打击报复证人及其近亲属（本法第四十二条第四项）。

（13）发送信息干扰正常生活（本法第四十二条第五项）。

（14）侵犯隐私（本法第四十二条第六项）。

（15）殴打他人（本法第四十三条第一款）。

（16）故意伤害（本法第四十三条第一款）。

（17）猥亵（本法第四十四条）。

（18）在公共场所故意裸露身体（本法第四十四条）。

(19)虐待(本法第四十五条第一项)。
(20)遗弃(本法第四十五条第二项)。
(21)强迫交易(本法第四十六条)。
(22)煽动民族仇恨、民族歧视(本法第四十七条)。
(23)刊载民族歧视、侮辱内容(本法第四十七条)。
(24)冒领、隐匿、毁弃、私自开拆、非法检查他人邮件(本法第四十八条)。

第二节　侵犯人身自由权利案件的认定与查处

侵犯人身自由权利案件共有8种类型,下面将通过对法律规定的这些行为的认定与查处,对此类案件的办理作出全面阐释。

一、组织、胁迫、诱骗进行恐怖、残忍表演行为的认定与查处

(一)组织、胁迫、诱骗进行恐怖、残忍表演行为的概念与特征

组织、胁迫、诱骗进行恐怖、残忍表演行为,是指行为人组织、胁迫或者诱骗不满十六周岁的人或者残疾人表演恐怖、残忍节目,摧残其身心健康,情节轻微,尚不够刑事处罚的行为。其具有如下特征。

(1)侵犯客体是不满十六周岁的人、残疾人的人身权利;侵害对象是不满十六周岁的人或者残疾人。

(2)客观方面主要表现为实施了组织、胁迫、诱骗不满十六周岁的人或者残疾人表演恐怖、残忍节目,摧残其身心健康,尚不够刑事处罚的行为。组织是指行为人有目的地招募、雇用不满十六周岁的人或者残疾人进行恐怖、残忍表演。胁迫,是指行为人以暴力相威胁的方法或者其他方法相要挟,强迫不满十六周岁的人或者残疾人进行恐怖、残忍表演。诱骗,是指行为人通过用金钱、物质利益或者以亲属、抚养、收养关系进行引诱和欺骗。恐怖、残忍节目表演,是指宣扬暴力、凶杀或残酷折磨身体的节目展示。

(3)行为主体既可以是达到责任年龄、具有责任能力的自然人,也可以是单位。

(4)行为人主观上必须出于故意。

(二)组织、胁迫、诱骗进行恐怖、残忍表演违法行为与相关行为的
　　区分

这里主要涉及该违法行为与雇用童工从事危重劳动罪、组织未成年人进行违反治安管理活动罪之间的区分。

1. 与雇用童工从事危重劳动罪的区分

雇用童工从事危重劳动罪是指违反劳动管理法规,雇用未满十六周岁的人从事超强度体力劳动,或者从事高压、井下作业,或者在爆炸性、易燃性、放射性、毒害性等危险环境下从事劳动,情节严重的行为。组织、胁迫、诱骗进行恐怖、残忍表演案件与雇用童工从事危重劳动罪的区别在于:一方面,不满十六周岁的人或者残疾人进行的恐怖、残忍节目表演活动不属于危重劳动;另一方面,组织、胁迫、诱骗进行恐怖、残忍表演案件的受害对象不仅有未成年人,还包括残疾人,其范围大于雇用童工从事危重劳动罪的被害人范围。

2. 与组织未成年人进行违反治安管理活动罪的区分

《刑法》第二百六十二条规定的组织未成年人进行违反治安管理活动罪是《刑法修正案(七)》增设的罪名。其是指组织未成年人进行盗窃、诈骗、抢夺、敲诈勒索等违反治安管理活动的行为。据此,两种行为的差别主要包括以下方面:①行为方式不同,组织未成年人进行违反治安管理活动罪只惩罚组织行为,而组织、胁迫、诱骗进行恐怖、残忍表演违法行为则处罚组织、胁迫、诱骗行为。②未成年人实施的违法行为内容不同。组织未成年人进行违反治安管理活动犯罪中未成年人实施的是盗窃、诈骗、抢夺、敲诈勒索等违反治安管理活动,而组织、胁迫、诱骗进行恐怖、残忍表演违法行为中未成年人是从事表演行为。虽然该表演带有恐怖性或者残忍性的特点,但是本身未必属于违反治安管理的活动。当然,如果未成年人从事的既属于违反治安管理的行为,同时又带有恐怖、残忍的表演性质,那么就应当按照前者进行论处。

(三)组织、胁迫、诱骗进行恐怖、残忍表演行为的调查重点

(1)行为人实施该不法行为的具体方式,如是组织、胁迫还是诱骗。

(2)行为人实施恐怖、残忍表演的具体内容。

(3)不法行为侵害的具体对象以及侵害对象的数量。

(4)不法行为持续的时间、地点。

(5)行为人实施不法行为所获得的收益。

(6)不法行为造成的后果以及是否有其他严重情节等。

(四)组织、胁迫、诱骗进行恐怖、残忍表演行为的处罚

根据《治安管理处罚法》第四十条第一项的规定,对该案件的行为人可以依法处十日以上十五日以下拘留,并处五百元以上一千元以下罚款;情节较轻的,处五日以上十日以下拘留,并处二百元以上五百元以下罚款。

二、强迫劳动行为的认定与查处

(一)强迫劳动行为的概念与特征

强迫劳动行为,是指行为人违反劳动管理法规,以暴力、威胁或者其他手段强迫他人劳动,情节轻微,尚不够刑事处罚的行为。其具有如下特征。

(1)行为人的行为所侵犯的客体是公民的人身自由权和自由劳动权。

(2)该类违法行为的客观方面主要表现为实施了违反劳动管理法规,以暴力、威胁或者其他手段强迫他人劳动的行为。一方面,行为人对被害人实施了暴力殴打、威胁、限制人身自由、没收押金、扣押身份证件等行为;另一方面,违反了被害人的意志,被害人在被强迫下丧失了对劳动的选择权。

(3)行为主体既可以是个人,也可以是单位。

(4)行为人主观上必须出于故意。

(二)强迫劳动行为与相关行为的区分

这里主要涉及与强迫劳动罪和其他有关行为的区分。

1. 与强迫劳动罪的区分

强迫劳动罪,是指违反劳动管理法规,以暴力、威胁或者限制人身自由的方法强迫他人劳动的行为。二者的区别主要在于行为是否超出了情节轻微的程度。例如,长时间无偿强迫他人劳动、强迫多人劳动,因强迫他人劳动致使发生重大劳动安全事故,采用暴力、胁迫、侮辱等手段非法限制他人人身自由,以及其他强迫劳动情节恶劣的情形,均不属于情节轻微的范畴。

2. 与其他相关行为的区分

从行为方式上看,强迫劳动行为可能涉及多种犯罪,如使用暴力可能涉嫌故意伤害罪,剥夺他人人身自由可能涉嫌非法拘禁罪等,行为人以限制人身自由的方法强迫他人劳动,同时触犯《刑法》的其他规定,构成其他犯罪,应当依照刑法相关规定定罪处罚。

(三)强迫劳动行为的调查重点

(1)受到强迫的劳动者的数量、工作时间等。

(2)强迫劳动者的行为方式、地点、次数。

(3)强迫劳动者工作所获得的收益。

(4)强迫劳动行为给劳动者所造成的伤害以及社会影响等。

(四)强迫劳动行为的处罚

根据《治安管理处罚法》第四十条第二项的规定,对该案件的行为人可以依法处十日以上十五日以下拘留,并处五百元以上一千元以下罚款;情节较轻的,处五日以上十日以下拘留,并处二百元以上五百元以下罚款。

三、非法限制人身自由行为的认定与查处

(一)非法限制人身自由行为的概念与特征

非法限制人身自由行为,是指行为人运用各种手段,非法限制他人人身自由,且情节轻微,尚不够刑事处罚的行为。其具有如下特征。

(1)侵犯客体是他人的人身自由权利,即他人按照自己的意志自由支配自己身体活动的权利。

(2)行为客观方面表现为未经法律授权,实施了非法限制他人人身自由的行为。首先,行为人限制他人人身自由的行为,是被法律所明确禁止的,行为人限制他人人身自由的行为要么没有法律依据,要么超越了法定授权。其次,非法限制他人人身自由的行为方式可以多种多样,比如扣留身份证、限制他人在一定区域内活动、限制他人在一定区域内居住、限制他人参加某些社会活动、限制外出、规定他人定期报告行踪等。最后,行为人只是在一定程度上使被害人的人身自由受到限制,而不是剥夺了他人的人身自由,被限制者仍然还具有部分人身自由。此外,若行为人的行为情节轻微,手段不恶劣、限制他人人身自由的时间较短,对被害人的身心伤害不大,没有造成严重后果,则尚不构成犯罪。

(3)行为主体一般是自然人,单位也可以成为本行为的主体。

(4)行为人主观上必须出于故意。

(二)非法限制人身自由行为与相关行为的区分

非法拘禁罪是指以拘押、禁闭或者其他强制方法非法剥夺他人人身自由的行为。《宪法》第三十七条规定,中华人民共和国公民的人身自由不受侵犯。任何公民,非经人民检察院批准或者决定或者人民法院决定,并由公安机关执行,不受逮捕。禁止非法拘禁和以其他方法非法剥夺或者限制公民的人身自由,禁止非法搜查公民的身体。二者之间的区别主要在于情节是否严重。例如,如果行为人非法拘禁他人,并实施捆绑、殴打、侮辱等行为或者多次非法拘禁他人,非法拘禁多人,非法拘禁时间较长,或者非法拘禁致人重伤、死亡、精神失常或自杀,或者非法拘禁造成其他严重后果的都可能涉嫌犯罪,构成非法拘禁罪。

(三)非法限制人身自由行为的调查重点

(1)实施非法限制人身自由的主体个数、行为动机、目的等。

(2)非法限制他人人身自由的时间、地点、持续时间以及方式。

(3)受到人身自由限制的人数。

(4)实施非法限制他人人身自由的次数等。

(四)非法限制人身自由行为的处罚

根据《治安管理处罚法》第四十条第三项的规定,对该案件的行为人可以依法处十日以上十五日以下拘留,并处五百元以上一千元以下罚款;情节较轻的,处五日以上十日以下拘留,并处二百元以上五百元以下罚款。

四、非法搜查身体行为的认定与查处

(一)非法搜查身体行为的概念与特征

非法搜查身体行为,是指行为人非法对他人身体进行搜查,情节轻微,尚不够刑事处罚的行为。其具有如下特征。

(1)行为侵犯的客体是他人的人身权利。

(2)行为人在客观方面主要表现为实施了非法搜查他人身体的行为。在司法实践中,非法搜查主要包括三种情况:第一种是无搜查权的机关、团体、企事业单位的工作人员或者个人,出于某种目的而对他人的身体进行搜查;第二种是有搜查权人员不经合法批准或授权,滥用权力,非法进行搜查;第三种是有搜查权人员不按法定程序、手续对他人身体进行搜查。

(3)行为主体是一般主体,即达到法定责任年龄、具备责任能力的自然人。

(4)行为人主观上表现为故意,过失不能构成此类行为。

(二)非法搜查身体行为与相关行为的区分

在认定本行为时,应当注意分清其与非法搜查罪的界限。二者的区别主要表现在情节和危害后果不同。非法搜查他人身体,情节严重,造成被害人精神失常、自杀,非法搜查采用暴力、威胁等恶劣手段,多次搜查他人,造成被搜查人财产损失严重的,构成犯罪;情节轻微的,构成违反治安管理行为。

(三)非法搜查身体行为的调查重点

(1)非法搜查他人身体的主体身份、人数。

(2)非法搜查他人身体的时间、地点、方式。

(3)非法搜查他人身体的动机、目的。

(4)非法搜查他人身体的次数。

(5)非法搜查他人身体的经过、造成的后果和社会影响。

(四)非法搜查身体行为的处罚

根据《治安管理处罚法》第四十条第三项的规定,对该案件的行为人可以依法处十日以上十五日以下拘留,并处五百元以上一千元以下罚款;情节较轻的,处五日以上十日以下拘留,并处二百元以上五百元以下罚款。

五、非法侵入住宅行为的认定与查处

(一)非法侵入住宅行为的概念与特征

非法侵入住宅行为,是指行为人违背住宅主人的意愿,无法律依据或没有正当理由进入他人住宅,或者进入他人住宅后经要求退出而拒绝退出,尚不够刑事处罚的案件。其具有如下特征。

(1)违法行为侵犯的客体是他人的住宅权。住宅,是指公民合法居住的场所。至于该住所是本人的,还是租来的,对构成该行为均无影响。

(2)违法行为的客观方面主要表现为非法侵入他人住宅,情节轻微,尚不够刑事处罚。非法侵入他人住宅,包括两种情况:一是未经住宅主人许可,没有正当理由擅自进入他人住宅;二是虽经住宅主人同意或者有正当理由进入,但经住宅主人要求退出而无正当理由拒不退出他人住宅。尚不够刑事处罚,是指非法侵入他人住宅情节轻微,不构成犯类行为。

(3)行为主体是一般主体,即达到法定责任年龄、具备责任能力的自然人。

(4)行为人主观上表现为故意,过失不能构成此类行为。

(二)非法侵入住宅行为与其他相关行为的区分

非法侵入住宅行为与非法侵入住宅罪的根本区别在于行为客观方面的情节和危害程度。具有下列情形之一的,构成非法侵入住宅罪:①非法强行侵入他人住宅,经要求或教育仍拒不退出,严重影响他人正常生活和居住安全的;②非法强行侵入他人住宅,毁损、污损或搬走他人生活用品,严重影响他人正常生活的;③非法强行侵入并封闭他人住宅,致使他人无法居住的;④非法强行侵入他人住宅,引起其他严重后果的。由此可见,构成非法侵入住宅罪的行为所采取的方法、手段恶劣,侵入他人住宅时间长,甚至经行政机关、司法机关介入仍不退出。非法侵入住宅行为没有采用上述恶劣手段,一般没有造成危害后果或危害后果极小。

(三)非法侵入住宅行为的调查重点

(1)非法侵入住宅的主体身份、人数。
(2)非法侵入住宅的时间、地点、方式。
(3)非法侵入住宅的动机、目的。
(4)非法侵入住宅行为的次数。
(5)非法侵入住宅的行为过程、造成的后果和社会影响。

(四)非法侵入住宅行为的处罚

根据《治安管理处罚法》第四十条第三项的规定,对该案件的行为人可以依法处十日以上十五日以下拘留,并处五百元以上一千元以下罚款;情节较轻的,处五日以上十日以下拘留,并处二百元以上五百元以下罚款。

六、胁迫、诱骗、利用他人乞讨行为的认定与查处

（一）胁迫、诱骗、利用他人乞讨行为的概念与特征

胁迫、诱骗、利用他人乞讨行为，是指行为人为谋取不当利益，胁迫、诱骗或者利用他人乞讨，尚不够刑事处罚的行为。其具有如下特征。

（1）行为侵犯的客体是他人的人身权利和财产权利。

（2）客观方面主要表现为实施了胁迫、诱骗或者利用他人乞讨的行为。胁迫，是指行为人通过实施暴力或者非暴力手段对被害人进行威胁、恐吓，迫使被害人进行乞讨。诱骗，是指行为人利用他人的弱点或亲属等人身依附关系，或者以许愿、诱惑、欺骗等手段指使他人进行乞讨。利用，是指行为人通过租借儿童，雇用残疾人、老年人等，为其家属支付一定的金钱，然后通过未成年人、残疾人、老年人进行乞讨谋取非法利益。在所列举的三种表现形式中，只要行为人实施了其中一种，就构成违反治安管理行为。若行为人同时实施了该项行为中两种以上方式，也仅按一种违反治安管理行为实施处罚。

（3）行为主体是一般主体，即达到法定责任年龄、具备责任能力的自然人。

（4）行为人主观上表现为故意，过失不能构成此类行为。

（二）胁迫、诱骗、利用他人乞讨行为与相关行为的区分

胁迫、诱骗、利用他人乞讨与一般乞讨行为的区别主要在于：乞讨是否受到他人控制，是自愿乞讨，还是受到他人胁迫、诱骗或被他人利用。

（三）胁迫、诱骗、利用他人乞讨行为的调查重点

（1）行为人实施该类不法行为的具体方式。

（2）参与实施该类不法行为的人数、分工等。

（3）受到胁迫、诱骗或者利用的乞讨人员数量、次数。

（4）乞讨人员被胁迫、诱骗、利用以及实施乞讨的具体过程。

（5）胁迫、诱骗、利用他人乞讨所获得的收益、造成的后果以及产生的社会影响。

（四）胁迫、诱骗、利用他人乞讨行为的处罚

根据《治安管理处罚法》第四十一条的规定，对该行为的行为人可以依法处十日以上十五日以下拘留，可以并处一千元以下罚款。

七、以滋扰他人的方式乞讨行为的认定与查处

（一）以滋扰他人的方式乞讨行为的概念与特征

以滋扰他人的方式乞讨行为，是指行为人反复纠缠、强行讨要或者以其他滋扰

他人的方式乞讨的行为。其具有如下特征。

(1)行为侵犯的客体是复杂客体,既侵害了他人的人身权利,也侵犯了社会公共秩序。

(2)行为客观方面主要表现为实施了反复纠缠、强行讨要或者以其他滋扰他人的方式乞讨的行为。反复纠缠,是指乞讨人员向他人行乞遭拒绝后,仍采取阻拦、尾随等其他令人反感的方式继续乞讨钱财。强行讨要,是指以蛮不讲理、生拉硬拽、污言秽语等令人厌恶的方式乞讨钱财。其他滋扰他人的方式包括以强迫接受的方式卖花、卖唱、开车门、擦车、拎包等行为变相乞讨的。这类行为的主要表现是滋扰他人,不达到乞讨目的则不放过他人。

(3)行为主体是一般主体,即达到法定责任年龄、具备责任能力的自然人。

(4)行为人主观上表现为故意,过失不能构成此类行为。

(二)以滋扰他人的方式乞讨行为与相关行为的区分

这里主要涉及与一般乞讨行为的区分。二者之间的区别主要在于乞讨的方式不一样。以滋扰他人的方式乞讨行为主要是以滋扰他人的方式,迫使他人给予乞讨者钱财。而一般乞讨行为则是乞讨者通过表现出悲惨状况,引发他人怜悯而主动给予乞讨者钱财。

(三)以滋扰他人的方式乞讨行为的调查重点

(1)滋扰他人的具体方式。

(2)滋扰他人的时间、地点以及次数等。

(3)滋扰他人的乞讨行为所获得的收益。

(4)滋扰他人的乞讨行为所造成的社会影响。

(四)以滋扰他人的方式乞讨行为的处罚

根据《治安管理处罚法》第四十一条的规定,对该案件的行为人可以依法处十日以上十五日以下拘留,可以并处一千元以下罚款。

八、猥亵行为的认定与查处

(一)猥亵行为的概念与特征

猥亵行为,是指行为人除奸淫行为以外,用淫秽举动猥亵他人,尚不够刑事处罚的行为。其具有如下特征。

(1)行为侵犯的客体是他人的性自由权、性尊严和隐私权。

(2)行为人在客观方面表现为实施了猥亵他人的行为。所谓猥亵行为,是指除性交以外的一切满足自己性欲或其他低级趣味的行为,或者足以挑逗他人引起性欲的淫秽行为。例如,抠摸妇女乳房、阴部、臀部,用生殖器顶擦妇女阴部、臀部,强行搂抱、吸吮等。行为的对象既可以是女性,也可以是男性,既可以是对同性的猥亵,也可以是对异性的猥亵。若双方之间出于自愿,则不属于本行为。

(3)行为主体是一般主体,即达到法定责任年龄、具备责任能力的自然人。

(4)行为人主观上出于故意。

(二)猥亵行为与相关行为的区分

这里主要涉及与强制猥亵罪、猥亵儿童罪之间的区分。

1. 与强制猥亵罪的区别

二者的主要区别在于客观方面的表现不同。若在猥亵他人时使用了暴力、胁迫或者其他手段,构成强制猥亵罪;反之,构成猥亵他人行为。

2. 与猥亵儿童罪的区别

二者的主要区别:一是情节不同。如果猥亵儿童行为情节严重,则构成犯罪;如只属于情节轻微,就构成违反治安管理行为。二是侵害的对象不同,猥亵儿童罪的犯罪对象仅限于儿童,而猥亵行为的对象则没有具体要求。

(三)猥亵行为的调查重点

(1)猥亵行为的动机和目的。

(2)猥亵行为的侵害对象以及表现方式。

(3)猥亵行为的时间、地点。

(4)猥亵行为的次数。

(5)猥亵行为造成的危害后果以及社会影响。

(四)猥亵行为的处罚

根据《治安管理处罚法》第四十四条的规定,对该案件的行为人可以依法处五日以上十日以下拘留;猥亵智力残疾人、精神病人、不满十四周岁的人或者有其他严重情节的,处十日以上十五日以下拘留。

第三节 侵犯人身健康安全权利案件的认定与查处

侵犯人身健康安全权利案件主要有 3 种类型,下面将通过对法律规定的这些行为的认定与查处,对此类案件的办理作出全面阐释。

一、威胁人身安全行为的认定与查处

(一)威胁人身安全行为的概念与特征

威胁人身安全行为,是指行为人通过写恐吓信或者其他方法威胁他人人身安全,尚不够刑事处罚的行为。其具有如下特征。

(1) 行为侵犯的客体是他人的人身安全权,破坏他人的正常生活状态。

(2) 行为客观方面主要表现为实施了写恐吓信或者用其他方法威胁他人的生命、健康,尚不够刑事处罚的行为。这里所讲的其他方法,是指除了写恐吓信以外的其他威胁他人人身安全的方法。例如,打恐吓电话、由他人传话进行恐吓、在他人门口涂油漆、在他人邮箱里放子弹等。

(3) 行为主体是一般主体,即达到法定责任年龄、具备责任能力的自然人。

(4) 行为人在主观方面出于故意。其动机具有多样性,有的是出于报复,有的是通过威胁他人得到某种政治、经济或者其他利益等,但主观上都是故意威胁他人的人身安全。

(二) 威胁人身安全行为与相关行为的区分

这里主要涉及与侵犯人身安全的犯罪行为以及敲诈勒索行为之间的区分。

1. 与相关犯罪的区别

威胁他人人身安全符合许多犯罪行为在客观方面的表现形式,根据《刑法》的规定,威胁人身安全涉及的犯罪种类有打击报复会计、统计人员罪,侮辱罪,敲诈勒索罪等,如果行为人的威胁他人人身安全的行为造成被害人精神失常、自杀以及其他社会恶劣影响大时,则可能由威胁人身安全行为转化为犯罪行为。

2. 与敲诈勒索行为的区别

二者区别的关键在于行为目的是不是勒索钱财或财产性利益。若有此目的,则是敲诈勒索行为;反之,则属于威胁他人人身安全的违反治安管理行为。

(三) 威胁人身安全行为的调查重点

(1) 威胁他人人身安全的动机、目的以及行为方式。

(2) 威胁他人人身安全的时间、地点。

(3) 威胁他人人身安全的次数以及受到威胁的人数。

(4) 威胁他人人身安全造成的危害后果和社会影响。

(四) 威胁人身安全行为的处罚

根据《治安管理处罚法》第四十二条第一项的规定,对该行为可以依法处五日以下拘留或者五百元以下罚款;情节较重的,处五日以上十日以下拘留,可以并处五百元以下罚款。

二、殴打他人行为的认定与查处

(一) 殴打他人行为的概念与特征

殴打他人行为,是指殴打他人且情节尚不够刑事处罚的行为。其具有如下特征。

(1) 行为侵犯的客体是公民的身体健康权。

(2) 行为客观方面表现为实施了殴打他人的行为。殴打他人,是指行为人公然实施的损害他人身体健康的打人行为。行为方式一般采用拳打脚踢,或者使用棍棒等器具殴打。依据规定,本行为属于行为犯,即只要有证据证明行为人实施了殴打他人的行为,不论其是否造成被侵害人伤害的结果,均应当视为违反治安管理行为。

(3) 行为主体是一般主体,即达到法定责任年龄、具备责任能力的自然人。

(4) 行为人主观上出于故意。

(二) 殴打他人行为与相关行为的区分

这里主要涉及与故意伤害罪、寻衅滋事行为中随意殴打他人行为之间的区分。

1. 与故意伤害罪的区别

正确区分这两种行为应以被害人的受伤程度为标准。故意伤害罪,是以造成"轻伤害"以上程度的人身伤害为条件。即如果造成了轻伤害、重伤害甚至死亡结果的,就应当依据《刑法》有关故意伤害罪的规定论处。

2. 与寻衅滋事行为中的随意殴打他人行为的区别

一是行为的对象不同。殴打他人行为侵害的对象是特定的,侵犯的客体是特定人的身体健康权;寻衅滋事行为中的随意殴打他人行为侵害的对象是不特定的,所侵害的客体是社会公共秩序。二是目的动机不同。殴打他人行为的目的是伤害他人身体;寻衅滋事行为中的随意殴打他人行为不仅仅是追求对他人身体的伤害,更企图以此行为来显示自己的霸气和对国家法律、社会公德的蔑视,是一种反社会的行为。

(三) 殴打他人行为的调查重点

(1) 殴打他人的动机、目的、方式以及打击部位。

(2) 殴打他人的次数。

(3) 受害人的身份、人数。

(4) 殴打行为发生的时间、地点。

(5) 多人次参与殴打时行为人之间的分工。

(6) 殴打行为造成的危害后果以及社会影响。

(四) 殴打他人行为的处罚

根据《治安管理处罚法》第四十三条的规定,对该案件的行为人可以依法处五日以上十日以下拘留,并处二百元以上五百元以下罚款;情节较轻的,处五日以下拘留或者五百元以下罚款。如行为人结伙殴打他人,殴打残疾人、孕妇、不满十四周岁的人或者六十周岁以上的人,多次殴打他人或者一次殴打多人的,可以对行为人处十日以上十五日以下拘留,并处五百元以上一千元以下罚款。

三、故意伤害行为

(一)故意伤害行为的概念与特征

故意伤害行为,是指行为人故意伤害他人身体,且情节轻微尚未达到刑事处罚标准的行为。其具有如下特征。

(1)行为侵犯的客体是公民的身体健康权。

(2)行为客观方面表现为实施了殴打他人以外的,故意损害他人身体健康且尚不够刑事处罚的行为。殴打他人行为以外的其他伤害行为,是指行为人通过他人或者其他工具实施的伤害行为。依据规定,故意伤害行为属于行为犯,即只要有证据证明行为人实施了故意伤害他人身体的行为,不论其是否造成被侵害人伤害的结果,均应当视为违反治安管理行为。

(3)行为主体是一般主体,即达到法定责任年龄、具备责任能力的自然人。

(4)行为人主观上出于故意。

(二)故意伤害行为与相关行为的区分

1. 与故意伤害罪的区别

二者之间的区别主要在于被害者的身体健康受伤程度不同。故意伤害行为的受伤程度必须是轻微伤及以下;故意伤害罪的受伤程度必须是轻伤及以上。

2. 与殴打他人行为的区别

二者之间的主要区别在于致使他人身体健康受损的直接外力是来自违法行为人还是被违法行为人所借用的其他物体。例如,电击、放狗咬人等属于故意伤害;而违法行为人徒手或使用棍棒击打他人就属于殴打他人行为。

(三)故意伤害行为的调查重点

(1)故意伤害他人的动机、目的、方式以及打击部位。

(2)故意伤害他人的次数。

(3)受害人的身份、人数。

(4)故意伤害发生的原因、时间、地点以及发展过程。

(5)多人次参与故意伤害他人时行为人之间的分工。

(6)故意伤害行为造成的危害后果以及社会影响。

(四)故意伤害行为的处罚

根据《治安管理处罚法》第四十三条的规定,对该案件的行为人可以依法处五日以上十日以下拘留,并处二百元以上五百元以下罚款;情节较轻的,处五日以下拘留或者五百元以下罚款。如果行为人实施结伙伤害他人,伤害残疾人、孕妇、不满十四周岁的人或者六十周岁以上的人,多次伤害他人或者一次伤害多人的行为,可以对行为人处十日以上十五日以下拘留,并处五百元以上一千元以下罚款。

第四节　侵犯正常生活权利案件的认定与查处

侵犯正常生活权利案件主要有两种类型,下面将通过对法律规定的此类行为的认定与查处,对该类案件的处理作出全面阐释。

一、发送信息干扰正常生活行为的认定与查处

(一)发送信息干扰正常生活行为的概念与特征

发送信息干扰正常生活行为,是指行为人通过多次发送淫秽、侮辱、恐吓或者其他信息,干扰他人正常生活,情节轻微,尚不够刑事处罚的行为。其具有如下特征。

(1)行为侵犯的客体是他人的正常生活秩序。

(2)行为客观方面表现为多次通过信件、电话、计算机信息网络等途径传送淫秽、侮辱、恐吓或者其他骚扰信息,干扰他人正常生活。计算机信息网络包括国际互联网和局域网。淫秽信息,是指具体描写或者露骨宣扬色情的淫秽性信息。侮辱信息,是指含有恶意攻击、漫骂、羞辱等有损他人人格尊严的信息。其他信息,主要是指提供服务、商品的信息。行为人通过发送骚扰信息扰乱了他人的正常生活,影响到他人的休息、工作或者学习。行为人的动机多种多样,有的是为了报复,有的是为了寻求刺激,有的是为了搞恶作剧,等等。本行为必须是多次实施,即重复实施三次以上的,才应予以治安管理处罚。

(3)行为主体是一般主体,即达到法定责任年龄、具备责任能力的自然人。

(4)行为人主观上出于故意。主观动机多种多样,有的是为了报复,有的是为了寻求刺激,有的是为了搞恶作剧,等等。

(二)发送信息干扰正常生活行为与相关行为的区分

这里主要涉及与传播淫秽物品行为、侮辱行为、威胁他人安全行为以及传播淫秽信息行为之间的区分。

1. 与传播淫秽物品行为、侮辱行为、威胁他人安全行为的界限

这些行为之间的区别主要表现在三个方面:一是侵犯的客体不同;二是实施的方法不同;三是行为的目的不同。

2. 与传播淫秽信息行为的区别

《治安管理处罚法》第六十八条规定,行为人利用计算机信息网络、电话以及其他通信工具传播淫秽信息的构成传播淫秽信息行为。发送信息干扰正常生活行

为与传播淫秽信息行为之间的区别主要表现在两个方面：一是目的不同。发送信息干扰正常生活行为的目的是干扰他人正常生活，传播淫秽信息行为的主要目的在于传播淫秽信息。二是客观方面不同。传播淫秽信息必须是向不特定的多人或多次发送淫秽信息，发送信息干扰正常生活行为是针对特定人的多次发送信息。

（三）发送信息干扰正常生活行为的调查重点

（1）发送信息的时间、方式。

（2）发送信息的数量、次数以及接收信息的人数。

（3）发送信息的起因、动机和目的。

（4）发送信息的内容。

（5）发送信息给他人生活所造成危害后果以及社会影响程度。

（四）发送信息干扰正常生活行为的处罚

根据《治安管理处罚法》第四十二条第五项的规定，对该案件的行为人可以依法处五日以下拘留或者五百元以下罚款；情节较重的，处五日以上十日以下拘留，可以并处五百元以下罚款。

二、强迫交易行为的认定与查处

（一）强迫交易行为的概念与特征

强迫交易行为，是指提供商品者、提供服务者或购买商品者、接受服务者，以暴力、威胁手段强迫他人买卖商品、接受或提供服务，情节轻微，尚不够刑事处罚的行为。其具有如下特征。

（1）行为侵犯的客体是复杂客体，既侵犯了他人的平等、自由交易权，也扰乱了正常的市场经营秩序。

（2）行为客观方面表现为在市场交易中实施了强买强卖商品，强迫他人提供服务或者强迫他人接受服务的行为。该行为的本质特征在于违背对方的意志，以不合理的价格或以不正当的方式强行买卖或强行服务。

（3）行为主体既可以是自然人，也可以是单位。

（4）行为人主观上出于故意。

（二）强迫交易行为与相关行为的区分

在认定本行为时，应注意分清与强迫交易罪的界限。二者的区别主要在于情节不同。根据规定，如果以暴力、威胁手段推销的商品或提供的服务与合理价钱费用相差不大但存有其他严重质量或强行提供质量十分低劣的商品；多次强行交易经行政处罚后仍不悔改的，以暴力手段致人轻伤以下的，由于强行交易严重扰乱市场秩序，造成恶劣影响的等，属于情节严重，构成强迫交易罪。情节轻微的，构成强迫交易行为。

(三) 强迫交易行为的调查重点

(1) 强迫交易的时间、地点以及经过。
(2) 强迫交易的内容、行为表现方式。
(3) 强迫交易所获得收益。
(4) 强迫交易的危害后果或者社会影响。

(四) 强迫交易行为的处罚

根据《治安管理处罚法》第四十六条的规定，对该类行为的行为人依法处五日以上十日以下拘留，并处二百元以上五百元以下罚款；情节较轻的，处五日以下拘留或者五百元以下罚款。

第五节 侵犯名誉、隐私权利案件的认定与查处

侵犯名誉、隐私权利案件主要有 4 种类型，下面将通过对法律规定的这些行为的认定与查处，对此类案件的处理作出全面阐释。

一、侮辱行为的认定与查处

(一) 侮辱行为的概念与特征

侮辱行为，是指行为人使用暴力或者其他方法，公然贬低他人人格、破坏他人名誉，且情节轻微，尚不够刑事处罚的行为。其具有如下特征。

(1) 行为侵犯的客体是他人的人格尊严和名誉权利。
(2) 行为客观方面表现为使用暴力或者其他方法，公然贬低他人人格、破坏他人名誉，情节轻微，尚不够刑事处罚的行为。侮辱行为表现为在众多人面前或者有可能使众多人知道的情况下，用语言、文字、动作等方式，故意损害他人人格，破坏他人名誉。其表现形式主要有：一是暴力侮辱，如当众打人耳光，强迫他人从自己胯下钻过，强迫他人在地上学动物爬、学动物叫，强行给他人画鬼脸、剃阴阳头，往他人身上泼抹污物等；二是口头侮辱，如以言辞对他人进行辱骂，恶语中伤等；三是文字侮辱，如以大小字报或漫画等形式进行人身侮辱。
(3) 行为主体是一般主体，即达到法定责任年龄、具备责任能力的自然人。
(4) 行为人在主观方面出于故意。

(二) 侮辱行为与相关行为的区别

这里主要涉及与侮辱罪的区分。二者的区别主要在于情节的轻重或危害后果的大小。一般来说，情节较轻，危害后果较小的侮辱行为，属于违反治安管理行为；而情节、后果严重的，如当众以粪便泼人身体、强令被害人吃粪便等极端恶劣手

段,造成被害人心理受到极大刺激而精神失常,或不堪侮辱而自杀的,即构成侮辱罪。

(三)侮辱他人行为的调查重点
(1)侮辱他人的时间、方式。
(2)被侮辱的人数、次数以及参与侮辱的人员数量。
(3)侮辱他人的起因、动机和目的。
(4)侮辱他人的具体内容。
(5)侮辱他人行为造成的危害后果以及社会影响程度。

(四)侮辱他人行为的处罚
根据《治安管理处罚法》第四十二条第二项的规定,对该案件的行为人可以依法处五日以下拘留或者五百元以下罚款;情节较重的,处五日以上十日以下拘留,可以并处五百元以下罚款。

二、诽谤行为的认定与查处

(一)诽谤行为的概念与特征
诽谤行为,是指行为人故意捏造并散布虚构的事实,贬损他人人格,破坏他人名誉,情节轻微,尚不够刑事处罚的行为。其具有如下特征。
(1)行为人的行为侵犯的客体是公民的人格权和名誉权。
(2)行为人在客观方面表现为实施了故意捏造并散布虚构的事实,贬损他人人格,破坏他人名誉,情节轻微,尚不够刑事处罚的行为。
(3)行为的主体是一般主体,即达到法定责任年龄、具备责任能力的自然人。
(4)行为人在主观方面出于故意。

(二)诽谤行为与相关行为的区分
这里主要涉及与诽谤罪、诬告陷害罪以及侮辱行为之间的区分。
1. 与诽谤罪的区别
二者之间的区别主要表现在情节的轻重和危害结果的不同。诽谤他人,只有情节严重,危害后果大的,才构成诽谤罪;情节轻微,危害后果较小的,则构成一般诽谤行为。
2. 与诬告陷害罪的区别
二者之间的区别主要在于:一是客观方面不同。诽谤是将捏造的事实向社会散布;诬告陷害罪是将捏造的事实向司法机关、国家机关等告发。二是行为目的不一样。诽谤的目的是贬损他人人格、名誉;诬告陷害罪的目的是使他人受到刑事追究。

3. 与侮辱行为的区别

二者之间的区别是,侮辱是将现有的缺陷或其他有损于人的社会评价的事实扩散、传播出去,以诋毁他人的名誉,让其蒙受耻辱;而诽谤的言辞是无中生有、散布虚构事实。

(三)诽谤行为的调查重点

(1)诽谤行为的时间、方式。
(2)被诽谤的人数、次数以及参与诽谤的人员数量与分工。
(3)诽谤他人的起因、动机和目的。
(4)故意捏造或者虚构事实的具体内容。
(5)诽谤行为造成的危害后果以及社会影响程度。

(四)诽谤行为的处罚

根据《治安管理处罚法》第四十二条第二项的规定,对该行为可以依法处五日以下拘留或者五百元以下罚款;情节较重的,处五日以上十日以下拘留,可以并处五百元以下罚款。

三、诬告陷害行为的认定与查处

(一)诬告陷害行为的概念与特征

诬告陷害行为,是指行为人捏造犯罪事实或者违反治安管理事实,并向有关机关告发,意图使他人受刑事处罚或者治安管理处罚,情节较轻,不够刑事处罚的案件。其具有如下特征。

(1)行为侵犯的客体是双重客体,既侵犯了被诬陷人的人身权利,同时也侵害了国家司法机关的正常活动。

(2)行为人在客观方面表现为实施了捏造犯罪事实或者违反治安管理事实,向有关机关告发的诬告陷害行为。包含三个方面的要素:①捏造事实,无中生有,虚构他人有犯罪事实或者违反治安管理事实。②将捏造的犯罪事实或者违反治安管理事实向有关机关、部门作虚假告发,企图使他人受到刑事追究或者受到治安管理处罚。③情节轻微,尚不够刑事处罚的。

(3)行为主体是一般主体,即达到法定责任年龄、具备责任能力的自然人。

(4)行为人主观上出于故意,主观目的是使他人受到刑事追究或受到治安管理处罚。

(二)诬告陷害行为与相关行为的区别

这里主要涉及与诬告陷害罪以及错告、检举失实行为之间的区分。

1. 与诬告陷害罪的区别

二者之间的区别在于,情节和危害后果不同。情节较轻、危害后果较小的一般诬告陷害行为,属于违反治安管理行为;情节、后果严重,如造成他人被错误逮捕、判刑、使他人受到极大精神刺激而精神失常、自杀的,则构成诬告陷害罪。

2. 与错告、检举失实的区别

二者之间的区别:①主观目的不同,诬告陷害行为的行为人主观上意图使他人受到刑事追究或受到治安管理处罚,而错告、检举失实的行为人则没有这个主观目的,其主观目的有可能是伸张正义等。②诬告陷害行为存在捏造事实的情节,而错告、检举失实则是由于情况不明或认识上的片面而造成错告或检举失实。

(三)诬告陷害行为的调查重点

(1)诬告陷害的时间、方式。
(2)被诬告陷害的人数、次数以及参与诬告陷害的人员数量与分工。
(3)诬告陷害他人的起因、动机和意图实现的目的。
(4)故意捏造或者虚构事实的具体内容。
(5)行为人向何种部门、机关告发。
(6)诬告陷害造成危害后果以及社会影响程度。

(四)诬告陷害行为的处罚

根据《治安管理处罚法》第四十二条第三项的规定,对该案件的行为人可以依法处五日以下拘留或者五百元以下罚款;情节较重的,处五日以上十日以下拘留,可以并处五百元以下罚款。

四、侵犯隐私行为的认定与查处

(一)侵犯隐私行为的概念与特征

侵犯隐私行为,是指行为人出于各种目的,未经他人同意,以秘密的方式观看、拍摄、听取或者散布他人隐私,尚不够刑事处罚的行为。其具有如下特征。

(1)行为侵犯的客体是他人的隐私权。
(2)行为客观方面表现为实施了偷窥、偷拍、窃听或者散布他人隐私的行为。所谓隐私,是指不愿意让他人知道的,属于个人的生活秘密,如身体的隐私部位、生育能力、个人行踪、收入水平等。一旦公开,将会给当事人的生活、心理带来压力。偷窥,是指行为人在当事人不知道的情况下,秘密偷看他人隐私的行为。偷拍,是指行为人乘当事人不备,利用照相机、手机、摄像机等器材秘密拍摄他人的隐私,包括他人身体的隐私部位、隐私活动等。窃听,是指行为人通过秘密方式偷听他人隐私的行为。散布,是指行为人用各种方式将知悉的他人的隐私公之于众的行为,传播的方式包括语言、文字、图片、电子信息等。
(3)行为主体是一般主体,即达到法定责任年龄、具备责任能力的自然人。
(4)行为人主观上出于故意,主观目的多种多样。

(二)侵犯隐私行为与相关行为的区分

这里主要涉及与猥亵行为、正常新闻拍摄行为之间的区分。

1. 与猥亵行为的区别

二者之间的主要区别是：其一，行为人是否与被害人进行正面的、直接的身体接触。侵犯隐私行为无须与被害人进行直接的身体接触。其二，行为对象不同。侵犯隐私行为的对象是他人的隐私，猥亵行为的行为对象是被害人的身体。其三，行为的具体表现形式不同。侵犯隐私行为在客观方面表现为偷窥、偷拍、窃听；猥亵行为的客观方面表现为亲吻、抠摸、搂抱、手淫等。

2. 与正常新闻拍摄的区别

二者之间的主要区别在于目的不一样。新闻拍摄的目的往往具有公益性，如果涉及公民的隐私必须进行删减、遮挡等技术处理；实施侵犯隐私行为的行为人主观上往往具有非法目的。

(三)侵犯隐私行为的调查重点

(1) 侵犯他人隐私的时间、方式。

(2) 受害人的人数，侵犯他人隐私的次数以及参与不法行为的人员数量与分工。

(3) 侵犯他人隐私的具体内容。

(4) 侵犯他人隐私的起因、动机和目的。

(5) 侵犯他人隐私中是否存在扩散、传播以及传播程度。

(6) 侵犯隐私行为造成的危害后果。

(四)侵犯隐私行为的处罚

根据《治安管理处罚法》第四十二条第六项的规定，对该行为可以依法处五日以下拘留或者五百元以下罚款；情节较重的，处五日以上十日以下拘留，可以并处五百元以下罚款。

第六节 其他侵犯人身权利案件的认定与查处

其他侵犯人身权利案件主要有6种类型，我们将通过对法律规定的这些行为的认定与查处而对此类案件的处理作出全面阐释。

一、威胁、侮辱、殴打、打击报复证人及其近亲属行为的认定与查处

威胁、侮辱、殴打、打击报复证人及其近亲属行为，是指行为人对证人及其近亲

属进行威胁、侮辱、殴打、打击报复,情节轻微,尚不够刑事处罚的行为。对实施威胁、侮辱、殴打、打击报复证人及其近亲属行为的行为人,可以根据《治安管理处罚法》第四十二条的规定,处五日以下拘留或者五百元以下罚款;情节较重的,处五日以上十日以下拘留,可以并处五百元以下罚款。

二、虐待行为的认定与查处

虐待行为,是指行为人对共同生活的家庭成员,经常以打骂、冻饿、禁闭、强迫过度劳动、有病不给治疗、限制人身自由、凌辱人格等手段,从肉体和精神上进行摧残、折磨,但情节轻微尚不够刑事处罚,被虐待人要求处理的行为。对实施虐待行为的行为人,可以根据《治安管理处罚法》第四十五条第一项的规定,处五日以下拘留或者警告。

三、遗弃行为的认定与查处

遗弃行为,是指行为人对年老、年幼、患病或者其他没有独立生活能力的人,负有抚养义务而拒绝抚养,情节较轻,尚不够刑事处罚的行为。对实施遗弃行为的行为人,可以根据《治安管理处罚法》第四十五条第二项的规定处五日以下拘留或者警告。

四、在公共场所故意裸露身体行为的认定与查处

在公共场所故意裸露身体行为,是指行为人在公共场所故意向公众暴露部分或全部身体,情节恶劣,尚不够刑事处罚的行为。对实施在公共场所故意裸露身体行为的行为人,可以根据《治安管理处罚法》第四十四条的规定对行为人处五日以上十日以下拘留。

五、煽动民族仇恨、民族歧视行为的认定与查处

煽动民族仇恨、民族歧视行为,是指行为人煽动民族仇恨、民族歧视,情节轻微,尚不够刑事处罚的行为。对实施煽动民族仇恨、民族歧视行为的行为人,可以根据《治安管理处罚法》第四十七条的规定处十日以上十五日以下拘留,可以并处一千元以下罚款。

六、刊载民族歧视、侮辱内容行为的认定与查处

刊载民族歧视、侮辱内容行为,是指行为人在出版物、计算机信息网络中刊载歧视、侮辱少数民族的内容,情节轻微,尚不够刑事处罚的行为。对刊载民族歧视、侮辱内容行为的行为人,可以根据《治安管理处罚法》第四十七条的规定处十日以上十五日以下拘留,可以并处一千元以下罚款。

第十三章

侵犯财产权利行为与处罚

第一节 侵犯财产权利案件概述

一、侵犯财产权利案件的概念

侵犯财产权利案件,是侵犯财产权利的各种违反治安管理行为所构成的治安案件的总称。财产权利是公民权利的一项重要内容,保护公民的合法财产,也是宪法赋予每位公民的重要权利。财产权的内容极为广泛,包括占有、使用、收益等多项内容。

由于财产权利的广泛性和重要性,财产权利被侵犯的案件数量较为庞大,类型也较为多样,是社会治安领域违法案件的重要类型。从《治安管理处罚法》的规定来看,这些案件主要包括盗窃案件、诈骗与敲诈勒索案件、抢夺与哄抢案件、故意损毁财物案件。本章将结合有关法律规定对这些违法案件的查处进行探讨。

二、侵犯财产权利行为的概念和特征

违反治安管理的侵犯财产权利行为,是指故意非法占有公私财产或者故意非法损毁公私财产,情节较轻,尚不够刑事处罚,应当给予治安管理处罚的行为。侵犯财产权利行为侵犯了国家财产法律制度,破坏了社会的经济基础。因此,准确认定侵犯财产权利行为是公安机关查处侵犯财产权利案件的核心所在,在实践中更是办理此案件的重点。

从违反治安管理的侵犯财产权利行为的概念进行分析,该类行为具有如下特征。

(一)行为侵犯的客体是公私财产的所有权

侵犯财产权利行为侵害的客体是公私财产的所有权。根据《民法典》的规定,财产所有权是财产所有人依法对自己的财产享有占有、使用、收益和处分的权利,侵犯财产权利行为在多数情况下是对财产所有权全部权能的侵犯。

这种财产关系的物质表现是各种具体财物,包括公共财产和私人所有财产。侵犯财产权利行为的侵害对象必须具有经济价值,其具体的形式可以是生产资料、生活资料(包括动产和不动产)等具有经济价值的财物,也可以是代表一定经济价值的虚拟货币、有价证券或者有价票证,也可以是电、煤气等无形物。

同时,作为侵犯财产违法行为之侵犯对象的财产必须存在所有关系,即必须是依法归国家、集体或者公民个人所有。如果是无主物或者遗弃物则不能成为本类行为的侵害对象。但是,应当注意以下情况。

(1)根据宪法及有关法律规定,矿藏、水流、森林、山岭、草原、荒地、滩涂等自然资源,中国境内地下、内水、领海中遗存的一切文物、古文化遗址、古墓葬、石窟寺以及所有人不明的埋藏物、隐藏物等,均归国家所有。因此,不得将上述财物视为无主物而任意侵占。

(2)遗忘物、遗失物、漂流物不是无主物,它们只是暂时脱离所有人或者保管人的控制。如果拾得遗忘物、遗失物或者打捞漂流物后拒不归还原主的,则是非法占有行为。

(3)他人非法占有的财物也不是无主物。他人非法占有的财物如盗窃、抢夺、走私所得的赃物等,本来就是国家、集体或者公民私人所有的合法财产,应依法没收上缴国库,或者返还原主。因此,侵犯他人非法占有的财物,归根结底还是侵犯了国家、集体或者个人的合法财产所有权,仍以侵犯财产行为论处。

(二)行为的客观方面表现为实施了非法侵害公私财物所有权,尚不够刑事处罚的行为

侵犯财产权利行为的客观方面表现为通过暴力或非暴力、公开或者秘密手段,非法占有或损毁公私财物。

首先,侵犯财产权利的行为已经实施并造成了一定的危害结果。侵犯财产的行为表现多种多样,但基本可以分为两大类:①以各种手段非法占有公私财物的行为,如盗窃、诈骗、哄抢、抢夺、敲诈勒索等;②故意损毁公私财物的行为,使财物的价值全部或部分丧失的。但不论是占有财产权利还是损坏财产权利都必须是非法的,否则就不构成侵犯财产权利的违反治安管理行为。合法地占有财产,如国家机关依法收缴、扣押的财产,以及合法地毁坏财产,如将沾有病菌的衣物、劣质的药品烧毁,铲除私自种植的罂粟等毒品原植物等,都不构成侵犯财产权利的违反治安管

理行为。

其次,侵犯财产权利的违反治安管理行为,其性质、情节和危害结果都比较轻微,尚不够刑事处罚,这是侵犯财产权利行为与相关犯罪的分界点。《刑法》只对那些性质比较严重、情节比较恶劣、造成的危害后果比较大的侵犯财产权利行为进行调整和处罚。如抢劫行为,由于其性质严重,不论其手段如何、造成的危害程度如何,都构成犯罪。而盗窃、诈骗、哄抢、抢夺、敲诈勒索等侵犯财产权利的行为,只有在涉案数额较大、情节比较恶劣、造成危害比较大的情况下才构成犯罪。

(三)行为的主体是一般主体

侵犯财产权利行为的主体为一般主体。法人和其他组织不能成为该类违反治安管理行为的主体。

(四)行为人的主观方面必须是出于故意

侵犯财产权利行为,必须是行为人出于主观故意而实施的。过失或者意外事件造成对财产权利的侵害,则不构成此类行为。

侵犯财产权利行为按其目的可分为两类:①以非法占有财产权利为目的的违反治安管理行为;②以非法损毁财产权利为目的的违反治安管理行为。如果误将他人的财物当作自己的而加以占有,或者明知是他人的财物而加以使用,但并不具有非法占有为目的,均不能以侵犯财产权利行为的违反治安管理行为论处。例如,偷开他人机动车的行为,由于不以非法占有为目的,因此,不构成侵犯财产权利行为,只能以妨碍社会管理行为论处。

侵犯财产权利行为的动机多种多样。非法占有财物的动机多出于好逸恶劳、追求享乐、生活腐化或贪图钱财,而故意损毁财物行为的动机则常常表现为出于对境遇不满或邻里纠纷而泄愤或者嫉妒、陷害等。违反治安管理行为的动机一般不影响该行为的成立,但在处罚时要予以考虑。

三、侵犯财产权利行为的类型

根据《治安管理处罚法》和《公安部关于规范违反治安管理行为名称的意见》的规定,本章所涉及的侵犯财产权利行为共计以下六种。

(1)盗窃(本法第四十九条)。

(2)诈骗(本法第四十九条)。

(3)哄抢(本法第四十九条)。

(4)抢夺(本法第四十九条)。

(5)敲诈勒索(本法第四十九条)。

(6)故意损毁财物(本法第四十九条)。

第二节 侵犯财产权利案件的认定与查处

侵犯财产权利案件共有六种类型,下面将通过对法律规定的这些行为的认定与查处对侵犯财产权利案件的处理作出全面阐释。

一、盗窃行为的认定与查处

(一) 盗窃行为的概念与特征

盗窃行为,是指行为人以非法占有为目的,采取自认为不被他人所知晓的秘密方式,窃取少量公私财物,尚不够刑事处罚,依照《治安管理处罚法》有关规定,应当受到治安管理处罚的行为。其具有如下特征:

(1) 行为侵犯的客体是财产权利的所有权。在司法实践中,有些盗窃行为指向特定的对象,如盗窃油气管道设施、电力电信设施、广播电视设施、气象测报、环境监测以及盗窃路面井盖、照明等公共设施的,根据《治安管理处罚法》的规定,应以妨害公共安全行为论处。

(2) 行为的客观方面表现为秘密窃取他人财产。所谓秘密窃取,是指违法行为人采取自己认为不会被财物所有人或保管人发现的方法而将财物取走。这里对秘密的理解要把握三个要点:①秘密是指取得财物为暗中进行。如果取得财物是暗中进行,在财物到手后被发觉而公开携财逃跑或者虽使用了欺骗的方法吸引被害人的注意力但乘其不注意时取走财物,仍然属于秘密窃取,构成盗窃行为。②秘密是相对财物的所有者、保管者而言的。所以,即使窃取财物时已经被他人发现或者暗中注视,不影响偷窃行为的成立。③秘密是指行为人自认为没有被所有者、保管者发觉。如果行为人已经明知被被害人发觉,公然将财物取走,则构成抢夺行为。秘密窃取财物的手段多种多样,如翻墙越窗、顺手牵羊或在公共场所掏兜、割包等。秘密窃取是偷窃行为的本质特征,也是与骗取、抢夺、哄抢、敲诈勒索等违法行为相区别的主要标志。

(3) 行为人主观上出于故意,并且以非法占有为目的。如果是行为人误把别人的财物当作自己的财物而拿走,或者未经物主同意而临时擅自借用其物,用完即还,或者私自挪用代人保存的钱物,用后偿还的,因不以非法占有的目,故不构成盗窃行为。

（二）盗窃行为与相关行为的区分

1. 盗窃行为与盗窃犯罪行为的区别

《刑法》规定，盗窃数额较大的是构成盗窃罪并区别非罪的主要标志。因此，盗窃数额是否较大，是区分罪与非罪的重要标准之一。所谓数额较大，根据2013年4月4日施行的《最高人民法院、最高人民检察院关于办理盗窃刑事案件适用法律若干问题的解释》（法释〔2013〕8号）的规定，各省、自治区、直辖市高级人民法院、人民检察院可以根据本地区经济发展状况，并考虑社会治安状况，在一千元至三千元的幅度内确定本地区执行的数额较大的具体数额标准，报最高人民法院、最高人民检察院批准。这里的数额，一般是指行为人已经窃取到的数额。结合行为人的主观意图以及客观情况分析，对于潜入银行金库、博物馆等处作案，以盗窃巨额现款、金银或者珍贵文物为目标，即使未遂，也应定罪判刑。

盗窃数额是否较大，是区分盗窃罪与非罪的主要依据，但不是唯一依据，还要依据行为的具体情节以及实施地点、侵害的目标、使用的手段等进行全面的分析。

首先，个人盗窃公私财物虽未达到"数额较大"的起点标准，但具有下列情形之一的，"数额较大"的标准可以按照"数额较大"规定标准的50%确定：①曾因盗窃受过刑事处罚的；②一年内曾因盗窃受过行政处罚的；③组织、控制未成年人盗窃的；④自然灾害、事故灾害、社会安全事件等突发事件期间，在事件发生地盗窃的；⑤盗窃残疾人、孤寡老人、丧失劳动能力人的财物的；⑥在医院盗窃病人或者其亲友财物的；⑦盗窃救灾、抢险、防汛、优抚、扶贫、移民、救济款物的；⑧因盗窃造成严重后果的。同时规定，两年内盗窃三次以上的，应当认定为"多次盗窃"。

其次，个人盗窃公私财物虽已达到"数额较大"的起点标准，但行为人认罪、悔罪、退赃、退赔，且具有下列情形之一，情节轻微的，可以不起诉或者免予刑事处罚；必要时，由有关部门予以行政处罚：①具有法定从宽处罚情节的；②没有参与分赃或者获赃较少且不是主犯的；③被害人谅解的；④其他情节轻微、危害不大的。

同时，还要注意对发生在家庭成员或近亲属之间的盗窃行为的处理，该解释第八条规定，偷拿家庭成员或者近亲属的财物，获得谅解的，一般可不认为是犯罪；追究刑事责任的，应当酌情从宽。在处理时应与社会上作案有所区别。

2. 盗窃行为与某些妨害公共安全行为的区别

《治安管理处罚法》第三十三条第一、二项、第三十四条、第三十五条第一项、第三十七条第三项规定的违反治安管理行为采用的手段方式和侵犯的对象与盗窃行为有某种重合关系，但是由于其侵犯的是特定的公共设施，这些公共设施一旦被盗窃，就有可能危及公共安全，这些公共设施所体现出的客体是公共安全，而不是公私财物所有权关系。因此，盗窃对象为特定公共设施的行为不构成盗窃行为，通常构成妨害公共安全行为。

(三)盗窃行为的调查重点

盗窃行为有以下特点。

(1)作案手段隐蔽。盗窃案件以秘密窃取为基本特征,行为人人身形象暴露不充分。

(2)案件现场易被破坏。盗窃行为人为了掩盖违法事实,会对盗窃案件现场进行破坏。

(3)证据收集难度大。由于大多数盗窃行为人会选择无人或者人少的时候进行盗窃,并且很少留下直接证据。

(4)盗窃案件作案人常常采用习惯手法连续作案,多次作案中盗窃目标、时间、手法、作案工具具有相似性。

(5)对赃物的控制难度大,盗窃后,通常情况下,赃物会在一定的时间内兑换成对其有一定价值的钱或者其他物品,一旦赃物进入流通渠道,转手速度会非常快。

针对盗窃行为的这些特点,该类违法行为的调查重点包括以下方面。

(1)认真勘查现场,收集痕迹物证资料,从现场痕迹物证入手追根溯源,以物找人。

(2)询问受害人和访问群众,分析刻画犯罪嫌疑人的条件和个人特点。

(3)及时控制赃物的销售、转移、埋藏等活动。

(4)组织辨认,核实违法犯罪嫌疑人。

(5)秘密巡查、守候伏击、抓获现行。

(四)盗窃行为的处罚

根据《治安管理处罚法》第四十九条的规定,盗窃公私财物的,处五日以上十日以下拘留,可以并处五百元以下罚款;情节较重的,处十日以上十五日以下拘留,可以并处一千元以下罚款。

二、诈骗行为的认定与查处

(一)诈骗行为的概念与特征

诈骗行为,是指以非法占有为目的,虚构事实或者隐瞒事实真相,骗取公私财产,尚不够刑事处罚的行为。其具有如下特征。

(1)行为的客观方面表现为行为人实施了以欺骗的方法获取财物的行为,尚不够刑事处罚的行为。欺骗方法的表现形式一是虚构事实,二是隐瞒事实真相。所谓虚构事实,就是假造本来不存在的事实,使他人信以为真,"自愿"将财物交给违法人员;所谓隐瞒事实真相,就是把存在的事实的真正情况掩盖起来或者加以歪曲,使他人信以为真,"自愿"将财物交给违法人员。

(2)行为人主观上必须出于故意,且以非法占有为目的。有的人用欺骗的方法取得别人钱财,但目的是短期使用,而不是非法占有,则不能按诈骗行为论处。

(二)诈骗行为与相关行为的区分

1. 诈骗行为与诈骗罪的区别

根据《最高人民法院、最高人民检察院关于办理诈骗刑事案件具体应用法律的若干问题的解释》(法释〔2011〕7号)的规定,各省、自治区、直辖市高级人民法院、人民检察院可以根据本地区经济发展状况,并考虑社会治安状况,在三千元至一万元的幅度内确定本地区执行的具体数额标准,报最高人民法院、最高人民检察院批准。因此,诈骗数额能否达到"三千元至一万元"是区分诈骗罪与非罪的主要标准之一。

该解释第三条还规定,诈骗公私财物虽已达到"数额较大"的标准,但具有下列情形之一,且行为人认罪、悔罪的,可以根据《刑法》第三十七条、《刑事诉讼法》第一百四十二条的规定不起诉或者免于刑事处罚:①具有法定从宽处罚情节的;②一审宣判前全部退赃、退赔的;③没有参与分赃或者获赃较少且不是主犯的;④被害人谅解的;⑤其他情节轻微、危害不大的。同时还要注意对发生在家庭成员或近亲属之间的诈骗行为的处理,该解释第四条规定,诈骗近亲属的财物,近亲属谅解的,一般可不按犯罪处理。诈骗近亲属的财物,确有追究刑事责任必要的,具体处理也应酌情从宽。

2. 诈骗行为与招摇撞骗行为的区别

有的招摇撞骗行为的目的也是骗取公私财产,但其与诈骗行为的性质有本质区别:①两种行为侵犯的客体不同。诈骗行为所侵犯的客体是公私财产的所有权,而招摇撞骗行为所侵犯的客体是社会管理秩序。②二者在客观方面的表现不同。一是两种行为造成的危害后果不同。前者直接造成了公私财产的损失,而后者可能造成了公私财产的损失,也可能造成公民的人身或者其他合法权益的损失。二是在行为方式上,后者具有特殊性。虽然二者都采用了欺骗的手段,但后者实行欺骗是以冒充国家机关工作人员或者其他虚假身份为前提,冒充国家机关工作人员或者其他虚假身份是其特定的行为方式。

(三)诈骗行为的调查重点

诈骗行为有如下特点。

(1)行为人和被害人有较长时间接触,人身形象暴露充分。

(2)诈骗的手段复杂多样,多有预谋,从不同程度上暴露了行为人的文化程度、智力水平、专业知识和技能、社会经历等情况。

(3)多留有物证、书证,有赃物可查。

(4)行为具有习惯性,多次作案中诈骗目标、时间、手法、作案工具具有相似性。

根据诈骗行为的特点,该类行为的调查重点包括以下内容。
(1)询问受害人和知情人,分析刻画嫌疑人的条件和个人特点。
(2)调取搜查书证、物证。
(3)及时控制赃物的销售、转移、埋藏等活动。
(4)组织辨认,核实违法嫌疑人。
(5)进行笔迹、伪造文书、痕迹等科学鉴定。

(四)诈骗行为的处罚

根据《治安管理处罚法》第四十九条的规定,诈骗公私财物的,处五日以上十日以下拘留,可以并处五百元以下罚款;情节较重的,处十日以上十五日以下拘留,可以并处一千元以下罚款。

三、敲诈勒索行为的认定与查处

(一)敲诈勒索行为的概念与特征

敲诈勒索行为,是指以非法占有为目的,对财物的所有人或者保管人进行威胁或者要挟,强行索取公私财物,尚不够刑事处罚的行为。其具有如下特征。

(1)行为侵犯的客体是双重客体,即财产权和人身权。行为人通过对公私财物所有人实行精神上的强制,使其产生畏惧心理,不得已而交出财物,该行为不仅侵犯了公私财产所有权,同时还侵犯了受害人的人身权。

(2)该行为在客观方面表现为使用威胁或者要挟的方法,迫使被害人交付财物。威胁和要挟,是指通过对被害人及其亲属精神上的强制,使其在心理上恐惧,产生压力。威胁和要挟的方法可以有多种表现。从形式上看,威胁、要挟可以面对被害人直接发出,也可以通过第三者或者用书信等方式发出;既可以用明示的方法,也可以通过暗示达到目的。从威胁的内容看,可以危害生命、健康、自由相威胁,也可以损害人格、名誉或者毁坏财产相要挟。从威胁侵害的对象上看,可以是财产的所有者、保管者本人,也可以是他们的亲属。一般而言,威胁内容的实现不具有当场性,而是扬言在以后某个时间付诸实施。所谓迫使被害人交付财物,是指行为人通过实施威胁、要挟的手段,使被害人产生恐惧心理,不得不交出财物,至于取得财物的时间,可以是当场,也可以在若干日内。

(3)该行为在主观上只能由直接故意构成,且以非法占有公私财产为目的。不具有此目的的行为,如债权人使用带有某种威胁性质的举动,讨回债务人债款的,不构成敲诈勒索行为。

(二)敲诈勒索行为与相关行为的区分

1.敲诈勒索行为与敲诈勒索犯罪行为的区别

敲诈勒索的数额是否较大,是区分罪与非罪的界限的重要标准之一。所谓数额较大,根据《最高人民法院、最高人民检察院关于办理敲诈勒索刑事案件适用法律若干问题的解释》(法释〔2013〕10 号)的规定,各省、自治区、直辖市高级人民法院、人民检察院可以根据本地区经济发展状况,并考虑社会治安状况,在二千元至五千元的幅度内确定本地区执行的具体数额标准,报最高人民法院、最高人民检察院批准。

除了敲诈勒索的数额外,敲诈勒索行为人的人身危险性,手段情节、后果的严重性,同样也是影响社会危害性的因素。在司法实践中对敲诈勒索行为的定罪处罚,不能"唯数额论",对于主观恶性大,情节、后果较严重的,定罪的数额标准可以降低,以贯彻我国罪责刑相适应原则及宽严相济的司法政策。敲诈勒索公私财物虽未达到"数额较大"的起点标准,但具有下列情形之一的,"数额较大"的标准可以按照《最高人民法院、最高人民检察院关于办理敲诈勒索刑事案件适用法律若干问题的解释》(法释〔2013〕10 号)第一条规定标准的 50% 确定:①曾因敲诈勒索受过刑事处罚的;②一年内曾因敲诈勒索受过行政处罚的;③对未成年人、残疾人、老年人或者丧失劳动能力人敲诈勒索的;④以将要实施放火、爆炸等危害公共安全犯罪或者故意杀人、绑架等严重侵犯公民人身权利犯罪相威胁敲诈勒索的;⑤以黑恶势力名义敲诈勒索的;⑥利用或者冒充国家机关工作人员、军人、新闻工作者等特殊身份敲诈勒索的;⑦造成其他严重后果的。同时,两年内敲诈勒索三次以上的,应当认定为《刑法》第二百七十四条规定的"多次敲诈勒索"。

为了贯彻我国宽严相济的刑事政策,针对敲诈勒索数额虽然达到"较大"标准,但是行为人认罪、悔罪、退赃、退赔,并具有下列情形之一的,可以认定为犯罪情节轻微,不起诉或者免予刑事处罚,由有关部门依法予以行政处罚:①具有法定从宽处罚情节的;②没有参与分赃或者获赃较少且不是主犯的;③被害人谅解的;④其他情节轻微、危害不大的。

2. 敲诈勒索行为与诈骗行为的区别

敲诈勒索行为主要是靠赤裸裸的威胁恐吓被害人,使其感到害怕而被迫交出财物,但有时也包含一些诈骗的因素。如诈称损害发生由被害人引起,若不给钱物,就要给予报复。此时,不能因为有欺诈的因素在内,就按诈骗行为论处。认定这类行为的性质,关键是看获取财物的手段主要是靠虚构事实欺诈还是靠威胁、恐吓。如果主要是靠欺骗手段,使被害人"自愿"交出财物,应认定是诈骗行为。如果主要是靠威胁、恐吓手段获取财物,即使有欺诈的因素,也只能构成敲诈勒索行为。

(三)敲诈勒索行为的调查重点

敲诈勒索行为有如下特点。

(1)行为人和被害人有较长时间接触,人身形象暴露充分。

(2)敲诈勒索的手段复杂多样,多有预谋,在不同程度上暴露了行为人的文化程度、智力水平、专业知识和技能、社会经历等情况。

(3)多留有物证、书证,有赃物可查。

(4)行为具有习惯性,多次作案中诈骗目标、时间、手法、作案工具具有相似性。

根据敲诈勒索行为的特点,该类行为的调查重点包括以下几点。

(1)询问受害人和知情人,分析刻画嫌疑人的条件和个人特点。

(2)调取搜查书证、物证。

(3)及时控制赃物的销售、转移、埋藏等活动。

(4)组织辨认,核实违法嫌疑人。

(5)进行笔迹、伪造文书、痕迹等科学鉴定。

(四)敲诈勒索行为的处罚

根据《治安管理处罚法》第四十九条的规定,敲诈勒索公私财物的,处五日以上十日以下拘留,可以并处五百元以下罚款;情节较重的,处十日以上十五日以下拘留,可以并处一千元以下罚款。

四、抢夺行为的认定与查处

(一)抢夺行为的概念与特征

抢夺行为,是指以非法占有为目的,公然夺取公私财产,尚不够刑事处罚的行为。其具有如下特征。

(1)行为的客观方面表现为实施了公然夺取财产的行为。所谓公然夺取,是指当着所有人或保管人的面,或者乘财物的所有人或者保管人不注意时,公开夺取其财物。

(2)行为人主观上出于故意,并且具有非法占有的目的,过失不能构成抢夺行为。虽然出于故意,但不是为了非法占有,而是为了寻求精神刺激,进行挑衅活动而抢夺财产的,应该按寻衅滋事行为论处。

(二)抢夺行为与相关行为的区分

1.违反治安管理的抢夺行为与抢夺犯罪行为的区别

抢夺的数额是否较大,是区分罪与非罪的界限的重要标准之一。所谓数额较大,根据《最高人民法院、最高人民检察院关于办理抢夺刑事案件适用法律若干问题的解释》(法释〔2013〕25号)的规定,各省、自治区、直辖市高级人民法院、人民检察院可以根据本地区经济发展状况,并考虑社会治安状况,在一千元至三千元的幅度内确定本地区执行的具体数额标准,报最高人民法院、最高人民检察院批准。

除了抢夺的数额外,抢夺行为人的人身危险性,情节、后果的严重性,同样也是影响社会危害性的因素。在司法实践中对抢夺的定罪处罚,不能"唯数额论"。

首先，对于主观恶性大，情节、后果较严重的，定罪的数额标准可以降低，抢夺公私财物虽未达到"数额较大"的起点标准，但具有下列情形之一的，"数额较大"的标准可以按照本解释第一条规定标准的50%确定：①曾因抢劫、抢夺或者聚众哄抢受过刑事处罚的；②一年内曾因抢夺或者哄抢受过行政处罚的；③一年内抢夺三次以上的；④驾驶机动车、非机动车抢夺的；⑤组织、控制未成年人抢夺的；⑥抢夺老年人、未成年人、孕妇、携带婴幼儿的人、残疾人、丧失劳动能力人的财物的；⑦在医院抢夺病人或者其亲友财物的；⑧抢夺救灾、抢险、防汛、优抚、扶贫、移民、救济款物的；⑨自然灾害、事故灾害、社会安全事件等突发事件期间，在事件发生地抢夺的；⑩导致他人轻伤或者精神失常等严重后果的。

其次，抢夺公私财物数额达到"较大"标准，但未造成他人轻伤以上伤害，行为人系初犯，认罪、悔罪、退赃、退赔，且具有法定从宽处罚情节的，没有参与分赃或者获赃较少且不是主犯的，被害人谅解的以及其他情节轻微、危害不大的，可以认定为犯罪情节轻微，不起诉或者免于刑事处罚；必要时，由有关部门依法予以行政处罚。

2. 抢夺行为与抢劫犯罪行为的区别

根据《刑法》的规定，只要行为人实施了抢夺行为，不论数额大小，一般均构成抢劫罪；如果行为人携带凶器抢夺的，也以抢劫罪论处。二者的主要区别有：①二者侵犯的客体不同。抢夺行为侵犯的客体是简单客体，即财产权利所有权，而抢劫罪侵犯的是复杂客体，即财产所有权和公民的人身权。②二者在客观上的表现不同。抢夺行为是公然夺取财物，行为不会严重威胁人身安全，而抢劫罪则是采用暴力、胁迫或者其他手段将财物抢走。在区分抢夺行为与抢劫罪界限时，要特别注意司法实践中经常发生的夺取财物过程中造成被害人伤害的情况，如夺取耳环时将耳垂拉伤，乘人不备猛夺他人手中财物致被害人跌倒摔伤，等等。在这种情况下，如果抢夺未造成他人轻伤以上伤害，由于《刑法》和《治安管理处罚法》都没有对过失轻伤的行为加以规定，因而仍应按抢夺行为论处；如果造成的结果是重伤，应当认定为《刑法》第二百六十七条规定的"其他严重情节"，依法追究刑事责任。

因此，在实践中认定是抢夺行为还是抢劫罪，关键要把握两点：①看强力的作用对象和使用目的。抢夺行为的强力直接作用于被抢夺的财物，目的是将财物夺到手中；而抢劫行为的这种强力是一种暴力，直接指向被害人的人身，具有排除被害人反抗的性质和目的。②看伤害是否为行为人有意为之。在抢劫行为过程中，行为人是有意地造成伤害以暴力敛财，而在抢夺行为实施过程中，行为人则是无意识地造成伤害。

（三）抢夺行为的调查重点

抢夺行为具有以下特点。

(1) 作案公开,被害人与知情人可以提供直接证据。

(2) 作案时间短暂,行为人往往要借助一定的交通工具,必然要在现场留下痕迹可供查证。

(3) 大多为两人以上相互配合作案。

(4) 行为具有习惯性,多次作案中抢夺目标、时间、手法、作案工具具有相似性。

根据抢夺案件的特点,该类行为的调查重点包括:

(1) 勘验现场并提取痕迹、物证。

(2) 询问被害人、证人等知情人,刻画违法嫌疑人的特征。

(3) 安排辨认,核实违法嫌疑人。

(4) 询问违法嫌疑人取得供述。

(四) 抢夺行为的处罚

根据《治安管理处罚法》第四十九条的规定,抢夺公私财物的,处五日以上十日以下拘留,可以并处五百元以下罚款;情节较重的,处十日以上十五日以下拘留,可以并处一千元以下罚款。

五、哄抢行为的认定与查处

(一) 哄抢行为的概念与特征

哄抢行为,是指以非法占有为目的,多人起哄,乘机抢夺公私财产,尚不够刑事处罚的行为。其具有如下特征。

(1) 该行为侵犯的客体是公私财产所有权。

(2) 该行为在客观方面表现为多人起哄,乘机抢夺公私财产的行为。所谓"哄抢",一般是指三人以上蜂拥而上,抢夺占有。"哄"是表现形式,"抢"才是其本质特征。也就是说,这种行为是在共同起哄所造成的混乱状态中实施的,这是与其他侵犯公私财产行为区别的重要标志。

(二) 哄抢行为与相关行为的区分

1. 哄抢行为与聚众哄抢罪的区别

在处理哄抢行为时,应注意一般哄抢行为与聚众哄抢罪的区别。聚众哄抢罪,是指以非法占有为目的,聚集多人公然夺取公私财产,数额较大或者情节严重的行为。聚众哄抢罪的主体通常是由参加哄抢的行为人中的首要分子和积极参加的人构成。"首要分子",是指在哄抢中起组织、策划和指挥作用的分子。"积极参加的人",主要是指主动参与哄抢,在哄抢中起主要作用以及哄抢财物较多的人。对于其他参与哄抢的行为人,则应当按照违反治安管理的哄抢行为处理。

2. 哄抢行为与共同抢夺行为的区别

哄抢行为和共同抢夺行为在主观上都是为了非法占有公私财产,但二者又有显著的区别。一是目的不同。哄抢财物行为人的目的在于非法占有自己所抢得的所有财产,而不是共同非法占有参与哄抢的人共同抢得的所有财物;共同抢夺行为人的目的是共同非法占有所有共同抢得的财物,然后再将共同非法占有的财物加以瓜分。二是行为方式不同。哄抢行为采用聚众哄抢的方法,导致财物所有人或保管人无法阻止来实现财产权的非法转移;而抢夺行为是趁财物所有人、保管人、使用人不备来实现财产权的非法转移。

在处理哄抢行为时,要把这种行为与抢夺罪和抢劫罪严格区别开来。对于那些起哄闹事,抢得的财物数额又很大的首要分子,应当按抢夺罪论处;对其他参与哄抢的分子,则应按哄抢行为处理。如果在哄抢财产权利时使用暴力、胁迫的方法,或者先用酒将财物所有人或者保管人灌醉,或者用药将其麻醉,使其无法抗拒,再乘机哄抢的,或者在哄抢财物时遭到制止或者追赶,为了抗拒逮捕,毁灭证据或窝藏赃物,而当场使用暴力或者以暴力相威胁的,应当按抢劫罪论。

(三)哄抢行为的调查重点

哄抢行为有如下特点。

(1)作案公开,被害人与知情人可以提供直接证据。

(2)多是临时起意,作案时间短暂。

(3)人员聚集。

(4)现场混乱,证据痕迹较易灭失。

根据哄抢行为的特点,该类行为的调查重点包括以下几点。

(1)勘验现场并提取痕迹、物证。

(2)询问被害人、证人等知情人,刻画违法嫌疑人的特征。

(3)安排辨认,核实违法嫌疑人,确定首要分子。

(4)询问违法嫌疑人取得供述。

(四)哄抢行为的处罚

根据《治安管理处罚法》第四十九条的规定,哄抢公私财物的,处五日以上十日以下拘留,可以并处五百元以下罚款;情节较重的,处十日以上十五日以下拘留,可以并处一千元以下罚款。

六、故意损毁财物行为的认定与查处

(一)故意损毁财物行为的概念与特征

故意损毁财物行为,是指故意非法损毁公私财产,尚不够刑事处罚的行为。其主要法律特征如下。

(1) 故意损毁财物行为侵犯的客体是公私财产所有权。这里值得注意的是,行为损毁的对象必须是普通财物。如果损坏的是法律规定的特定财物,如故意损坏国家保护的文物、名胜古迹的,则按妨害社会管理行为论处;如果故意损毁油气管道设施、电力电信设施、广播电视设施以及损毁路面井盖、照明等公共设施的,则以妨害公共安全行为论处。

(2) 故意损毁财物行为在客观上表现为非法毁灭或损害公私财产的行为。所谓毁灭,通常情况下,是指使用焚烧、摔砸等方法使财物丧失全部价值和使用价值的;所谓损坏,是指使财物部分损坏,丧失一部分价值和使用价值的。损毁公私财物的方法是多种多样的,但是如果行为人采用纵火、决水、爆炸等危险方法损毁财物,危害公共安全的,应当以危害公共安全罪中的有关犯罪论处。损毁行为必须是非法的,若是合法地损毁财物,如逃避犯罪嫌疑人的侵害而紧急避险,将他人门、窗打破进入室内;拆除违章搭建的棚屋、销毁违禁品等,都不构成故意损毁财物的违反治安管理行为。

(3) 行为人在主观上必须出于故意,动机可能出于报复、发泄不满情绪或者嫉妒等,行为的目的是毁坏公私财产,使其丧失价值,而不是非法占有,这一点是该行为区别于其他侵犯财产权利行为的重要特征。

(二) 故意损毁财物行为与相关行为的区分

1. 故意损毁财物行为与故意毁坏财物罪的区别

故意损毁财物行为与故意毁坏财物罪区别的关键在于数额是否较大、情节是否严重。数额较大、情节严重的,构成故意毁坏财物罪。《最高人民检察院、公安部关于公安机关管辖的刑事案件立案追诉标准的规定(一)》(公通字〔2008〕36号)第三十三条〔故意毁坏财物案(《刑法》第二百七十五条)〕规定,故意毁坏公私财物,涉嫌下列情形之一的,应予立案追诉:①造成公私财物损失五千元以上的;②毁坏公私财物三次以上的;③纠集三人以上公然毁坏公私财物的;④其他情节严重的情形。根据该规定,所谓数额较大,是指造成公私财物损失达五千元。所谓情节严重,主要是指重要物资被毁坏损失严重的,毁坏急需物品造成严重后果的,多次毁损不接受教育的,损毁的手段恶劣,损毁的动机卑鄙,企图嫁祸于人的,等等。

2. 故意损毁财物行为与破坏生产经营罪的区别

二者主要的区别是损毁对象不同。故意损毁财物行为损毁的对象是普通财物;而破坏生产经营罪所损坏的对象为生产经营中正在使用的设备和用具,如故意损坏机器设备、残害耕畜等。

3. 故意损毁财物行为与寻衅滋事行为的区别

二者主要的区别是主观动机和目的不同。故意损毁公私财物行为一般是出于报复、嫉妒、泄愤等动机,行为的目的是毁坏特定的公私财物,使其丧失全部或部分价值。寻衅滋事行为是出于是非颠倒、荣辱混淆、以藐视国家法纪和社会公德为荣、以遵纪守法为耻的变态心理,目的是耍威风、取乐、寻求精神刺激,填补精神空虚,对具体财物没有特定性,不刻意追求财物损毁的结果。

(三)故意损毁财物行为的调查重点

故意损毁财物行为有如下特点。

(1)作案公开,行为人人身形象暴露充分。

(2)行为人与受害人通常有某种较熟悉的关系。

(3)绝大多数行为是由当事人之间的矛盾冲突所致。

(4)案件现场有证据可供查证。

根据故意损毁财物行为的特点,该类行为的调查重点包括以下内容。

(1)勘验现场并提取痕迹、物证。

(2)询问被害人、行为人,调查清楚案件当事人之间的关系。

(3)询问证人、知情人,调查清楚发案原因,全面了解案情,认清案件性质。

(4)从解决矛盾入手,进行说服教育工作。

(四)故意损毁财物行为的处罚

根据《治安管理处罚法》第四十九条的规定,故意损毁公私财物的,处五日以上十日以下拘留,可以并处五百元以下罚款;情节较重的,处十日以上十五日以下拘留,可以并处一千元以下罚款。

第十四章

妨害社会管理行为与处罚

第一节 妨害社会管理案件概述

一、妨害社会管理案件的概念

妨害社会管理案件,是指违反国家社会治安管理领域的相关规定,妨碍和扰乱社会管理的正常秩序,具有一定的社会危害性,根据有关法律规定,应当受到治安管理处罚,并由公安机关依法受理、查处的各种案件。

社会管理是宏观的范畴,其外延较为宽泛,既包括社会公共事务的管理,也包括司法事务、国(边)境秩序的管理,还涵盖了社会善良风俗的维护与弘扬等。因此,妨害社会管理的案件所包含的范围极其广泛,行为类型也多种多样。比如阻碍国家机关工作人员依法履行职责,涂改船舶发动机号码,不按规定登记住宿旅客信息,谎报案情,卖淫嫖娼,参与聚众淫乱、赌博、吸毒,等等。

二、妨害社会管理行为的概念与特征

妨害社会管理行为,是指违反国家法律规定,扰乱公共管理秩序、司法管理秩序、国(边)境管理秩序,以及破坏历史文物和妨害社会风俗等社会管理秩序的违法行为。其具有如下特征。

(1)妨害社会管理行为所侵犯的客体是国家对社会的正常管理秩序。社会管理秩序是指国家机关依法对社会进行管理所形成的正常秩序。其是由国家按照法

律的明确规定和授权,组织有关人员依照法律规定对社会进行全面管理活动,从而为人们的生活、工作、学习以及全社会的稳定发展提供保障。因此,妨害社会管理行为在本质上就是对国家有关法律规范的违反,是对国家正常社会秩序的干扰与破坏。

(2)妨害社会管理行为的客观方面主要表现为行为人扰乱国家和社会的正常管理秩序的行为。从表现方式上看,妨害社会管理秩序的行为较为繁多,如前所述,涵盖了社会管理的方方面面。从危害程度上来看,妨害社会管理行为通常没有导致严重的危害后果,而是在一定范围内对社会管理秩序产生干扰和破坏,但没有造成严重损失。否则,就可能涉嫌犯罪,需要依据刑法典的规定进行处罚。

(3)妨害社会管理行为的主体是自然人,即符合法定年龄,具有责任能力并能依法承担政责任的自然人。当然,在某些行为中,要求行为主体具有特定身份,否则就不能按照该不法行为追究责任。比如在典当业工作人员发现违法犯罪嫌疑人不报告行为中,不法行为主体只能是典当业工作人员,其他行为人不能成立该不法行为。

(4)妨害社会管理行为的主观方面一般是由故意构成的,但在某些不法行为中,要求行为人主观上存在过失,如违法进行爆破、挖掘等危及文物安全活动的行为。

三、妨害社会管理行为的类型

根据《治安管理处罚法》和《公安部关于规范违反治安管理行为名称的意见》的规定,本章所涉及的妨害社会管理行为共计以下 68 种。

(1)拒不执行紧急状态下的决定、命令(本法第五十条第一款第一项)。
(2)阻碍执行职务(本法第五十条第一款第二项)。
(3)阻碍特种车辆通行(本法第五十条第一款第三项)。
(4)冲闯警戒带、警戒区(本法第五十条第一款第四项)。
(5)招摇撞骗(本法第五十一条第一款)。
(6)伪造、变造、买卖公文、证件、证明文件、印章(本法第五十二条第一项)。
(7)买卖、使用伪造、变造的公文、证件、证明文件(本法第五十二条第二项)。
(8)伪造、变造、倒卖有价票证、凭证(本法第五十二条第三项)。
(9)伪造、变造船舶户牌(本法第五十二条第四项)。
(10)买卖、使用伪造、变造的船舶户牌(本法第五十二条第四项)。
(11)涂改船舶发动机号码(本法第五十二条第四项)。
(12)驾船擅自进入、停靠国家管制的水域、岛屿(本法第五十三条)。
(13)非法以社团名义活动(本法第五十四条第一款第一项)。
(14)被撤销登记的社团继续活动(本法第五十四条第一款第二项)。

(15) 擅自经营需公安机关许可的行业(本法第五十四条第一款第三项)。

(16) 煽动、策划非法集会、游行、示威(本法第五十五条)。

(17) 不按规定登记住宿旅客信息(本法第五十六条第一款)。

(18) 不制止住宿旅客带入危险物质(本法第五十六条第一款)。

(19) 明知住宿旅客是犯罪嫌疑人不报告(本法第五十六条第二款)。

(20) 将房屋出租给无身份证件人居住(本法第五十七条第一款)。

(21) 不按规定登记承租人信息(本法第五十七条第一款)。

(22) 明知承租人利用出租屋犯罪不报告(本法第五十七条第二款)。

(23) 制造噪声干扰正常生活(本法第五十八条)。

(24) 违法承接典当物品(本法第五十九条第一项)。

(25) 典当业工作人员发现违法犯罪嫌疑人、赃物不报告(本法第五十九条第一项)。

(26) 违法收购废旧专用器材(本法第五十九条第二项)。

(27) 收购赃物、有赃物嫌疑的物品(本法第五十九条第三项)。

(28) 收购国家禁止收购的其他物品(本法第五十九条第四项)。

(29) 隐藏、转移、变卖、损毁依法扣押、查封、冻结的财物(本法第六十条第一项)。

(30) 伪造、隐匿、毁灭证据(本法第六十条第二项)。

(31) 提供虚假证言(本法第六十条第二项)。

(32) 谎报案情(本法第六十条第二项)。

(33) 窝藏、转移、代销赃物(本法第六十条第三项)。

(34) 违反监督管理规定(本法第六十条第四项)。

(35) 协助组织、运送他人偷越国(边)境(本法第六十一条)。

(36) 为偷越国(边)境人员提供条件(本法第六十二条第一款)。

(37) 偷越国(边)境(本法第六十二条第二款)。

(38) 故意损坏文物、名胜古迹(本法第六十三条第一项)。

(39) 违法实施危及文物安全的活动(本法第六十三条第二项)。

(40) 偷开机动车(本法第六十四条第一项)。

(41) 无证驾驶、偷开航空器、机动船舶(本法第六十四条第二项)。

(42) 破坏、污损坟墓(本法第六十五条第一项)。

(43) 毁坏、丢弃尸骨、骨灰(本法第六十五条第一项)。

(44) 违法停放尸体(本法第六十五条第二项)。

(45) 卖淫(本法第六十六条第一款)。

(46) 嫖娼(本法第六十六条第一款)。

(47) 拉客招嫖(本法第六十六条第二款)。

(48) 引诱、容留、介绍卖淫(本法第六十七条)。

（49）制作、运输、复制、出售、出租淫秽物品（本法第六十八条）。
（50）传播淫秽信息（本法第六十八条）。
（51）组织播放淫秽音像（本法第六十九条第一款第一项）。
（52）组织淫秽表演（本法第六十九条第一款第二项）。
（53）进行淫秽表演（本法第六十九条第一款第二项）。
（54）参与聚众淫乱（本法第六十九条第一款第三项）。
（55）为淫秽活动提供条件（本法第六十九条第二款）。
（56）为赌博提供条件（本法第七十条）。
（57）赌博（本法第七十条）。
（58）非法种植毒品原植物（本法第七十一条第一款第一项）。
（59）非法买卖、运输、携带、持有毒品原植物种苗（本法第七十一条第一款第二项）。
（60）非法运输、买卖、储存、使用罂粟壳（本法第七十一条第一款第三项）。
（61）非法持有毒品（本法第七十二条第一项）。
（62）向他人提供毒品（本法第七十二条第二项）。
（63）吸毒（本法第七十二条第三项）。
（64）胁迫、欺骗开具麻醉药品、精神药品（本法第七十二条第四项）。
（65）教唆、引诱、欺骗吸毒（本法第七十三条）。
（66）为吸毒、赌博、卖淫、嫖娼人员通风报信（本法第七十四条）。
（67）饲养动物干扰正常生活（本法第七十五条第一款）。
（68）放任动物恐吓他人（本法第七十五条第一款）。

第二节　妨害公共管理秩序案件的认定

妨害公共管理秩序行为主要是指违反治安管理的相关法律规定，妨碍国家工作人员依法履行职务、损害国家机关及其工作人员的声誉，以及妨碍、侵害国家机关进行的其他公共管理活动的行为。下面将对该类常见行为的认定与查处作出全面阐释。

一、拒不执行紧急状态下的决定、命令行为的认定与查处

（一）拒不执行紧急状态下的决定、命令行为的概念与特征

拒不执行紧急状态下的决定、命令行为，是指行为人违反法律规定，拒不执行人民政府在紧急状态情况下依法发布的决定、命令的行为。其具有如下特征：

（1）行为所侵犯的客体是国家机关所进行的正常管理活动。具体而言，本行

为所侵犯的对象是人民政府在紧急状态下依法发布的决定、命令。根据我国宪法和有关法律规定,人民政府作为国家公共权力的象征,可以在法律规定的范围内发布行政命令,作出行政决定,制定行政法规,以及进行其他公共管理的行为。对于各级人民政府依法作出的决定、命令,在该行政区域内相对人都应当予以执行。否则,就构成对政府公共管理权力的侵犯。

(2)行为客观方面表现出两点特征:①行为人拒不执行政府依法发布的决定、命令;②该决定、命令必须是在紧急状态下发布的。除此之外,行为人构成该不法行为,还要求其具有能够执行上述决定、命令的现实能力。即只有在其"当为且能为而不为"的情况下,才能追究其法律责任。否则,如果查明行为人根本不具有执行该命令、决定的认识能力或者控制能力,就不能认定其构成行政违法。对于拒不执行而言,并没有行为方式上的具体限制,既可以是暴力方式,也可以是威胁、辱骂、恐吓等非暴力方式。

(3)行为主体应当是符合法定年龄且具有相应责任能力的自然人。

(4)行为人主观方面应当是故意,既包括直接故意,也可以是间接故意。即行为人明知人民政府在紧急状态下依法发布了决定、命令,在能够执行的情况下,仍然拒绝执行,并希望或者放任危害后果的发生。

(二)拒不执行紧急状态下的决定、命令行为的调查重点

(1)决定、命令是不是人民政府在紧急状态下发布的。

(2)行为人是否具有执行该决定、命令的能力。

(3)行为人拒不执行该决定、命令的方式、手段是什么。

(4)行为人拒不执行该决定、命令是否存在严重情节,或者造成了何种危害后果。

(三)拒不执行紧急状态下的决定、命令行为的处罚

根据《治安管理处罚法》第五十条规定,拒不执行人民政府在紧急状态情况下依法发布决定、命令的,处警告或者二百元以下罚款;情节严重的,处五日以上十日以下拘留,可以并处五百元以下罚款。

二、阻碍执行职务行为的认定与查处

(一)阻碍执行职务行为的概念与特征

阻碍执行职务行为,是指阻碍国家机关工作人员依法执行职务,但尚未使用暴力或者威胁的行为。其具有如下特征。

(1)行为所侵犯的客体是国家机关工作人员的正常职务活动。侵犯对象是正在依法执行职务的国家机关工作人员。所谓依法执行职务,是指国家机关工作人员正在进行的相关行为具有明确的法律规定或者授权,是在法律赋予的职责范围内行使权力。因此,如果国家机关工作人员滥用职权,以权谋私等非法行使权

力,社会公众阻碍其不当行使权力的行为具有正当性。

(2)行为在客观上表现为阻碍国家机关工作人员依法执行职务,且未使用暴力或者威胁行为。对此,可以从三个方面进行理解:①关于"阻碍"的认定。所谓"阻碍",主要是指行为人在国家机关工作人员依法执行职务时进行妨碍和阻止活动,使后者不能正常、顺利地行使权力。需要注意的是,对于阻碍的程度,既包括使国家机关工作人员完全不能进行职务行为,也包括虽然客观上未能阻止职务行为的进行,但是也对其造成迟滞性影响。②未使用暴力或者威胁行为。如果行为人阻碍国家机关工作人员依法执行职务过程中使用暴力或者威胁,则可能涉嫌刑事犯罪。③该行为尚未造成严重后果。主要是指其阻碍国家机关工作人员依法履行职务的行为,并没有直接导致严重危害结果的发生。相反,若行为人阻止国家机关工作人员依法履行职务后,导致了犯罪分子逃脱等严重后果的,则可能因涉嫌犯罪而被追究刑事责任。

(3)行为主体为一般主体,即达到法定责任年龄且能够承担治安处罚之法律责任的自然人。

(4)行为人主观方面为故意,既包括直接故意,也包括间接故意。

(二)阻碍执行职务行为与相关行为的区分

这里主要涉及阻碍执行职务行为与妨害公务罪的界限问题。两种行为的区别主要如下。

1. 对是否使用暴力、威胁的要求不同

在阻碍执行职务行为中,行为人不能对国家机关工作人员使用暴力或者进行威胁,而在妨害公务罪中,行为人只有以暴力、威胁的方法阻碍国家机关工作人员依法执行职务成立本罪。

2. 对是否要求造成严重后果的要求不同

阻碍执行职务行为要求不能造成严重后果,而如果行为人故意阻碍国家安全机关、公安机关依法执行国家安全工作任务,即使没有使用暴力、威胁,在造成严重后果的情况下,也构成犯罪。

3. 两种行为针对的对象范围不同

阻碍执行职务行为所侵害的对象是国家机关工作人员,而妨害公务罪的犯罪对象既包括国家机关工作人员,也包括全国人大代表和红十字会的工作人员。

(三)阻碍执行职务行为的调查重点

(1)行为对象是否属于国家机关工作人员且在依法执行职务。

(2)行为人在阻碍国家机关工作人员依法执行职务过程中是否使用暴力或者进行威胁。

(3)行为人阻碍国家机关工作人员依法执行职务过程中造成的后果如何及社会影响如何。

(四)阻碍执行职务行为的处罚

阻碍国家机关工作人员依法执行职务的,处警告或者二百元以下罚款;情节严重的,处五日以上十日以下拘留,可以并处五百元以下罚款。

三、阻碍特种车辆通行行为的认定与查处

(一)阻碍特种车辆通行行为的概念与特征

阻碍特种车辆通行行为,是指阻碍执行紧急任务的消防车、救护车、工程抢险车、警车等车辆通行的行为。其具有如下特征。

(1)行为侵犯客体是特种车辆在执行紧急任务时正常的通行秩序。在该行为中,侵犯对象主要是执行紧急任务的特种车辆,一般是指消防车、救护车、工程抢险车、警车以及执行紧急任务的军车等。

(2)行为客观方面表现是阻碍执行紧急任务的消防车、救护车、工程抢险车、警车等车辆通行的行为。对此,可以从三个方面理解:①阻碍行为主要表现为设置路障、围堵、提供错误通行信息等,从而使车辆不能顺利通行执行任务;②所谓的紧急任务,主要是指执行灭火、救护伤员(病人)、救灾、抢险、抓捕犯人、执行军事任务等具有紧迫性、时效性的任务;③该行为尚未造成严重后果。

(3)行为主体为一般主体,即符合法定年龄,能够承担治安管理责任的自然人。

(4)行为人主观方面表现为故意,即明知是执行紧急任务的特种车辆,仍然阻碍其正常通行的行为。

(二)阻碍特种车辆通行行为的调查重点

(1)阻碍行为侵犯的对象是否属于执行紧急任务的特种车辆。

(2)行为人是否知道特种车辆在执行紧急任务。

(3)行为人以何种方式阻碍特种车辆通行的。

(4)阻碍行为是否造成了严重后果,损失程度如何,社会影响如何。

(三)阻碍特种车辆通行行为的处罚

阻碍执行紧急任务的消防车、救护车、工程抢险车、警车等车辆通行的,处警告或者二百元以下罚款;情节严重的,处五日以上十日以下拘留,可以并处五百元以下罚款。

四、招摇撞骗行为的认定与查处

(一)招摇撞骗行为的概念与特征

招摇撞骗行为,是指冒充国家机关工作人员或者以其他虚假身份招摇撞骗的

行为。其具有如下特征。

(1)侵犯客体是国家机关以及其他身份的信誉及其正常的社会活动。

(2)客观方面表现是行为人冒充国家机关工作人员或者以其他虚假身份招摇撞骗的行为。首先,行为人冒充的对象是国家机关工作人员或者冒用其他虚假身份。所谓虚假身份,主要是指与自己实际身份不一致的情形,比如冒用教师、医生、记者等。其次,行为利用虚假身份实施了诈骗行为,即通过虚假身份使他人陷入错误认识。需要注意的是,如果行为人冒充军警人员招摇撞骗的,应当从重处罚。

(3)行为主体为一般主体,即符合法定年龄,能够承担治安管理责任的自然人。

(4)行为人主观方面为直接故意,间接故意不能构成该不法行为。一般来讲,行为人在实施该不法行为时都存在获取非法利益的目的。

(二)招摇撞骗行为与相关行为的区分

1. 招摇撞骗行为与诈骗行为的界限

诈骗行为是指行为人虚构事实,隐瞒真相,使他人陷入错误认识,进而非法占有他人财物的行为。因此,两者的主要区别是:①行为方式不同。诈骗行为的方式多种多样,没有特定的限制,而招摇撞骗行为的表现形式相对较窄,仅限于行为人冒用国家机关工作人员和其他身份的场合。因此,后者的行为方式具有特殊性,也更具危害性,因此,往往被规定为一种单独行为予以处罚。②行为人主观目的不同。招摇撞骗行为的目的是获取非法利益,而诈骗行为的目的通常是非法获取他人财物。

2. 招摇撞骗行为与招摇撞骗罪的界限

两种行为的区别主要是:①行为人冒用虚假身份的范围不同。作为一般违法的招摇撞骗行为所利用的身份,既可以是国家机关工作人员的身份,也可以是其他虚假身份,比如冒充教师、红十字会工作人员、志愿服务人员等;作为犯罪行为,招摇撞骗者只能是冒充国家机关工作人员的身份或者职务,而不能是其他身份。②两种行为的危害程度不同。构成招摇撞骗罪要求不法行为造成了严重后果,比如行为人冒充国家机关工作人员多次实施欺骗行为,或者招摇撞骗行为给国家、社会或者他人造成了严重的财产损失,甚至导致他人死亡,等等。而对于行为人偶尔实施的招摇撞骗行为,或者并没有在财产、人员方面造成恶劣后果的,可以依照招摇撞骗行为处理。

(三)招摇撞骗行为的调查重点

(1)行为人的真实身份以及所冒用的虚假身份。

(2)行为人冒用虚假身份的目的。

(3)行为人的冒用行为所造成的后果。

（四）招摇撞骗行为的处罚

冒充国家机关工作人员或者以其他虚假身份招摇撞骗的，处五日以上十日以下拘留，可以并处五百元以下罚款；情节较轻的，处五日以下拘留或者五百元以下罚款。冒充军警人员招摇撞骗的，从重处罚。

五、非法以社团名义活动行为的认定与查处

（一）非法以社团名义活动行为的概念与特征

非法以社团名义活动行为，是指违反国家规定，未经注册登记，以社会团体名义进行活动，被取缔后，仍进行活动的行为。其具有如下特征。

(1) 侵犯的客体是国家对社会团体的正常管理秩序。根据国务院发布的《社会团体登记管理条例》的规定，社会团体是指中国公民自愿组成，为实现会员共同意愿，按照其章程开展活动的非营利性社会组织。成立社会团体，应当经其业务主管单位审查同意，并依照本条例的规定进行登记。同时，经批准成立社会团体才能以自己的名义在宪法和法律规定的范围内进行相关活动。因此，非法以社会团名义进行活动的行为，实质上就是违反宪法、法律和相关法律规范的不法行为。

(2) 行为客观表现是违反国家规定，未经注册登记，以社会团体名义进行活动，被取缔后，仍进行活动的行为。因此，该行为具有三个组成要素：①假借没有注册登记的社会团体名义进行活动；②相关活动被有关部门依法取缔；③行为人拒不执行有关部门的取缔决定，仍然以社会团体名义活动。三个要件密切关联，缺一不可。

(3) 行为主体是一般主体，即符合法定年龄，能够承担治安管理责任的自然人。

(4) 行为人主观方面为故意。

（二）非法以社团名义活动的调查重点

(1) 行为人所利用的社会团体是否经过依法注册。

(2) 以社团名义进行活动是否已被有关部门依法取缔。

(3) 被取缔后是否继续进行不法活动。

(4) 相关行为造成的危害后果和社会影响。

（三）非法以社团名义活动的处罚

处十日以上十五日以下拘留，并处五百元以上一千元以下罚款；情节较轻的，处五日以下拘留或者五百元以下罚款。

六、不按规定登记住宿旅客信息行为的认定与查处

（一）不按规定登记住宿旅客信息行为的概念与特征

不按规定登记住宿旅客信息行为，是指旅馆业的工作人员对住宿的旅客不按规定登记姓名、身份证件种类和号码的行为。其具有如下特征。

（1）侵犯的客体是国家对旅馆行业的正常管理秩序。根据我国《旅馆业治安管理办法》的规定，旅馆接待旅客住宿必须登记。登记时，应当查验旅客的身份证件，按规定的项目如实登记。之所以作出这样严格的规定，是因为作为特种行业，旅馆业因其经营业务的内容和性质极易被违法犯罪人员利用，所以需要采取严格的服务对象登记制度这一特定治安管理措施。因此，旅馆工作人员不按规定登记住宿旅客信息行为是对这种正常管理秩序的直接破坏。

（2）行为客观表现为旅馆业的工作人员对住宿的旅客不按规定登记姓名、身份证件种类和号码的行为。该行为实质上是一个不作为的行为，即行为人负有登记旅客姓名、身份证件等相关信息的义务，但是在能够履行上述义务时却拒不履行的行为。当然，本行为的不法性并不要求其造成了严重后果。

（3）行为主体为特殊主体，即只能是旅馆业的工作人员。

（4）行为人主观方面既可以是故意，也可以是过失。即不管行为人对没有登记旅客个人信息是否明知，都不影响行为的违法性。

（二）不按规定登记住宿旅客信息行为的调查重点

（1）实施该行为的旅馆工作人员及其人数。

（2）有多少旅客的个人信息没有被依法登记。

（3）没有登记旅客信息的行为所造成的危害后果及社会影响。

（三）不按规定登记住宿旅客信息的处罚

不按规定登记住宿旅客信息行为的，处二百元以上五百元以下罚款。

七、将房屋出租给无身份证件人居住行为的认定与查处

（一）将房屋出租给无身份证件人居住行为的概念与特征

将房屋出租给无身份证件人居住行为，是指违反国家规定，房屋出租人在出租房屋时，将房屋出租给无身份证件的人居住的行为。其具有如下特征。

（1）行为侵犯的客体是国家对房屋出租行业的正常管理秩序。

（2）行为客观表现为房屋出租人将房屋出租给无身份证件的人居住的行为，即行为人面对无身份证件的人，原则上不应该提供房屋出租服务，但仍然将其房屋出租的行为。

(3)行为主体是一般主体,单位和自然人都可以构成该违法行为。

(4)行为人主观上是故意,既可以是直接故意,也可以是间接故意。

(二)将房屋出租给无身份证件人居住行为的调查重点

(1)作为直接责任人的房屋出租人身份。

(2)将房屋出租给无身份证件人居住的情节,如人数、次数等。

(3)上述行为所造成的危害后果、社会影响等。

(三)将房屋出租给无身份证件人居住行为的处罚

房屋出租人将房屋出租给无身份证件的人居住的,处二百元以上五百元以下罚款。

八、制造噪声干扰他人正常生活行为的认定与查处

(一)制造噪声干扰他人正常生活行为的概念与特征

制造噪声干扰他人正常生活行为,是指违反关于社会生活噪声污染防治的法律规定,制造噪声干扰他人正常生活的行为。其具有如下特征。

(1)侵犯的客体是复杂客体,即国家对生活噪音的管理秩序和公众的身心健康权。

(2)行为客观方面表现是违反关于社会生活噪声污染防治的法律规定,制造噪声干扰他人正常生活的行为。根据《中华人民共和国环境噪音污染防治法》的规定,社会生活噪声,是指人为活动所产生的除工业噪声、建筑施工噪声和交通运输噪声之外的干扰周围生活环境的声音。因此,社会生活噪声对于公众的社会生活和身心健康带来了极大的伤害,同时也是对生活环境秩序的严重扰乱。

(3)行为主体是一般主体,单位和自然人都可以构成该违法行为。

(4)行为人主观上既可以是故意,也可以是过失。

(二)制造噪声干扰正常生活行为的调查重点

(1)行为人所制造的噪声是否属于生活噪声的范畴。

(2)行为人制造社会生活噪声的程度。

(3)基于处罚上的考虑,还需要考虑行为人是否因为制造生活噪声而受到过警告处罚。

(三)制造噪声干扰正常生活行为的处罚

对制造噪声干扰正常生活的,处警告;警告后不改正的,处二百元以上五百元以下罚款。

九、饲养动物干扰他人正常生活行为的认定与查处

(一)饲养动物干扰正常生活行为的概念与特征

饲养动物干扰他人正常生活行为,是指行为人饲养动物,干扰他人正常生活的行为。具有如下特征。

(1)侵犯客体是他人社会生活的正常秩序。

(2)行为客观表现为饲养动物,干扰他人正常生活的行为。因此,行为人饲养动物是先前行为,干扰他人正常生活是后来结果。饲养动物的范围比较广泛,家禽、鸟类以及其他动物都属于该范畴。而他人的正常生活,主要是指让他人正常的工作、学习和生活秩序。

(3)行为主体是一般主体,即符合法定年龄,能够承担治安管理责任的自然人。

(4)行为人主观上既可以是故意,也可以是过失。

(二)饲养动物干扰正常生活行为的调查重点

(1)行为人饲养动物干扰他人生活的程度。

(2)行为人饲养动物干扰他人生活的具体方式。

(3)行为人是否因此而受到过警告处罚。

(三)饲养动物干扰正常生活行为的处罚

对饲养动物干扰他人正常生活的,处警告;警告后不改正的,处二百元以上五百元以下罚款。

十、放任动物恐吓他人行为的认定与查处

(一)放任动物恐吓他人行为的特征

放任动物恐吓他人行为,是指行为人明知道自己饲养的动物可能对他人产生恐吓性影响,仍任由该恐吓行为发生的行为。其具有如下特征。

(1)侵犯客体是他人的身心健康权。

(2)行为客观表现为放任动物恐吓他人。所谓放任是指行为人明知动物可能对他人产生恐吓,却不予约束、管理,任由动物给他人造成心理上的刺激。

(3)行为主体是一般主体,即符合法律规定,能够承担治安管理责任的自然人。

(4)行为人主观只能是间接故意。即对可能发生的危害行为持"可有可无",顺其自然的态度。

（二）放任动物恐吓他人行为的调查重点

(1) 行为人是否知道动物已经对他人形成恐吓。

(2) 放任动物恐吓他人的次数、程度等。

（三）放任动物恐吓他人行为的处罚

放任动物恐吓他人的，处二百元以上五百元以下罚款。

十一、其他妨害公共管理秩序行为的认定与处理

（一）冲闯警戒带、警戒区

冲闯警戒带、警戒区行为，是指行为人强行冲闯公安机关设置的警戒带、警戒区的行为。其具有如下特征。

(1) 行为侵犯的客体是公安机关正常的执法活动。具体而言，是指公安机关通过设置警戒带、警戒区进行执法活动的正常工作秩序。根据《公安机关警戒带使用管理办法》的规定，警戒带，是指公安机关按照规定装备，用于依法履行职责在特定场所设置禁止进入范围的专用标志物。警戒区是指使用警戒带划定的区域。

(2) 行为客观表现为强行冲闯公安机关设置的警戒带、警戒区的行为。所谓强行冲闯，是指行为人违反有关规定，不顾公安机关的劝阻、警告，而执意冲过警戒带和警戒区，对公安执法工作形成干扰和阻碍的行为。关于公安机关使用警戒带的场合，上述管理办法作出了明确的规定。

(3) 行为主体为一般主体，即符合法律规定，能够承担治安管理责任的自然人。

(4) 行为人主观方面为直接故意。

冲闯警戒带、警戒区的，处警告或者二百元以下罚款；情节严重的，处五日以上十日以下拘留，可以并处五百元以下罚款。

（二）擅自经营需公安机关许可的行业

擅自经营需公安机关许可的行业行为，是指未经许可，擅自经营按照国家规定需要由公安机关许可的行业的行为。其具有如下特征。

(1) 侵犯客体是国家对特定许可行业的正常管理秩序。

(2) 行为客观表现为未经许可，擅自经营按照国家规定需要由公安机关许可的行业的行为。根据相关规定，经公安机关许可才能经营的特种行业，包括旅馆业、刻字业、典当业、寄卖业、废旧金属收购业、机动车修理业、报废机动车回收业及开锁业。

(3) 行为主体均为一般主体，即符合法律规定，能够承担治安管理责任的自然人。

(4)行为人主观方面均为故意。

擅自经营需公安机关许可的行业的,处十日以上十五日以下拘留,并处五百元以上一千元以下罚款;情节较轻的,处五日以下拘留或者五百元以下罚款。有此行为的,予以取缔。取得公安机关许可的经营者,违反国家有关管理规定,情节严重的,公安机关可以吊销许可证。

(三)煽动、策划非法集会、游行、示威

煽动、策划非法集会、游行、示威行为,是指煽动、策划非法集会、游行、示威,不听劝阻的行为。其具有如下特征。

(1)侵犯客体是国家对集会、游行、示威的正常管理秩序。

(2)行为客观方面是煽动、策划非法集会、游行、示威,不听劝阻的行为。所谓煽动,是指行为人怂恿、鼓动他人从事非法活动的行为。从形式上看,煽动既可以是书面宣扬、论述,也可以是口头劝说,还可以是通过网络进行鼓动。策划是指操纵行为的发生、发展。在这里主要是指行为人操纵他人实施非法集会、游行、示威活动。此外,该不法行为的成立以行为人"不听劝阻"为前提。如果行为人在公安机关劝阻以后即停止煽动、策划非法集会、游行、示威的,不符合该行为要求。

(3)行为主体为一般主体,即符合法律规定,能够承担治安管理责任的自然人。

(4)行为人主观方面为故意。

对煽动、策划非法集会、游行、示威的,处十日以上十五日以下拘留。

(四)不制止住宿旅客带入危险物质

不制止住宿旅客带入危险物质行为,是指旅馆业的工作人员明知住宿的旅客将危险物质带入旅馆,不予制止的行为。其具有如下特征。

(1)侵犯的客体是国家对旅馆业的正常管理制度。

(2)行为客观方面表现为旅馆业的工作人员明知住宿的旅客将危险物质带入旅馆,不予制止的行为。所谓危险物质,主要是指易燃物、易爆物、放射性物质、传染病病原体、毒害物以及其他能够威胁公共安全的物质。

(3)行为主体为特殊主体,即旅馆业的工作人员。

(4)行为人主观方面为故意。

不制止住宿旅客带入危险物质的,处二百元以上五百元以下罚款。

(五)明知住宿旅客是犯罪嫌疑人不报告

明知住宿旅客是犯罪嫌疑人不报告行为,是指旅馆业的工作人员明知住宿的旅客是犯罪嫌疑人员或者被公安机关通缉的人员,不向公安机关报告的行为。其具有如下特征。

(1)侵害客体是国家对旅馆业的正常管理秩序。

（2）行为客观表现为旅馆业的工作人员明知住宿的旅客是犯罪嫌疑人员或者被公安机关通缉的人员，不向公安机关报告的行为。在行为方式上，该行为属于不作为。首先要求行为人明知住宿的旅客是犯罪嫌疑人或者被公安机关通缉的人员。其次，行为人有向公安机关报告的义务却未向公安机关报告。

（3）行为主体为特殊主体，即旅馆业的工作人员。

（4）行为人主观方面为故意。

明知住宿旅客是犯罪嫌疑人不报告的，处二百元以上五百元以下罚款；情节严重的，处五日以下拘留，可以并处五百元以下罚款。

（六）不按规定登记承租人信息

不按规定登记承租人信息行为，是指房屋出租人不按规定登记承租人姓名、身份证件种类和号码的行为。其具有如下特征。

（1）侵犯客体是国家对房屋出租业的正常管理秩序。

（2）行为表现是房屋出租人不按规定登记承租人姓名、身份证件种类和号码。

（3）行为主体是一般主体，即符合法律规定，能够承担治安管理责任的自然人。

（4）行为人主观方面为故意。

不按规定登记承租人信息的，处二百元以上五百元以下罚款。

（七）明知承租人利用出租屋犯罪不报告

明知承租人利用出租屋犯罪不报告，是指房屋出租人明知承租人利用出租房屋进行犯罪活动，不向公安机关报告的。其具有如下特征。

（1）侵犯客体是国家对房屋出租业的正常管理秩序。

（2）行为表现是房屋出租人明知承租人利用出租房屋进行犯罪活动，不向公安机关报告的。

（3）行为主体是一般主体，即符合法律规定，能够承担治安管理责任的自然人。

（4）行为人主观方面为故意。

对明知承租人利用出租屋犯罪不报告的，处二百元以上五百元以下罚款；情节严重的，处五日以下拘留，可以并处五百元以下罚款。

（八）偷开机动车

偷开机动车行为，是指以游乐，或者临时使用等非占有目的，未经机动车所有人或保管人的允许，私自开启他人的机动车辆离开停放地的行为。其具有如下特征。

（1）侵犯客体是国家对机动车的管理秩序。

（2）行为客观方面是以游乐或者临时使用等非占有目的，未经机动车所有人或保管人的允许，私自开启他人的机动车辆离开停放地的行为。此外，该行为不能造成严重后果,否则可能承担相应的刑事责任。

(3)行为主体是一般主体,即符合法律规定,能够承担治安管理责任的自然人。

(4)行为人主观方面是故意。

偷开机动车的,处五百元以上一千元以下罚款;情节严重的,处十日以上十五日以下拘留,并处五百元以上一千元以下罚款。

(九)无证驾驶或者偷开航空器、机动船舶

无证驾驶或者偷开航空器、机动船舶行为,是指行为人未取得驾驶证驾驶或者偷开他人航空器、机动船舶的行为。其具有如下特征。

(1)侵犯客体是国家对航空器、机动船舶等的管理秩序。

(2)行为客观方面是行为人未取得驾驶证驾驶或者偷开他人航空器、机动船舶的行为。

(3)行为主体是一般主体,即符合法律规定,能够承担治安管理责任的自然人。

(4)行为人主观方面是故意。

无证驾驶或者偷开航空器、机动船舶的,处五百元以上一千元以下罚款;情节严重的,处十日以上十五日以下拘留,并处五百元以上一千元以下罚款。

第三节 妨害社会良俗案件的认定与查处

一、卖淫、嫖娼行为的认定与查处

(一)卖淫、嫖娼行为的概念与特征

卖淫,是指为获取一定物质利益,以交换的方式有偿地与不特定的对象发生的性行为。嫖娼,是指以给付金钱或财物作为交换条件,与从事性服务的异性发生不正当的性行为。其具有如下特征。

(1)侵犯客体是社会善良风俗和社会管理秩序。

(2)行为客观表现为卖淫为获取一定物质利益,以交换的方式有偿地与不特定的对象发生的性行为,而嫖娼则是指以付出金钱、财物作为交换条件与从事性服务的异性发生不正当的性行为。因此,卖淫、嫖娼是对合行为,双方同时存在于一定的社会关系之中。

(3)行为主体为一般主体,即符合法律规定,能够承担治安管理责任的自然人。

(4)行为人主观方面为故意。

（二）卖淫、嫖娼行为的调查重点

(1) 实施相关行为的次数。
(2) 行为进行的阶段。

（三）卖淫、嫖娼行为的处罚

卖淫、嫖娼的，处十日以上十五日以下拘留，可以并处五千元以下罚款；情节较轻的，处五日以下拘留或者五百元以下罚款。

二、拉客招嫖行为的认定与查处

（一）拉客招嫖行为的概念与特征

拉客招嫖行为，是指在公共场所拉客招嫖的行为。其具有如下特征。

(1) 侵犯客体是社会善良风俗和社会管理秩序。
(2) 行为客观表现为在公共场所拉客招嫖的行为。所谓拉客招嫖，是指行为人为了拉拢嫖客进行性交易，而采取不同的方式来引诱招揽他人的行为。拉客招嫖可以被视为卖淫嫖娼的前一阶段，但该行为并不仅仅是卖淫的意思表示，而是一种具有现实危害性的不法行为。可以说，在这里，法律惩治的不是行为人意图卖淫的主观意志，而是其在公共场合引诱他人嫖娼的侵害社会善良风俗和社会管理秩序的招嫖行为。因此，只有发生在公共场所的拉客行为，才能认为符合本行为的特征。
(3) 行为主体为一般主体，即符合法律规定，能够承担治安管理责任的自然人。
(4) 行为人主观方面为故意。

（二）拉客招嫖与相关行为的界限

拉客招嫖与介绍卖淫的界限。两种行为的区别如下。

(1) 行为方式不同。拉客招嫖通常是引诱他人和拉客者本人发生性关系，而介绍卖淫则是引诱、介绍他人和第三人发生性关系。
(2) 行为发生的场所不同。拉客招嫖只能发生在公共场所，而介绍卖淫则没有具体的地点限制。

（三）拉客招嫖行为的调查重点

(1) 行为实施的地点。
(2) 行为的具体表现方式、手段。
(3) 实施行为的次数。
(4) 拉客者与卖淫者的关系。

(四)拉客招嫖行为的处罚

在公共场所拉客招嫖的,处五日以下拘留或者五百元以下罚款。

三、引诱、容留、介绍卖淫行为的认定与查处

(一)引诱、容留、介绍卖淫行为的概念与特征

引诱、容留、介绍卖淫行为,是指引诱、容留、介绍他人卖淫的行为。其具有如下特征。

(1)侵犯客体是社会善良风俗和社会管理秩序。

(2)行为客观表现为引诱、容留、介绍他人卖淫的行为。引诱卖淫是指以金钱等手段诱使他人出卖肉体的行为;容留卖淫,是指为他人卖淫行为提供场所或者其他便利条件;介绍卖淫,则是指在卖淫者和嫖娼者之间进行引荐,促使双方达成非法交易。

(3)行为主体为一般主体,即符合法律规定,能够承担治安管理责任的自然人。

(4)行为人主观方面为故意。

(二)引诱、容留、介绍卖淫行为与相关行为的区分

引诱、容留、介绍卖淫行为与引诱、容留、介绍卖淫罪存在界限,主要区别是危害程度不同。引诱、容留、介绍卖淫罪中危害行为必须达到严重的社会危害性标准才会被追究刑事责任。例如,引诱、容留、介绍二人次以上卖淫的,引诱、容留、介绍已满十四周岁未满十八周岁的未成年人卖淫的,被引诱、容留、介绍卖淫的人患有艾滋病或者梅毒、淋病等严重性病的,其他引诱、容留、介绍卖淫应予追究刑事责任的情形。而一般的引诱、容留、介绍卖淫行为则不能具备上述情节要求。

(三)引诱、容留、介绍卖淫行为的调查重点

(1)引诱、容留、介绍卖淫行为的次数、人数。

(2)引诱、容留、介绍卖淫的手段与方式。

(3)引诱、容留、介绍卖淫所获取的利益。

(4)引诱、容留、介绍卖淫行为的危害后果。

(四)引诱、容留、介绍卖淫行为的处罚

引诱、容留、介绍他人卖淫的,处十日以上十五日以下拘留,可以并处五百元以下罚款;情节较轻的,处五日以下拘留或者五百元以下罚款。

四、制作、运输、复制、出售、出租淫秽物品行为的认定与查处

（一）制作、运输、复制、出售、出租淫秽物品行为的概念与特征

制作、运输、复制、出售、出租淫秽物品行为,是指制作、运输、复制、出售、出租淫秽的书刊、图片、影片、音像制品等淫秽物品的行为。其具有如下特征。

(1)侵犯客体是社会善良风俗。

(2)行为客观表现为制作、运输、复制、出售、出租淫秽的书刊、图片、影片、音像制品等淫秽物品的行为。

(3)行为主体为一般主体,即符合法律规定,能够承担治安管理责任的自然人。

(4)行为人主观方面为故意。

（二）制作、运输、复制、出售、出租淫秽物品行为与相关行为的区分

制作、运输、复制、出售、出租淫秽物品行为与制作、复制、出版、贩卖、传播淫秽物品牟利罪存在界限。两种行为的区别如下。

(1)危害性程度不同。根据最高人民检察院、公安部2008年6月25日印发的《关于公安机关管辖的刑事案件立案追诉标准的规定(一)》第八十二条的规定,只有符合以下条件,才能以制作、复制、出版、贩卖、传播淫秽物品牟利罪立案追诉:①制作、复制、出版淫秽影碟、软件、录像带五十至一百张(盒)以上,淫秽音碟、录音带一百至二百张(盒)以上,淫秽扑克、书刊、画册一百至二百副(册)以上,淫秽照片、画册五百至一千张以上的;②贩卖淫秽影碟、软件、录像带一百至二百张(盒)以上,淫秽音碟、录音带二百至四百张(盒)以上,淫秽扑克、书刊、画册二百至四百副(册)以上,淫秽照片、画片一千至二千张以上的;③向他人传播淫秽物品达二百至五百人次以上,组织播放淫秽影像达十至二十场次以上的;④制作、复制、出版、贩卖、传播淫秽物品,获利五千至一万元以上的。一般的制作、运输、复制、出售、出租淫秽物品行为在数量上、获取利益上应当低于上述标准。

(2)主观方面不同。前者没有明确以牟利为目的,这就意味着行为人的主观目的如何,并不影响该违法行为的成立;但后者则要求行为人必须存在牟利的犯罪目的,否则不能构成本罪。

（三）制作、运输、复制、出售、出租淫秽物品行为的调查重点

(1)行为实施的方式、地点、持续时间。

(2)制作、运输、复制、出售、出租淫秽物品的目的。

(3)制作、运输、复制、出售、出租淫秽物品的数量以及获取的利益。

(4)制作、运输、复制、出售、出租淫秽物品的社会影响范围。

(5)制作、运输、复制、出售、出租淫秽物品的销售渠道等。

（四）制作、运输、复制、出售、出租淫秽物品行为的处罚

对制作、运输、复制、出售、出租淫秽的书刊、图片、影片、音像制品等淫秽物品的，处十日以上十五日以下拘留，可以并处三千元以下罚款；情节较轻的，处五日以下拘留或者五百元以下罚款。

五、传播淫秽信息行为的认定与查处

（一）传播淫秽信息行为的概念与特征

传播淫秽信息行为，是指利用计算机信息网络、电话以及其他通信工具传播淫秽信息的行为。其具有如下特征。

(1)侵犯客体是社会善良风俗。
(2)行为客观表现为利用计算机信息网络、电话以及其他通信工具传播淫秽信息的行为。
(3)行为主体为一般主体，即符合法律规定，能够承担治安管理责任的自然人。
(4)行为人主观方面为故意。

（二）传播淫秽信息行为的调查重点

(1)传播淫秽信息行为的目的。
(2)传播淫秽信息行为的方式、地点、持续时间。
(3)传播淫秽信息的数量以及获取的利益。
(4)传播淫秽信息行为的社会影响。

（三）传播淫秽信息行为的处罚

利用计算机信息网络、电话以及其他通信工具传播淫秽信息的，处十日以上十五日以下拘留，可以并处三千元以下罚款；情节较轻的，处五日以下拘留或者五百元以下罚款。

六、参与聚众淫乱行为的认定与查处

（一）参与聚众淫乱行为的特征

(1)侵犯客体是社会善良风俗和社会正常的管理秩序。
(2)行为客观表现为参与聚众淫乱活动的行为。聚众多人进行淫乱的行为。
(3)行为主体为一般主体，即符合法律规定，能够承担行政违法责任的自然人。
(4)行为人主观方面为故意。

（二）参与聚众淫乱行为与相关行为的区分

参与聚众淫乱行为与聚众淫乱罪存在界限。两种行为的主要区别是承担责任的主体不同。前者承担责任的主体是参与聚众淫乱的一般人员，而聚众淫乱罪的主体则是聚众淫乱的组织者和多次参加者。

（三）参与聚众淫乱行为的调查重点

(1)行为在聚众淫乱中所发挥的作用。

(2)行为人参与聚众淫乱的次数。

(3)聚众淫乱所造成的社会影响。

（四）参与聚众淫乱行为的处罚

参与聚众淫乱活动的，处十日以上十五日以下拘留，并处五百元以上一千元以下罚款。

七、为赌博提供条件行为的认定与查处

（一）为赌博提供条件行为的概念与特征

为赌博提供条件行为，是指以营利为目的，为赌博提供条件的行为。其具有如下特征。

(1)侵犯客体是社会善良风俗和社会正常的管理秩序。

(2)行为客观表现为以营利为目的，为赌博提供场所、赌局、资金以及其他服务等行为。

(3)行为主体为一般主体，即符合法律规定，能够承担治安管理责任的自然人。

(4)行为人主观方面为故意。此外，还要求行为人必须以营利为目的。

（二）为赌博提供条件行为与相关行为的区分

为赌博提供条件与赌博罪、开设赌场罪相关行为存在界限。

1. 为赌博提供条件行为与赌博罪共犯的区别

根据最高人民法院、最高人民检察院于2005年5月1日公布的《关于办理赌博刑事案件具体应用若干法律问题的解释》，明知他人实施赌博犯罪活动，而为其提供资金、计算机网络、通讯、费用结算等直接帮助的，以赌博罪的共犯论处。这里的共犯属于犯罪行为的表现形式，因此，成立赌博罪的共犯要求行为人的行为符合严重的社会危害性之标准。相反，如果不符合这个标准的，就不能依照共犯来论处，而可以认定为赌博提供条件行为。

2. 为赌博提供条件与开设赌场罪的界限

开设赌场属于为赌博提供条件的一种形式，但是根据最高人民检察院、公安部

2008年6月25日印发的《关于公安机关管辖的刑事案件立案追诉标准的规定（一）》第四十四条的规定，只要开设赌场，就应当立案追诉。因此，根据《治安管理处罚法》的规定，为赌博提供条件的行为不包括开设赌场。

（三）为赌博提供条件行为的调查重点
（1）为赌博提供条件的方式、次数。
（2）为赌博提供条件所获得的收益。
（3）上述行为所造成的社会影响。

（四）为赌博提供条件行为的处罚
为赌博提供条件的，处五日以下拘留或者五百元以下罚款；情节严重的，处十日以上十五日以下拘留，并处五百元以上三千元以下罚款。

八、赌博行为的认定与查处

（一）赌博行为的概念与特征
赌博行为，是指参与赌博赌资较大的行为。其具有如下特征。
（1）侵犯客体是社会善良风俗和社会正常的管理秩序。
（2）行为客观表现为参与赌博赌资较大的行为。对于何为赌资较大，目前尚未有全国统一的规范标准，各地标准也不太一样。但是，《最高人民法院、最高人民检察院关于办理赌博刑事案件具体应用法律若干问题的解释》（法释〔2005〕3号）第九条规定，以营利为目的，进行带有少量财物输赢的娱乐活动，不以赌博论处。由此，我们可以从多个方面来确定一个判断是否为赌博行为的实践标准。
（3）行为主体为一般主体，即符合法律规定，能够承担治安管理责任的自然人。
（4）行为人主观方面为故意。

（二）赌博行为与相关行为的区分
赌博行为与赌博罪中相关行为存在界限。两者的区别主要是客观表现不同。在司法实践中，一般出现以下情形的可以视为赌博罪中的以赌博为业。
（1）专门从事赌博活动，并以赌博所得作为主要生活来源。
（2）连续半年以上不务正业，专门从事赌博。
（3）连续半年以上参加赌博活动，赌博所得超过其合法收入。
（4）经常赌博，屡教不改。如果行为人只是偶尔参与赌博，但数额较大的，可以认定为参与赌博行为而予以治安处罚。

（三）赌博行为的调查重点
（1）行为人参与赌博行为的次数。

(2)行为人参与赌博的赌资数额。

（四）赌博行为的处罚

参与赌博赌资较大的，处五日以下拘留或者五百元以下罚款；情节严重的，处十日以上十五日以下拘留，并处五百元以上三千元以下罚款。

第四节　妨害毒品管理秩序案件的认定与查处

一、非法种植毒品原植物行为的认定与查处

（一）非法种植毒品原植物行为的概念与特征

非法种植毒品原植物行为，是指非法种植罂粟不满五百株或者其他少量毒品原植物的行为。其具有如下特征。

(1)侵犯客体是国家对毒品的监管制度。

(2)行为客观方面表现为非法种植罂粟不满五百株或者其他少量毒品原植物的行为。据此，该行为有两个要素：一是非法种植罂粟或者其他毒品原植物。即行为人违背法律规定私自种植这些毒品原植物。二是种植罂粟不满五百株，或者其他少量毒品原植物。

(3)行为主体为一般主体，即符合法律规定，能够承担治安管理责任的自然人。

(4)行为人主观方面为故意。

（二）非法种植毒品原植物行为与相关行为的区分

非法种植毒品原植物行为与非法种植毒品原植物罪存在界限。两种行为的主要区别在于：

1. 客观行为表现不同

非法种植毒品原植物数量不多，在成熟前自行铲除的不予处罚，即意味着拒不铲除的才认为违法。而非法种植毒品原植物罪中在拒不铲除之外，还增加了经公安机关处理后又种植的行为。

2. 对种植毒品原植物的数量要求不同

非法种植毒品原植物行为中要求种植罂粟的数量未达到五百株或者其他少量的毒品原植物，而非法种植毒品原植物罪则要求种植罂粟在五百株以上或者其他毒品原植物数量较大的。

（三）非法种植毒品原植物行为的调查重点

(1)行为人是否知道所种植物为罂粟或者其他毒品原植物。

(2)行为人种植毒品原植物的数量。
(3)行为人是否在毒品原植物成熟前自行将其铲除。
(四)非法种植毒品原植物行为的处罚
非法种植毒品原植物的,处十日以上十五日以下拘留,可以并处三千元以下罚款;情节较轻的,处五日以下拘留或者五百元以下罚款。在成熟前自行铲除的,不予处罚。

二、非法持有毒品行为的认定与查处

(一)非法持有毒品行为的概念与特征
非法持有毒品行为,是指非法持有鸦片不满二百克、海洛因或者甲基苯丙胺不满十克或者其他少量毒品的行为。其具有如下特征。
(1)侵犯客体是国家对毒品的监管制度。
(2)行为客观方面表现为非法持有鸦片不满二百克、海洛因或者甲基苯丙胺不满十克或者其他少量毒品的行为。
(3)行为主体为一般主体,即符合法律规定,能够承担治安管理责任的自然人。
(4)行为人主观方面为故意。
(二)非法持有毒品行为与相关行为的区分
非法持有毒品行为与非法持有毒品罪存在界限。两种行为只是在持有相关毒品数量上的差异。如非法持有鸦片不满二百克,是非法持有毒品行为,而非法持有鸦片二百克以上的,就涉嫌构成非法持有毒品罪。
(三)非法持有毒品行为的调查重点
(1)行为人是否知道持有的是毒品。
(2)行为人非法持有毒品的数量。
(3)行为人持有毒品的来源与用途。
(四)非法持有毒品行为的处罚
非法持有毒品的,处十日以上十五日以下拘留,可以并处二千元以下罚款;情节较轻的,处五日以下拘留或者五百元以下罚款。

三、向他人提供毒品行为的认定与查处

(一)向他人提供毒品行为的特征
(1)侵犯客体是国家对毒品的监管制度。

（2）行为客观方面表现为违反法律规定向他人提供毒品行为。这里的提供不包括有偿交易的形式，即不属于买卖的形式进行的毒品往来。

（3）行为主体为一般主体，即符合法律规定，能够承担治安管理责任的自然人。

（4）行为人主观方面为故意，即明知是毒品，仍违反法律规定将其非法提供给他人。

（二）向他人提供毒品行为的调查重点

(1)毒品来源。

(2)毒品数量。

(3)提供毒品的方式。

(4)向他人提供毒品的目的。

（三）向他人提供毒品行为的处罚

向他人提供毒品的，处十日以上十五日以下拘留，可以并处二千元以下罚款；情节较轻的，处五日以下拘留或者五百元以下罚款。

四、吸毒行为的认定与查处

（一）吸毒行为的概念与特征

吸毒行为，是指吸食、注射毒品行为。其具有如下特征。

(1)侵犯客体是国家对毒品的监管制度。

(2)行为客观方面表现为吸食、注射毒品行为，既包括吸食行为，也包括静脉注射获取毒品的行为。

(3)行为主体为一般主体，即符合法律规定，能够承担治安管理责任的自然人。

(4)行为人主观方面为故意，即明知是毒品仍然进行吸食、注射。

（二）吸毒行为的调查重点

(1)对毒品是否是明知。

(2)毒品的来源。

(3)吸毒的方式、时间。

（三）吸毒行为的处罚

吸食、注射毒品的，处十日以上十五日以下拘留，可以并处二千元以下罚款；情节较轻的，处五日以下拘留或者五百元以下罚款。

五、教唆、引诱、欺骗吸毒行为的认定与查处

(一)教唆、引诱、欺骗吸毒行为的概念与特征

教唆、引诱、欺骗吸毒行为,是指教唆、引诱、欺骗他人吸食、注射毒品的行为。其具有如下特征。

(1)侵犯客体是国家对毒品的监管制度。

(2)行为客观方面表现为教唆、引诱、欺骗他人吸食、注射毒品的行为。教唆是指诱导、唆使本没有吸毒的人吸食毒品的行为。引诱是指以满足特定利益需求为诱饵,引导他人吸食、注射毒品的行为。欺骗,是指通过虚构事实、隐瞒真相,使他人陷入错误认识而吸食、注射毒品的行为。

(3)行为主体为一般主体,即符合法律规定,能够承担治安管理责任的自然人。

(4)行为人主观方面为故意。

(二)教唆、引诱、欺骗吸毒行为的调查重点

(1)吸食毒品的来源。

(2)教唆、引诱、欺骗他人吸毒的目的。

(3)教唆、引诱、欺骗他人吸毒的人数、次数和吸食毒品的数量、种类。

(4)教唆、引诱、欺骗他人吸毒的具体方式、手段。

(5)上述行为所造成的后果。

(三)教唆、引诱、欺骗吸毒行为的处罚

教唆、引诱、欺骗他人吸食、注射毒品的,处十日以上十五日以下拘留,并处五百元以上二千元以下罚款。

六、其他妨害毒品管理行为的认定与处理

(一)非法买卖、运输、携带、持有毒品原植物种苗

非法买卖、运输、携带、持有毒品原植物种苗行为,是指非法买卖、运输、携带、持有少量未经灭活的罂粟等毒品原植物种子或者幼苗的行为。其具有如下特征。

(1)侵犯客体是国家对毒品的监管制度。

(2)行为客观方面表现为非法买卖、运输、携带、持有少量未经灭活的罂粟等毒品原植物种子或者幼苗的行为。

(3)行为主体为一般主体,即符合法律规定,能够承担治安管理责任的自然人。

(4)行为人主观方面为故意。

非法买卖、运输、携带、持有毒品原植物种苗的,处十日以上十五日以下拘留,可以并处三千元以下罚款;情节较轻的,处五日以下拘留或者五百元以下罚款。

(二)非法运输、买卖、储存、使用罂粟壳

非法运输、买卖、储存、使用罂粟壳行为,是指非法运输、买卖、储存、使用少量罂粟壳的行为。其具有如下特征。

(1)侵犯客体是国家对毒品的监管制度。

(2)行为客观方面表现为非法运输、买卖、储存、使用少量罂粟壳的行为。

(3)行为主体为一般主体,即符合法律规定,能够承担治安管理责任的自然人。

(4)行为人主观方面为故意。

非法运输、买卖、储存、使用罂粟壳的,处十日以上十五日以下拘留,可以并处三千元以下罚款;情节较轻的,处五日以下拘留或者五百元以下罚款。

(三)胁迫、欺骗开具麻醉药品、精神药品

胁迫、欺骗开具麻醉药品、精神药品行为,是指胁迫、欺骗医务人员开具麻醉药品、精神药品的行为。其具有如下特征。

(1)侵犯客体是国家对毒品的监管制度。

(2)行为客观方面表现为胁迫、欺骗医务人员开具麻醉药品、精神药品的行为。

(3)行为主体为一般主体,即符合法律规定,能够承担治安管理责任的自然人。

(4)行为人主观方面为故意。

胁迫、欺骗开具麻醉药品、精神药品的,处十日以上十五日以下拘留,可以并处二千元以下罚款;情节较轻的,处五日以下拘留或者五百元以下罚款。